2부. 자미가 유궁에 있는 명반   135

1. 수록된 명반   137
2. 만나는 대한   138
3. 공궁과 차성   140

(1) 자궁 천량 – 해외 유학 직장인   146
(2) 축궁 염정·칠살 – 명리의 대가, 종교인   153
(3) 인궁 천기·태음 차성 – 명리 대가 박청화   167
(4) 묘궁 자미·탐랑 차성 – 대산 김석진   182
(5) 진궁 천동 – 주부, 민화 작가   188
(6) 사궁 무곡·파군 – 주부, 화가   201
(7) 오궁 태양 – 아이돌 가수   215
(8) 미궁 천부 – 도서 편집인   222
(9)-1 신궁 천기·태음 – 넥슨 창업자 김정주   251
(9)-2 신궁 천기·태음 – 드라마 작가   260
(10) 유궁 자미·탐랑 – 아인슈타인   274
(11) 술궁 거문 – 알뜰살뜰 부동산 부자   290
(12) 해궁 천상 – 부인과 의류사업   307

[부록] 명반의 생년월일시 찾는 방법   316

별자리로 운명 읽기 ③묘유궁

저자 중전中田 이연실李娟實
1970년 서울 출생.
성균관대학교 문학석사.
대유학당 편집실장, 100여 종 편집.
『대유학보』 간행인.
『전의대전역해』 편집위원.
『새로 쓴 대산 주역강의』 교정위원.
대유학당 자미두수반 교수.
저서에 『별자리로 운명 읽기 1~5권』, 『어디, 역학공부 좀 해 볼까?』

별자리로 운명 읽기 ③묘유궁 (중전 자미두수 시리즈 3)
대운편(자미가 묘궁과 유궁일 때)

- **초판발행** 2023년 5월 24일
- **저자** 중전 이연실   **발행인** 윤상철
- **편집** 이연실 윤치훈   **표지 디자인** 윤여진
- **자문** 백옥숙 박상준 윤은현
- **교열 및 도움주신 분들** 박정묘 오채원 윤여진 이선구 이종문 이지현 장정임
- **발행처** 대유학당   **출판등록** 1993년 8월 2일 제 1-1561호
- **주소** 서울 성동구 아차산로17길 48 skv1 센터 1동 814호
- **전화** (02) 2249-5630
- **블로그** http://blog.naver.com/daeyoudang   **유튜브** 대유학당 TV

- 여러분이 지불하신 책값은 좋은 책을 만드는데 쓰입니다.
- ISBN 978-89-6369-046-9 03180
- 값 25,000원

별자리로 운명 읽기 ③ 묘유궁

추천사

『별자리로 운명읽기 1』에 추천사를 써드린 게 엊그제 같은데 벌써 2권을 내시고 이제 3, 4. 5권까지 연달아 내시니 어마어마한 에너지가 있지 않으면 엄두도 못 낼 일이다.

"현대인의 명반을 다루면서 이들이 어떤 생각을 가지고 있고 삶의 어떤 부분에 중점을 두고 무엇을 하는지 알아보는" 의도답게 잘 썼다.

저자가 이 책을 쓰게 된 동기가 "나와 똑같은 명반을 잘 설명해주면 좋겠다."라는 바람을 가지셨고 그 바람에 부응해서 결국 저자의 "궁금증을 풀기 위해" 쓴 것이라고 하셨는데, 72개의 명반 어느 하나도 버릴 것 없이 꽉 차게 섬세하게 풀이한 것을 보고 감탄에 감탄을 금할 수 없었다.

명반풀이를 보면서 느끼는 세 마지 유치원생 아이에게 선생님이 하나하나 아이의 눈높이에 맞춰서 친절하게 알려주고 있는 것 같았다. 친절하게 썼지만 중급 이상의 깊이를 가지고 있으므로 초급을 넘어서 중급과 고급을 지향하는 사람들에게는 이보다 맞는 책은 없으리라고 본다.

72개의 상세한 명반 풀이도 백미지만, 5권 부록으로 붙은 "이름으로 격국 찾기"는 전서의 많은 격국 중에서 실용적인 격국들만 골라서 친절하게 설명해놓았는데 매우 유용해 보인다.

그리고 4권의 부록에 붙은 "14정성의 직업 찾기"도 5권 부록에 버금가는 양질의 내용이다.

　나도 언젠가 해보고 싶었던 내용인데 친절하게도 단성뿐 아니라 쌍성인 경우도 설명을 해 두었는데 매우 좋은 시도라고 본다.

　책의 구성이 매우 신선하고 내용도 알찰 뿐만 아니라 누구도 따라올 수 없는 섬세함과 친절함. 어디에도 막힘이 없이 설명해가는 유려함, 이 모든 것들이 두께가 있음에도 불구하고 술술 읽히는 마술 같은 매력이 있다.
　몸이 안 좋음에도 불구하고 이러한 역작을 내신 중전님에게 감사와 더불어 찬사를 드린다.

　아무쪼록 입문에서 중급자로 가고자하는 자미두수 동학들에게 이 책이 자미두수의 비급을 캐는 지도가 되기를 기원한다.

계묘년 孟春에
구봉산인 이두 김선호 識

프롤로그

　입문과 중급 수업 1기수를 끝낼 때마다 한 권씩 책을 내겠다고 약속했지만, 2022년에는 지키지 못했습니다. 건강에 문제가 생겼고 많이 쉬어야 한다는 생각에 좀 멈추었던 것이죠. 조금씩 발전하는 강의를 하고 싶고, 새롭게 전달하고 싶다는 생각이 책을 쓰게 하는 것 같습니다. 마음을 두지 않으면 다른 곳으로 신경이 쓰이니 자연히 다른 곳을 바라보고 그 일에 집중하게 됩니다.

　이 책을 읽고 계신 여러분들도 그렇겠지만 자미두수는 아직 풀리지 않은 문제입니다. 이번 책의 주제는 옛날 사람들이 아닌 현대인의 명반을 주로 다루면서 이들이 어떤 생각을 가지고 있고, 삶의 어떤 부분에 중점을 두고 무엇을 하는지 알아보는 것입니다. 이 책은 『별자리로 운명읽기 2』권 대운편(자오궁 자미)에 이은 것으로, 3권은 묘유궁 지탐, 4권은 진술궁 사상, 5권은 축미궁 자파 조합의 명반을 차례로 넣었습니다. 힘들게 넣고 보니 더 좋은 사례도 많아 더 넣을까 고민도 되었습니다.

　이 책을 쓰는 데는 현실적인 어려움이 많았습니다. 그에 맞는 명반을 찾아야 하고 한참을 생각해서 해설을 해야 하는데 그렇게까지 많은 명을 본 것도 아니고, 실력이 최고의 경지에 있는 것도 아니기 때문입니다. 또 모든 내용을 책으로 엮어 내기에는 사생활이라 곤란한 부분도 있습니다. 쓰는 동안 내내 힘든 일로 잠시 멈추기도 했습니다.

2권 대운편에서 록기전도를 풀어 쓰려고 했지만, 부족한 부분이 많았나 봅니다. 이 책에서는 현실적으로 풀이하는 방법을 중심으로 쓰려고 했습니다. 그리고 명반마다 대궁에서 끌어 오고 있는데, 보는지 안 보는지도 헷갈리는 듯해서 신경 써서 해설을 했습니다. 그 것에 대해서도 같은 계통의 명반을 보다보면 익숙해지실 것이라고 생각됩니다.

저는 자미두수를 공부하면서 나와 똑같은 명반을 잘 설명해주면 좋겠다는 생각을 가졌었습니다. 그 해설을 참고로 하여 나를 알 수 있으면 좋지 않을까 하고요. 그 생각이 여기에 미친 것이고, 제가 하고 싶었던 이 작업이 자미두수를 공부하는 분들에게도 도움이 되었으면 합니다. 이 책은 저의 궁금증을 풀기 위한 것이기도 합니다. 한 가지 사건에만 집중하는 것은 그 당시의 사건을 푸는 열쇠가 되지만, 그 사람 전체의 운명에 대해서는 알 길이 없습니다. 그리고 자미두수 명반과 운명이 얼마나 합치될까가 늘 궁금했었습니다. 책을 다 쓰고 나서 혼자 공부하는 시간을 가져야 할 것 같습니다.

조금 더 나아가서 다른 역학과 함께 비교해서 쓰고도 싶었지만 너무 방대해지고 아직은 실력이 모자랍니다. 아마도 몇 년 후에는 함께 보는 책도 내지 않을까요? 자미두수를 공부하고 대운을 보다 보니 사람에게 전성기가 존재한다는 것을 느끼게 됩니다. 이 전성기를 어떻게 살리고 운이 좀 떨어졌을 때는 어떻게 보낼지 생각해 보게 합니다.

처음 계획한 대로 무사히 72개의 명반을 모두 쓸 수 있어 다행입니다. 초고를 쓰는데 1년은 걸린 것 같습니다. 앞서 언급한 것처럼 되도록 자세히 생애를 물어보는 인터뷰를 했고, 자미두수를 강의하시는 이안 선생님, 심곡 선생님, 경전 선생님께는 직접 부탁하여 원고를 작성했습니다. 차성하는 명반은 쉽게 찾기 어려웠습니다. 명반이 없어서가 아니라 친하지 않아 물어보기 힘들어서입니다. 또 길게 쓴 것도 있고, 짧은 것도 있는데 자료가 각기 달라서 일정한 분량을 맞출 수 없었습니다. 대략 6~20여 쪽을 할애하였는데, 내용이 확실한 것은 자세히 기록하였습니다. 대운별로 길게 쓴 것은 인터뷰를 한 것이고, 짧은 것은 대략적으로 설명한 것으로 자미두수로는 이런 방식으로 읽는다는 것을 중심으로 보셨으면 좋겠습니다.

유명인의 경우는 사주가 확실한 분을 선택한다고 했지만 실제 생시가 아닐 수도 있습니다. 이 부분은 이렇게 생긴 명반이 이러한 직업을 갖고 대운에 따라 살아가는 모습을 보여 주고 싶었던 것이니 참고해서 보셨으면 합니다. 유명인은 생시가 정확하지 않은 단점이 있으나, 연노별도 해낸 일이 비교적 자세하고 대중매체와의 인터뷰나 저서를 통해 자신이 가진 생각을 알려 주기 때문에 표본으로 쓰기에 좋았습니다.

생년월일시를 모두 공개하면 공부하기에는 좋기만, 명반에 따라 그대로 둔 것도 있고, 가려 놓은 것도 있습니다. 일반인의 경우 개인정보도 소중하니 수고롭더라도 가려진 것은 직접 찾아서 보시기 바랍니다.

그 외 이름을 쓰지 않고 직업이나 활동을 가지고 제목을 잡은 일반인의 명반은 그간 많이 보아왔고 실제 사정을 물어 볼 수 있는 분들을 골라 인터뷰를 통하여 작성하였습니다. 자신의 명을 넣을 수 있도록 허락해주시고 연도별로 손수 기록해 주신 점에 대해 이 자리를 빌려 감사의 인사를 올립니다. 그리고 이 책이 나올 수 있도록 교정에 참여해 주신 분들께도 다시 한번 감사드립니다.

1부. 자미가 묘궁에 있는 명반

자미가 묘궁에 있는 명반

1. 수록된 명반

사	천상 △ 배우, 사업가	오	천량 ◎ 디자이너	미	칠살 염정 ○○ 주식부자	신	개그우먼, 진행자
진	거문 △ 요리연구가		자미가 묘궁에 있을 때			유	가수, 배우
묘	탐랑 자미 △○ 취업준비생					술	천동 사업가, 부동산 부자
인	태음 천기 ×○ 작가, 사업가, 유튜버	축	천부 ◎ 직장인	자	태양 ×× 영화배우 / 직장인	해	파군 무곡 △△ 골프선수

　자미가 묘궁에 있는 명반입니다. 사람들의 수명이 늘어감에 따라 직업도 점차 다양해지고 있어 하나로만 적기는 어렵지만 가장 오래 한 일로 적었습니다. 젊은 사람이라면 나이가 들면서 하는 일이 바뀔 수도 있을 것입니다.

　자미가 묘궁에 있으면 14정성이 위와 같이 배치되지만 육길성과 육살성이 다르고, 또 생년에 따라 사화도 달라지므로 같은 계통의 명반을 가지고 있어도 삶의 모습은 다를 수 있습니다.

자궁에는 영화배우 성룡과 평생 직장을 다니는 분의 명으로 태양처럼 엄청 성실합니다. 축궁에는 인쇄관련 직장을 다닌 사람의 명, 인궁은 작가·사업가·유튜버로 활동 중인 자청이란 분의 명이며, 묘궁은 문헌정보 학과를 졸업한 취준생입니다.

진궁에는 요리연구가 이연복 님이며, 사궁에는 연예인 사업가인 안재환 님, 오궁에는 디자이너로 활동중인 20대 여성분, 미궁에는 젊은 주식부자의 명을 넣었습니다.

신궁에는 사궁의 안재환 님의 아내였던 정선희 님, 유궁에는 아이돌 가수 겸 배우 차은우 님, 술궁에는 사업을 일구어 부동산을 많이 가진 분, 해궁에는 골프선수 박인비 님을 넣었습니다.

연예인이 네 분, 방송을 타고 있는 분이 세 분이나 계시네요. 하지만 같은 명반이라고 해도 모두 이렇게 유명인일 수는 없죠. 그래서 명반만 가지고 직업을 논하기는 어렵고, 같은 직업이라도 유명세를 가지는 것은 개인의 복에 가깝습니다. 명궁이 같더라도 신궁의 위치가 다르고, 사화와 보좌성에 의해 강약도 정해지기 때문입니다. 그래도 어느 계통으로 가면 잘 맞을 것 같다고 판단할 수는 있습니다.

2. 만나는 대한

그리고 자미가 묘궁에 있다면 순행과 역행에 관계없이 아래의 6개 조합을 만나게 됩니다.

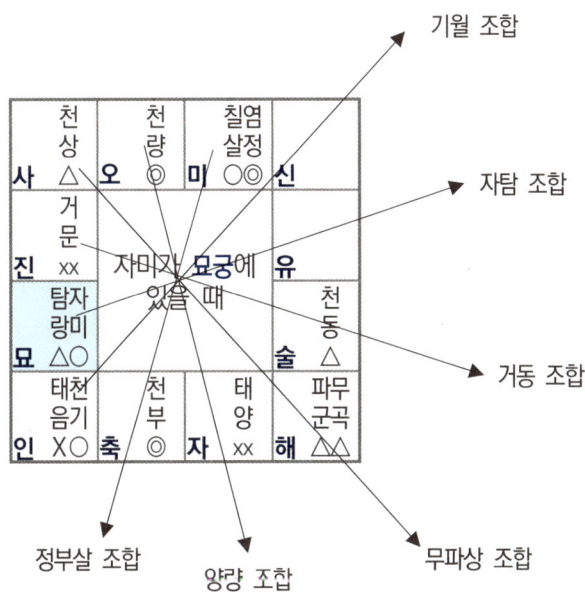

자탐 조합은 도화나 예술, 탈속(+공망성), 종교에 빠지게 됩니다. 어떤 별과 함께 있는지, 록·기로 움직여지는지 살펴야 합니다. 이 대한에는 연애도 많이 하고, 예술적인 성과, 종교적인 성취가 가능합니다. 물론 화기가 되면 제대로 된 결과는 기대하기 힘듭니다.

거동 조합은 거문이 함지에 있어 감정과 정서의 별인 천동을 더 어둡게 합니다. 길성이 더해지면 좀 나아지지만, 흉성이 많다면 감정에 상처를 많이 입는 대한입니다.

무파상 조합은 변동이 많은 사해궁에 겁과 쌍을 의미하는 천상과 파군이 있다보니 일을 자주 벌이고 고생을 많이 합니다. 개창·창조에 유리하기는 하지만 록을 보지 못하면 결과가 좋지 못합니다. 그래서 여러 일을 하기보다는 전문가가 될 때까지 꾸준히 하는 것이 필요합니다.

양량 조합은 태양이 함지에 있어 명반 전체가 밝지 못한데, 외로운 천량과 만나고 있어 육친과는 좀 떨어지는 대한입니다. 중개나 계약의 일을 하면 좋습니다.

정부살 조합은 크고 작은 사고가 많습니다. 화기가 되거나 살성이 있으면 교통사고, 수술 등의 일이 생길 수 있습니다. 재백궁이라면 재적인 손실로 드러나고요. 길성이 많으면 권세를 잡고 부를 쌓기도 합니다.

기월 조합은 태음은 어둡고, 천기는 밝습니다. 계획을 잘 세우지만 변동이 많습니다. 화기를 만나면 투자착오와 계획착오가 일어납니다.

1	자탐 자미 탐랑	도화, 탈속(+공망성), 종교, 예술, 교제
2	거동 거문 천동	감정고충, 말로 인해 손해
3	무파상 무곡 파군 천상	자수성가, 끝없는 노력, 개창
4	양량 태양 천량	이별, 계약, 중개, 녹존·창곡을 보면 고시 유리
5	정부살 염정 천부 칠살	크고 작은 사고, 권세를 잡음, 부를 쌓음.
6	기월 천기 태음	예민, 계획, 변화 대응, 고향 떠나 발전

3. 공궁과 차성

자미가 묘궁에 있으면 신궁과 유궁이 공궁입니다. 선천 녹존, 화록, 화기만 가지고 차성을 본 것입니다. 보면서 머릿속으로 어떻게 되는지 그려보면서 연습해 보세요. 대운을 볼 때 훨씬 쉬워집니다.

협이 좋은 것은 '좋은 이웃'이라고 말한 것처럼, 본궁 자체가 좋은 것이 우선입니다. 그래도 좋은 이웃은 내가 자라온 환경과 같으니 주변의 영향을 많이 받는 별(특히 천상, 천기, 태음, 천량)이라면 더 중요해집니다. 물론 살파랑의 경우 록이 꼭 필요한데 협으로 들어와도 좋고요.

선천에서는 화록·화권의 협(재물+권력), 화록·화과의 협(재물+명성), 화권·화과(권력+명성)의 협은, 그 협하는 궁에 길한 영향을 줍니다.

녹존과 화록의 쌍록협(재적인 길상), 녹존과 화권의 협(재물+권력), 녹존과 화과(재물+명성)의 협도 좋습니다. 다만 녹존의 양 옆에는 양타가 있으니 녹존궁의 상태를 함께 보아야 합니다.

화권·화기(권력+좌절) 협은 과강필절이라고 해서 지나치게 위세를 부리면 결국 꺾이게 된다는 것이고, 화과·화기(명성+좌절) 협은 악사위천리라고 해서 나쁜 소문이 멀리까지 들리게 됩니다.

녹존과 화기가 한 궁에 있으면 가장 심각한 문제가 발생합니다. 육친궁이라면 해당 육친에, 사회적인 궁이라면 대인관계나 지위·재물에 문제가 생기게 됩니다.

격국 중에는 삼기가회와 인리산재를 넣었습니다. 14정성과 녹존, 사화만 배치된 간단한 명반이므로 다른 격국은 알 수 없습니다. 명반배치상 녹존의 앞궁에는 경양, 뒷궁에는 타라가 배치되며, 기월동량과 거일 조합은 삼방에서 만납니다. 그러므로 인리산재가 된다는 것은 기량이 양타를 본 것에도 해당됩니다. 재물적으로 불리하고 육친과 인연이 적다는 것을 의미합니다.

1. 갑간

인궁 녹존
미궁 염정화록
자궁 태양화기
→ 녹존 차성
해묘미궁 삼기가회

천상 △	천량 ◎	칠염살정 ◎◎	
사	오	미 록	신
거문 xx	자미가 **묘궁**에 있을 때		유
진 탐자랑미 △○ 묘			천동 △ 술
녹태천존음기 X○	천부 ◎	태양 xx	파무군곡 △△
인	축	자 기	해 권과

2. 을간

묘궁 녹존
인궁 천기화록
인궁 태음화기
→ 화록·화기 차성
녹존·화과 차성
미궁 화권·화록 협
미궁 화권·화기 협
인리산재

천상 △	천량 ◎	칠염살정 ◎◎	
사	오 권	미	신
거문 xx	자미가 **묘궁**에 있을 때		유
진 녹탐자존랑미 △○ 묘 과			천동 △ 술
태천음기 X○ 기록	천부 ◎	태양 xx	파무군곡 △△
인	축	자	해

3. 병간

사궁 녹존
술궁 천동화록
미궁 염정화기
→ 천기화권 차성
유궁 화록·화권의 협
인리산재

녹천 존상 △ 사	천 량 ◎ 오	칠염 살정 ○○ 미 **기**	신
거 문 xx 진	자미가 **묘궁**에 있을 때		유
탐자 랑미 △○ **묘**			천 동 △ **록** 술
태천 음기 X○ 인 **권**	천 부 ◎ 축	태 양 xx 자	파무 군곡 △△ 해

자미 묘궁

4. 정간

오궁 녹존
인궁 태음화록
진궁 거문화기
→ 화록·화과 차성
사궁 거상연동
미궁 쌍록협
유궁 록·권·과의 협
인오술궁 삼기가회격

천 상 △ 사	녹천 존량 ◎ 오	칠염 살정 ○○ 미	신
거 문 xx 진 **기**	자미가 **묘궁**에 있을 때		유
탐자 랑미 △○ **묘**			천 동 △ **권** 술
태천 음기 X○ 인 **록과**	천 부 ◎ 축	태 양 xx 자	파무 군곡 △△ 해

5. 무간

사궁 녹존
묘궁 탐랑화록
인궁 천기화기
→ 진궁 쌍록협
화록 차성
화권, 화기 차성
인리산재

사	오	미	신
녹존천상 △	천량 ◎	칠살염정 ○○	
거문 xx ／진	자미가 **묘궁**에 있을 때		유
탐랑자미 △○ **록** ／묘			천동 △ ／술
태음천기 X○ **권기** ／인	천부 ◎ ／축	태양 xx ／자	파군무곡 △△ ／해

6. 기간

오궁 녹존
해궁 무곡화록
→ 탐랑화권 차성
술궁 화록·화권 협

사	오	미	신
천상 △	녹존천량 ◎ **과**	칠살염정 ○○	
거문 xx ／진	자미가 **묘궁**에 있을 때		유
탐랑자미 △○ **권** ／묘			천동 △ ／술
태음천기 X○ ／인	천부 ◎ ／축	태양 xx ／자	파군무곡 △△ **록** ／해

7. 경간

신궁 녹존
자궁 태양화록
술궁 천동화기
→ 태음화과 차성
유궁 화과·화기 협
축궁 화록·화과 협

천상 △	천량 ◎	칠살 염정 ○○	녹존
사	오	미	신
거문 xx			
진	자미가 묘궁에 있을 때		유
탐랑 자미 △○			천동 △
묘			술 기
태음 천기 X○	천부 ◎	태양 xx	파군 무곡 △△
인 과	축	자 록	해 권

자미 묘궁

8. 신간

유궁 녹존
진궁 거문화록
→ 사궁 거상연동
인리산재

천상 △	천량 ◎	칠살 염정 ○○	신
사	오	미	
거문 xx			녹존
진 록	자미가 묘궁에 있을 때		유
탐랑 자미 △○			천동 △
묘			술
태음 천기 X○	천부 ◎	태양 xx	파군 무곡 △△
인	축	자 권	해

9. 임간

해궁 녹존
오궁 천량화록
해궁 무곡화기
→ 해궁 녹존·화기 동궁
자미화권 차성
술궁은 록존·화권 협
　　　　화권·화기 협
인리산재

천상 △ 사	천량 ◎ 오 록	칠염살정 ○◎ 미	신
거문 ×× 진	자미가 **묘궁**에 있을 때		유
탐랑 자미 △○ 권 묘			천동 △ 술
태음 천기 ×○ 인	천부 ◎ 축	태양 ×× 자	**녹존** 파군 무곡 △△ 해 기

10. 계간

자궁 녹존
해궁 파군화록
묘궁 탐랑화기
→ 탐랑화기 차성
태음화과 차성
축궁 화과·녹존 협
묘궁 화권·화과 협
신자진궁 유사 삼기가회
(화록을 녹존으로 대체)

천상 △ 사	천량 ◎ 오	칠염살정 ○◎ 미	신
거문 ×× 권 진	자미가 **묘궁**에 있을 때		유
탐랑 자미 △○ 기 묘			천동 △ 술
태음 천기 ×○ 과 인	천부 ◎ 축	**녹존** 태양 ×× 자	파군 무곡 △△ 록 해

(1)-1 자궁 태양 - 중국배우 성룡

天破天　　火天	紅天封文左天	天天天地鈴天七廉	截孤天文右
廚碎傷　　星相	艷才詰昌輔梁	官使空空星鉞殺貞	空辰馬曲弼
旺平	陷旺廟	平旺旺旺廟	旺平平
		祿	
小亡病 52~61　72己	將將太 62~71　73庚	奏攀晦 72~81　74辛	飛歲喪 82~91　75壬
耗神符【奴僕】　絶巳	軍星歲【遷移】　胎午	書鞍氣【疾厄】　義未	廉驛門【身財帛】生申
金旬天寡年鳳八　巨	성명 : ,陽男		流天恩紅
輿空月宿解閣座　門	陽曆 1954年 4月 7日 8:30		霞福光鸞
平	陰曆 甲午年 3月 5日 辰時		
	命局 : 水二局 , 澗下水		
	命主 : 貪狼　　身主 : 火星		
青月弔 42~51　71戊			喜息貫 92~　76癸
龍煞客【官祿】　墓辰			神神索【子女】浴酉
天天地擎貪紫	《命式》 丙 癸 戊 甲		解台龍三陰天
喜姚劫羊狼微	辰 巳 辰 午　(乙木司令)		神輔池台煞同
平陷地旺	《大運》 80 70 60 50 40 30 20 10		平
	丙 乙 甲 癸 壬 辛 庚 己		
	子 亥 戌 酉 申 未 午 巳		
力咸天 32~41　70丁	02-2249-5630		病華官 77甲
士池德【田宅】　死卯	대유학당		符蓋符【夫妻】帶戌
蜚天天祿太天	大陀天天	天天太	月天天破武
廉壽巫存陰機	耗羅魁府	虛哭陽	德貴刑軍曲
廟閑旺	廟旺廟	陷	平平
		忌	權科
博指白 22~31　81丙	官天龍 12~21　80丁	伏災歲 2~11　79丙	大劫小 78乙
士背虎【福德】　病寅	府煞德【父母】衰丑	兵煞破【命】　旺子	耗煞耗【兄弟】冠亥

자미 묘궁

태양 - 성룡

『자미심전 1』 79쪽에 나오는 중국의 유명 배우 성룡의 명입니다. 군자인 척한다는 내용이 실려 있는데, 함께 읽어 보시기 바랍니다. 여기서는 선천명과 3번째, 4번째 대한을 보도록 하겠습니다.

남자 태양명입니다. 태양은 낮에 태어나고, 명궁이 인궁~미궁 사이에 있어야 하며, 보필을 만나야 주성이 되고 제 역할을 합니다.

이 명은 낮에 태어난 것은 좋은데, 명궁이 자궁에 있기 때문에 어두워서 주성 역할을 제대로 하기 어렵습니다. 게다가 첫 대한(1~11세)*부터 태양화기로 시작하니 고생을 했겠죠. 첫 대한에는 부모를 뜻하는 부질선이 염정화기가 되므로 부모와 인연이 적었나 봅니다. 염정은 피·혈연·가족의 의미를 가지니 가족 간에 헤어지는 일이 생기게 됩니다.

생애 그의 자서전에 따르면, 학교에 입학해서부터 계속 장난을 치다가 초등학교 1학년 끝 무렵 퇴학을 당하게 되었고, 성룡의 아버지도 취업 문제로 호주로 출국하게 됩니다. 남겨진 성룡은 우점원의 희극학교에 10년간 계약관계로 입학을 하여 연극만 배우다가 자연히 문맹이 되었다고 합니다. 3년 후 어머니도 아버지를 따라 호주로 떠나버리자 혼자서 생활하게 되었지요. 이런저런 사정으로 배움의 기회를 잃어 문맹이 되었으며 대본도 읽을 수 없었기 때문에, 동료가 대신 읽어준 대사를 외워 연기를 할 수밖에 없었다고 합니다.

배우로 활동하면서 성룡은 매년 엄청난 양의 영화를 찍었고, 한국에서도 명절마다 그의 유쾌한 코믹 영화가 방영되었었죠. 액션배우로도 유명하지만, 그보다 더 높이 평가받아야 할 것은 바로 감독으로서의 역량입니다. 성룡을 스타덤에 올린 1980년대 중후반의 작품들은 거의 성룡이 감독을 맡았던 작품들입니다.

그는 1963년부터 거의 매해 작품 활동을 했는데, 주로 몸을 많이 쓰고, 코믹하고 카타르시스를 중시하는 분위기의 작품을 했습니다.

---

* 첫 대한이 2~11세이지만, 0~1세도 이 첫 대한에 포함됩니다.

한국에 왔을 때 《무릎팍 도사》에 출연해서는 액션 연기에 대해 다음과 같이 말했다고 합니다. "예전에는 돈이 없어서 몸으로 때우려니까 어쩔 수 없이 그런 위험한 연기를 해야 했어요. 하지만 이제는 어떻게 해야 팬들을 즐겁게 해줄지를 생각합니다. 물론 죽는 게 무서운 건 사실이지만, 그래도 팬들이 즐거워하면 되니까 계속 하는 거죠."라고요. 그의 성격, 그리고 그가 가진 가치관이 그대로 드러나는 대목이 아닌가 합니다.

선천명 명궁은 자궁의 태양이고 천이궁에서 천량을 봅니다. 복덕궁의 천기·태음·녹존을 신궁으로 차성하면 유사 양량창록격이 형성됩니다. 양량창록격이 되면 고시와 시험에 유리하다고 하는데, 이 명은 왜 어렸을 때 글을 읽지 못했을까요? 그것은 창곡의 속성 때문입니다. 창곡은 좌성으로, 본인의 노력이 없으면 그 길함이 드러나지 않습니다. 그렇기 때문에 글에 대한 노력이 없었던 어린 시절에는 공부와 관련이 없었던 거죠. 공부할 시기에 부모님의 보살핌 없이 희극학교에서 생활하면서 문맹이 되었다고 하니까요.

하지만 유명해지고 나서 중국어와 영어를 공부했다고 합니다. 창곡은 당장 발휘되지 못했다고 해도, 선천명에서 가지고 있는 것은 언젠가는 꼭 사용하게 됩니다. 성룡은 어린 시절에는 문맹이었지만 이후에는 시나리오를 만들고 감독도 해내게 되죠.

大天破天火天 祿廚碎傷星相 　　　　旺平 小亡病　52~61　24己 耗神符【奴僕】　絶巳 　　　【大田】	大大紅天封文左天 曲羊艶才詰昌輔梁 　　　　陷旺廟 　　　　　　科 將將太　62~71　25庚 軍星歲【遷移】　胎午 　　　【大官】	天天天地鈴天七廉 官使空空星鉞殺貞 　　平旺旺旺廟 　　　　　　　祿 　　　　　　　忌 奏攀晦　72~81　26辛 書鞍氣【疾厄】　養未 　　　【大奴】	大大截孤天文右 馬昌空辰馬曲弼 　　　　旺平平 飛歲喪　82~91　27壬 廉驛門【身財帛】生申 　　　　【大遷】
大金旬天寡年鳳八巨 陀輿空月宿解閣座門 　　　　　　　　平 青月弔　42~51　23戊 龍煞客【官祿】　墓辰 　　　【大福】	성명　：　　　，陽男 陽曆　1954年　4月　7日　8:30 陰曆　甲午年　3月　5日　辰時 命局：水二局，澗下水 命主：貪狼　　　身主：火星		大流天恩紅 鉞霞福光鸞 喜息貫　92~　28癸 神神索【子女】浴酉 　　　【大疾】
天天地擎貪紫 喜姚劫羊狼微 　　平陷地旺 力咸天　32~41　22丁 士池德【田宅】　死卯 　　　【大父】	《命式》　丙　癸　戊　甲 　　　　辰　巳　辰　午　（乙木司令） 《大運》　80　70　60　50　40　30　20　10 　　　　丙　乙　甲　癸　壬　辛　庚　己 　　　　子　亥　戌　酉　申　未　午　巳 02-2249-5630 대유학당		解台龍三陰天 神輔池台煞同 　　　　　平 　　　　　　祿 病華官　　　　29甲 符蓋符【夫妻】帶戌 　　　【大財】
輩天天祿太天 廉壽巫存陰機 　　　廟閑旺 　　　　權 博指白　22~31　33丙 士背虎【福德】病寅 　　　【大命】	大陀天天 耗羅魁府 　　廟旺廟 官天龍　12~21　32丁 府煞德【父母】衰丑 　　　【大兄】	天天太 虛哭陽 　　陷 　　忌 伏災歲　2~11　31丙 兵煞破【　命　】旺子 　　　【大夫】	大月天破武 魁德貴刑軍曲 　　　　平平 　　　　權科 大劫小　　　　30乙 耗煞耗【兄弟】冠亥 　　　【大子】

　　병인대한(22~31세) [동기창염] 대한 명궁에서 좌보와 우필, 문창과 문곡을 보고, 녹존과 천마가 만나 녹마교치가 됩니다. 태양명이 보필을 보면 주성으로서의 역할을 하게 됩니다. 함지에 있기 때문에 힘이 좀 없을 뿐이죠. 몸신궁에는 우필, 문곡, 천마가 있는데 대궁에서 기월·녹존을 보니, 명궁보다 상황이 훨씬 좋습니다. 그리고 기월이 있는 병인대한부터는 승승장구가 시작되고요.

병인대한(22~31세)에는 대한의 삼기가회격*도 형성됩니다. 아마도 성룡은 이 시기가 큰 전환점이 되었을 것입니다.

　병인대한 발생이 술궁 천동화록으로 부관·재복선이 되니 사업적인 면에서 승승장구를 하고, 천동이 의미하는 감정을 잘 표현하게 되었나 봅니다. 2차 발생은 자오궁의 양량 조합으로 록기전도가 되어 자오궁이 결과가 됩니다. 궁이 깨끗하고 천재, 용지, 봉각 등 재예의 성을 움직이니 태양화기여도 크게 나쁘지 않았을 것입니다. 결과는 미궁의 염정화기로 정부살 조합입니다. 미궁은 괴월을 보고 보필과 창곡이 협해서 들어옵니다.

　같은 천간을 쓰는 1976년(병진년 23세) 즈음에 쌍꺼풀 수술을 하게 되는데, 이때부터 영화의 주인공을 맡아 큰 활약을 펼치게 됩니다. 그 전까지는 졸린 듯한 눈매였기 때문에, 감독들로부터 연기는 뛰어나지만 주인공을 맡기에는 부족하다는 평을 받았다고 해요. 운이 풀리는 시기를 만나게 되자 성형수술 할 결심도 하고, 수술이 잘 되어 지금의 유명한 성룡이 있게 된 것이겠죠.

---

* 대한에서 술궁의 천동화록, 인궁의 천기화권, 오궁의 문창화과로 삼기가회격이 됩니다.

大大大天破天火天	大紅天封文左天	大天天天地鈴天七廉	截孤天文右
馬曲陀廚碎傷星相	祿艷才詰昌輔梁	羊官使空空星鉞殺貞	空辰馬曲弼
旺平	陷旺廟	平旺旺旺廟	旺平平
		祿	
小亡病 52~61 　36己	將將太 62~71 　37庚	奏攀晦 72~81 　38辛	飛歲喪 82~91 　39壬
耗神符【奴僕】　絕巳	軍星歲【遷移】　胎午	書鞍氣【疾厄】　養未	廉驛門【身財帛】生申
【大福】	【大田】	【大官】	【大奴】
金旬天寡年鳳八巨	성명 :　　,陽男		大大流天恩紅
輿空月宿解閣座門			昌鉞霞福光鸞
平	陽曆　1954년 4월 7일 8:30		
忌	陰曆　甲午年 3월 5일 辰時		
青月弔 42~51 　35戊	命局 : 水二局 , 澗下水		喜息貫 92~ 　40癸
龍煞客【官祿】　墓辰	命主 : 貪狼　　　身主 : 火星		神神索【子女】　浴酉
【大父】			【大遷】
天天地擎貪紫	《命式》　丙 癸 戊 甲		解台龍三陰天
喜姚劫羊狼微	辰 巳 辰 午　(乙木司令)		神輔池台煞同
平陷地旺			平
	《大運》　80 70 60 50 40 30 20 10		權
	丙 乙 甲 癸 壬 辛 庚 己		
力咸天 32~41 　34丁	子 亥 戌 酉 申 未 午 巳		病華官 　　41甲
士池德【田宅】　死卯	02-2249-5630		符蓋符【夫妻】　帶戌
【大命】	대유학당		【大疾】
輩天天祿太天	大陀天天	天天太	大月天天破武
廉壽巫存陰機	耗羅魁府	虛哭陽	魁德貴刑軍曲
廟　閒旺	廟旺廟	陷	平平
祿科		忌	權科
博指白 22~31 　33丙	官天龍 12~21 　32丁	伏災歲 2~11 　43丙	大劫小 　　42乙
士背虎【福德】　病寅	府煞德【父母】　衰丑	兵煞破【　命　】旺子	耗煞耗【兄弟】　冠亥
【大兄】	【大夫】	【大子】	【大財】

　　정묘대한(32~41세) [월동기거] 살성을 많이 보는 대한입니다. 물론 선천의 록권과를 보기도 하고요. 대한 내궁이 살파랑 조합이면서 경양과 타라, 지공과 지겁, 영성과 화성까지 6살성을 보고 있으니 변화도 많고, 새로운 일도 많이 시작할 것입니다. 중요한 것은, 지난 태음 대한이 길했기 때문에 이번 대한도 좋은 것을 계속 이어나갈 수 있게 된다는 겁니다. 태음은 지속력을 가지고 있어 좋은 것이든 나쁜 것이든 다음 대한까지 영향을 주죠.

이 대한부터는 직접 감독도 하고 주연도 하면서 영화를 찍었습니다. 거의 모든 장면을 대역을 쓰지 않고 직접 스턴트와 액션을 했기 때문에 부상을 입지 않은 곳이 없었다고 합니다.

《폴리스 스토리》(1985:을축년) 한 편을 찍으면서 척추 골절, 무릎 부상, 고관절 탈구라는 중상을 입었고, 유고슬라비아에서 《용형호제》(1986:병인)를 촬영하던 도중에는 성벽을 점프해서 건너가는 장면을 촬영하다가 붙잡았던 나뭇가지가 부러져 추락하면서 두개골이 함몰되고, 우측의 청력을 잃었으며, 머리 부분만 35바늘을 꿰매는 바람에 큰 흉터가 생겼다고 합니다.

자미두수를 좀 아시는 분이라면 명반으로도 충분히 유추가 가능할 것으로 보입니다.

정묘대한 발생 태음화록이 선천복덕·대한형노선에서 발생합니다. 이 궁선에는 몸신궁, 녹존·천마도 있으며, 상문과 백호도 있습니다. 사망의 상관궁과 상관성이 모두 완성된 상태입니다.

결과는 진궁의 거문화기입니다. 부관·부질선이니 직장에서의 질액으로 읽을 수 있습니다. 2차 결과는 인신궁이 되며, 특수 2차 결과는 사해궁의 무파상 조합이 됩니다. 여기도 역시 형노·재복선으로 잘 되면 대박이 터지는 것이고, 나쁠 때는 목숨도 왔다갔다 하게 되는 것이죠.

을축년은 대한의 발생과 결과에서 움직여 놓은 인궁에 록기가 떨어집니다. 결과 유년 태음화기는 대한 거문화기와 함께 대한의 명궁인 묘궁을 쌍기로 협하고(자전·명천), 유년 태음화기를 차성하면 선천 태양화기를 2차결과화합니다(자전·명천). 이렇게 대한의 화기, 선천의

자미 묘궁

태양 | 성룡

화기를 모두 건드리게 되면 사건이 커질 뿐만 아니라 심하면 죽음에 이를 수도 있게 됩니다. 자전·명천선이 움직일 때 집을 바꾼다*고 표현하는데, 이승에서 저승으로 갈 수도 있다는 말입니다.

을축년 천기화록, 태음화기는 계획착오, 투자착오를 발현시키는데, 천기가 뜻하는 척추 골절, 무릎 부상, 고관절 탈구를 겪게 됩니다. 물론 조심도 하고, 치료도 열심히 했겠지만 이 부상을 가볍게 볼 수는 없습니다.

병인년은 천동화록이 술궁에서 발생합니다. 대한의 거문화기를 일으키고 있는데, 이 궁선은 부관·부질선으로 직장에서의 질병·사고를 뜻하고, 천월(天月)의 질병성, 병부 등이 있어 사고에 취약해 보입니다. 물론 삼태·팔좌가 있으니 대중들의 호응도 있고, 용지·봉각으로 재주를 마음껏 드러낼 수도 있을 것입니다.

가장 자세히 보아야 할 점은 2차발생·문제궁이 자궁의 선천 태양화기를 건드린다는 것입니다. 두개골이 함몰되고, 우측의 청력이 상실되었다고 하는데, 두개골 부상은 머리를 의미하는 태양이 화기가 되어 있는 것으로 볼 수 있고, 우측 청력상실은 진술궁의 거동 조합으로 읽을 수 있습니다. 거문과 천동의 오행은 수로 신장, 귀와 관련됩니다. 천동이 원래 복성이고, 진술궁만 보면 다른 살성을 보지 않으므로 그 정도에서 그쳤는가 봅니다.

살성을 많이 보는 대한 이 명은 원래 살성을 하나도 보지 않는 명

---

* 자전선은 자녀와 전택의 일이고, 명천선은 자신의 명과 천이궁을 뜻합니다. 자전과 명천을 함께 읽으면, '전택을 바꾼다', '이사한다', '사는 장소를 옮긴다'로 쓰이며 상황이 더 좋지 않다면 '죽어서 이동한다'로 읽을 수 있습니다.

이지만 이 대한에는 6살성을 다 봅니다. 여기서 6살성은 어떤 작용을 했을까요?

14정성 중에 살기를 가장 많이 띠고 있는 별은 무곡과 칠살입니다. 이 무곡과 칠살이 경양과 타라, 화성을 보면 무시무시한 격국들이 형성되는데, 상명인재(돈 때문에 목숨을 잃음), 인재지도(돈 때문에 칼을 듦), 인재피겁(돈 때문에 겁탈을 당함) 등입니다.* 무곡과 칠살이 양타와 화성을 보고 있으니 위의 예시 말고도 다치는 일은 다반사였을 겁니다. 경양과 천형도 함께 있으니 수술도 잦을 것이고요. 그래서 살성을 많이 보는 대한이 좋지 않다고 하는 것입니다. 다른 때보다 위험에 노출되기 쉬우니까요.

명궁 태양화기의 영향 성룡에게는 아들과 딸이 있습니다. 1982년생 아들 방조명과 1999년생 딸 오탁림인데, 성룡 자신이 부모에게서 사랑을 받지 못한 만큼 자녀에게도 신경 쓰지 못한 부분이 많습니다. 또한 영화를 찍으면서 수많은 스캔들과 불륜으로 아내와 자녀들에게 상처를 입혔습니다. 태양과 태음은 해와 달로, 원래 누구나 볼 수 있는 대중의 별입니다. 그래서 대중 앞에 나서는 일을 하고, 인기도 많습니다. 또한 태양은 강력한 도화성이기도 합니다. 2018년 발행한 그의 자서전 〈Never Grow Up〉에서는 성매매, 외도, 여성 편력, 사생아, 음주운전 등의 흑역사를 솔직히 고백했습니다.

성룡은 태양명이므로, 나이가 좀 들어서는 정치적 성향을 띠기도 했습니다. 1989년에는 천안문 시위를 지지했지만, 1997년부터는

---

* 원래는 묘유궁의 무곡·칠살이 경양·타라·화성을 볼 때라고 하는데, 이렇게 삼방에서 형성이 되어도 유사한 일들이 벌어지게 됩니다.

중국 공산당을 지지했는데 2000년대 들어 홍콩영화가 내리막길을 걸으며 본격적으로 중국공산당 정권에 유착한 것으로 보인다고 합니다.

　누군가는 함지의 태양화기여서 힘이 없고 불행하다고 하지만, 성룡을 보면 꼭 그렇게만 볼 수는 없습니다. 성공을 한 부분도 많고, 돈도 많이 벌었습니다. 1990년대에는 재산의 반을 기부했다고도 합니다. 세계적인 이슈가 있을 때마다 꾸준히 기부를 하고 있죠. 태양명이 잘 베풀기는 합니다. 하지만 누구에게나 다 좋은 사람일수는 없으니 공인으로서 부족한 부분은 그것대로 비판을 받으며 살아가게 하는 것이 태양화기인 듯합니다.

(1)-2 자궁 태양 - 신나고 유쾌한 아저씨

旬天破天天　天地陀天 空廚碎傷巫　姚劫羅相 　　　　　　　閑廟陷平 力指白　73~82　69乙 士背虎【奴僕】　病巳	陰紅祿右天 煞鸞存弼梁 　　　旺旺廟 博咸天　63~72　70丙 士池德【遷移】　衰午	紅天寡天擎七廉 艷月宿使羊殺貞 　　　　廟旺廟 官月弔　53~62　71丁 府煞客【疾厄】　旺未	金流封左 輿霞詰輔 　　　平 伏亡病　43~52　72戊 兵神符【財帛】　冠申
天鈴文巨 貴星昌門 　旺旺平 　　　忌 青天龍　83~92　68甲 龍煞德【官祿】　死辰	성명 :　,陰男 陽曆 1957年 6月　12:26 陰曆 丁酉年 5月　午時 命局 : 木三局 ,桑자木 命主 : 貪狼　　身主 : 天同		天天天 火天 壽才哭 星鉞 　　　 陷廟 大將太　33~42　73己 耗星歲【子女】　帶酉
截天三貪紫 空虛台狼微 　　　地旺 小災歲　93~　67癸 耗煞破【田宅】　墓卯	《命式》　戊　乙丁 　　　　午　巳酉　(丙火司令) 《大運》 80 70 60 50 40 30 20 10 　　　　丁戊己庚辛壬癸甲 　　　　酉戌亥子丑寅卯辰 02-2249-5630 대유학당		天恩文天 空光曲同 　　陷平 　　　　權 病攀晦　23~32　74庚 符鞍氣【夫妻】　浴戌
月天大太天 德官耗陰機 　　　閑旺 　　　祿科 將劫小　　　78壬 軍煞耗【福德】　絕寅	年鳳龍天天 解閣池刑府 　　　　廟 奏華官　　　77癸 書蓋符【父母】　胎丑	解台天太 神輔喜陽 　　　陷 飛息貫　3~12　76壬 廉神索【身　命】養子	輩孤八天天破武 廉辰座馬魁軍曲 　　　　平旺平平 喜歲喪　13~22　75辛 神驛門【兄弟】　生亥

자미 묘궁

태양 - 유쾌한 분

오랜 기간 건물 관리를 하고 계신 분의 명입니다. 목소리도 엄청 크고 인사도 잘하는 분입니다. 늘 출근 시간을 앞당겨 나와서 미리 기계들을 점검해 놓고, 깔끔하게 일처리를 해주니 믿고 맡기는 곳이 많아, 나이가 들었어도 꾸준히 2~3가지의 일을 하고 있다고 합니다. 일감이 많이 생기면 주변 사람들에게 나누어 주기도 하고요.

선천명 앞의 성룡과 마찬가지로 자궁의 태양입니다. 이 명도 인궁의 기월을 차성하면 쌍록을 보고 보필, 창곡을 만납니다. 내궁에서 록·권·과를 보는데, 관록궁에서는 거문화기를 봅니다.

부처궁에서는 건궁반배격이 형성됩니다. 술궁 천동이 거문화기를 통해 격발을 받는 것인데, 복덕궁에서 태음화록과 천기화과를 만나기 때문입니다. 약간의 살로 격발을 받아 고생 끝에 부귀를 누린다는 격입니다. 거문화기가 부처궁에 준 영향으로 이 분의 아내는 꽤 긴 세월동안 우울증을 앓아 의욕 없는 삶을 살기도 했습니다. 명궁에서는 영성 외에는 살을 보지 않습니다.

旬天破天天 **天地地陀天**	**大大陰紅祿右天**	**紅天寡天擎七廉**	**大大金流封左**
空廚碎傷巫 **姚劫空羅相**	**曲羊煞鸞存弼梁**	**艶月宿使羊殺貞**	**馬昌輿霞詰輔**
閑廟陷平	旺旺廟	廟旺廟	平
大祿		忌	
力指白 73~82 69乙	博咸天 63~72 70丙	官月弔 53~62 71丁	伏亡病 43~52 72戊
士背虎【奴僕】病巳	士池德【遷移】衰午	府煞客【疾厄】旺未	兵神符【財帛】冠申
	【大命】	【大父】	【大福】
大天鈴文巨	성명: , 陰男		**大天天天火天**
陀貴星昌門	陽曆 1957年 6月 □ 12:26		**鉞壽才哭星鉞**
旺旺平	陰曆 丁酉年 5月 □ 午時		陷廟
忌科	命局: 木三局, 桑자木		
青天龍 83~92 68甲	命主: 貪狼 身主: 天同		大將太 33~42 73己
龍煞德【官祿】死辰			耗星歲【子女】帶酉
【大夫】			【大田】
截天三 **貪紫**	《命式》 戊 □ 乙 丁		**天恩文天**
空虛台 **狼微**	午 □ 巳 酉 (丙火司令)		空光曲同
地旺			陷平
	《大運》 80 70 60 50 40 30 20 10		權祿
小災歲 93~ 67癸	丁 戊 己 庚 辛 壬 癸 甲		病攀晦 23~32 74庚
耗煞破【田宅】墓卯	酉 戌 亥 子 丑 寅 卯 辰		符鞍氣【夫妻】浴戌
【大子】	02-2249-5630 대유학당		【大官】
月天大 **太**	年鳳龍 **天天**	解台天 **太**	大蜚天孤八 **天天破武**
德官耗 **陰機**	解閣池 **刑府**	神輔喜 **陽**	魁廉福辰座 **馬魁軍曲**
閑旺	廟	陷	平旺平平
祿科權			
將劫小 66壬	奏華官 65癸	飛息貫 3~12 64壬	喜歲喪 13~22 63辛
軍煞耗【福德】絶寅	書蓋符【父母】胎丑	廉神索【身 命】養子	神驛門【兄弟】生亥
【大財】	【大疾】	【大遷】	【大奴】

현재 병오대한(63~72세) 입니다. 그냥 보기에도 매우 좋은 대한에 와 있습니다. 대한 명궁이 오궁이면서 천량·우필·녹존을 가지고 있고, 대한 재백궁과 관록궁 모두 길합니다. 록 3개가 다 집중되어 있는 상황입니다.

발생 마음에 걸리는 게 있다면 대한의 술궁 천동화록이 거문 선천화기를 움직인다는 것입니다. 우리는 이것을 '록기전도'라고 읽지요. 보통 록기전도가 되면 다 나쁘다고 생각하는데, 꼭 그런 것은 아닙니다. 배우자·직장의 일이 크게 부각된다는 뜻입니다. 다행히 부관선인 진술궁이 그다지 나쁘지 않으며, 괴월이 술궁을 협하고 있어서 기회도 많을 것으로 생각됩니다.

문제궁은 인신궁, 2차발생은 자오궁, 차성2차발생은 묘유궁으로 모두 길한 궁선만 움직이고 있습니다.

거상연동으로 특수2차발생은 사해궁의 무파상 조합이 되는데, 살성을 너무 많이 가지고 있습니다. 타라·천마의 절족마에, 공망마도 되니 바쁘게 지내지만 큰 성과를 내지 못하는 형제나 친구들이 있을 수 있습니다. 선천과 대한의 형노선이기 때문에 그렇게 봅니다.

결과는 미궁 염정화기로 부질선입니다. 축미궁의 정부살 조합이 경양과 화기까지 보니 사고가 생길 수 있습니다. 질병성인 천월도 동궁하고 있으니, 당연히 몸을 좀 사려가며 일하고 조심해야 합니다. 동궁한 경양은 묘왕지에 있으면서 협으로 쌍록과 보필의 도움을 받습니다. 질병과 사고가 생길 수 있지만 치명적이지는 않을 것입니다. 2차 결과는 없습니다.

록기전도로 발생과 결과가 바뀌게 되면 축미궁의 노상매시 조합이 발생됩니다. 사해궁과 진술궁, 자오궁으로 모두 결과가 됩니다. 차례대로 읽으면 질액이나 문서 문제가 생겨서 집안, 직장, 배우자에게 변화가 옵니다.

이 분은 배우자가 오랫동안 아팠는데도, 늘 감사하다고 말하십니다. 그래도 살아있어 주어서 열심히 일할 생각도 들고 행복하다고요. 사회적으로 크게 성공을 한 것도 아니고, 부유한 것도 아니고, 공부를 많이 한 것도 아니지만, 그렇게 늘 감사하는 마음이 이 분을 행복하게 하지 않았나 합니다. 긍정적인 삶의 태도가 참 좋아 보였습니다.

건강만 더 신경 쓰시면 좋겠다고 말씀 드리니, 안 그래도 일을 조금씩 줄이고 있다고 하십니다. 현명한 처사입니다. 갑진년 2024년은 선천화기가 있는 자리이기도 하고, 염정화록, 태양화기로 질액궁과 신궁을 건드리고 있으니 더 조심하셨으면 좋겠습니다.

(2) 축궁 천부 - 직장인

月破天 文天 德碎巫 曲相 　　　 廟平 小劫小　86~95　66辛 耗煞耗【官祿】　絕巳	截天天天天天 空福傷虛哭梁 　　　　　廟 青災歲　76~85　67壬 龍煞破【奴僕】　墓午	大台恩 陀天 七廉 耗輔光 羅鉞 殺貞 　　　 廟旺 旺廟 力天龍　66~75　68癸 士煞德【遷移】　死未	解蜚天 祿 神廉使 存 　　　 廟 博指白　56~65　69甲 士背虎【疾厄】　病申
流旬龍 左巨 霞空池 輔門 　　　 廟平 將華官　96~　　65庚 軍蓋符【田宅】　胎辰	성명 : ，陽女 陽曆　　2月 8日 2:38 陰曆　　1月 12日 丑時 命局 : 火六局 ,霹靂火 命主 : 巨門　　　身主 : 火星		天 擎文 喜 刑羊昌 　　 陷廟 官咸天　46~55　70乙 府池德【財帛】　衰酉
天封天三紅 火貪紫 壽詰貴台鸞 星狼微 　　　　　 平地旺 奏息貫　　　　64己 書神索【身福德】義卯	《命式》　己丙戊 　　　　丑寅寅　（戊土司令） 《大運》　71 61 51 41 31 21 11 01 　　　　庚辛壬癸甲乙丙丁 　　　　午未申酉戌亥子丑 02-2249-5630 대유학당		金紅天寡年鳳 地右天 輿艷月宿解閣 空弼同 　　　　　　 陷廟平 　　　　　　　　　忌 伏月弔　36~45　71丙 兵煞客【子女】　旺戌
天孤陰 天太天 廚辰煞 馬陰機 　　　 旺閑旺 　　　　　科 飛歲喪　　　　75戊 廉驛門【父母】　生寅	天天天天天 才空姚魁府 　　　旺廟 喜攀晦　6~15　74己 神鞍氣【命】　　浴丑	地太 劫陽 陷 祿 病將太　16~25　73戊 符星歲【兄弟】　帶子	天八 鈴 破武 官座 星 軍曲 　　 廟平平 　　　　　權 大亡病　26~35　72丁 耗神符【夫妻】　冠亥

자미　묘궁

천부 ― 직장인

축궁의 천부 명입니다. 뒤에 나오는 미궁 천부명과 매유 유사합니다. 대반이 되는데 같은 경년생이어서 사화도 같이 돌아갑니다.

선천명 축궁의 천부는 '적부지인'이라고 해서 차곡차곡 부를 쌓아간다고 합니다. 괴월이 좌귀향귀로 있어 발탁이 가능하며 문창·문곡을 봅니다. 이 명은 창곡을 공부를 하는데 썼다기보다는 문서와 관련된 일에 사용했는데, 인쇄소에서 관리직을 오랫동안 했습니다. 명궁으로 태음화과와 태양화록이 협을 하니 대중적인 일과 관계되며, 록마교치의 협도 보고 있어 돈을 버는 데 문제가 없습니다. 지겁과 천마의 협으로 공망마도 되고, 명궁에 천공이 있으니 현실적인 생활에 얽매이지는 않았을 것으로 보입니다.

록은 어디에? 천부에게 꼭 필요한 별은 화록과 녹존입니다. 직접적으로 보지는 못하지만 형제궁의 태양화록과 암합을 하고 있습니다. 형제들과 사이가 좋다고 합니다. 그리고 질액궁에 녹존이 있어서, 전택궁이 쌍록을 보고 있습니다. 부모님이 지방에 계시지만 잘 사는 편이어서 자녀들에게 어느 정도 유산을 물려 주셨다고 합니다.

부처궁에는 무곡과 파군, 영성이 있습니다. 부처궁 입장에서는 화성과 영성을 모두 보므로 과수격이 형성됩니다. 원래 명궁 천부는 부처궁에서 파군을 보기 때문에 혼인에 좋지 않다고 하는데, 과수격까지 형성되니 해로를 하기는 어렵습니다. 배우자가 사업을 하다 돈을 많이 잃고 일찍 헤어졌다고 합니다. 부처궁으로 지공과 지겁이 협으로 들어옵니다. 물론 태양화록과 천동화기도 무곡의 화권을 협해 오는데, 재성인 무곡을 깨뜨리는 별이 더 많습니다.

자녀궁에는 천동화기와 우필, 지공이 있습니다. 천동화기이지만 특별히 자녀를 마음에 안 들어 한 것 같지는 않습니다. 아들과 딸이 있는데, 아들은 결혼을 했고, 딸은 직장을 다니면서 잘 살아가고 있습니다.

재백궁과 복덕궁 복덕궁에 자미와 탐랑이 있으면서 화성이 동궁합니다. 탐랑 입장에서는 화탐격이 되지만 록을 보지 못했고, 자미 입장에서는 보필을 보지 못해 고군이 되었습니다. 이렇게 되면 재적으로 폭발하는 일은 그다지 없고, 딱히 왕노릇을 하는 것도 아니어서 복덕궁이 자미라고 해도 그렇게 허세를 부린다든가 자존심을 세우지 않습니다. 또 높은 이상을 가지고 있어도 그다지 표출하지 않게 됩니다.

복덕궁은 투자궁선이라고 부르는데, 화령과 양타를 보므로 직접적으로 하는 투자를 잘한다고 볼 수는 없습니다. 묘궁의 자탐은 홍란, 천희, 대모, 함지의 도화성도 좀 보는 편이지만, 재백궁에 천형이 있어 도화를 조절하는 능력도 가지고 있습니다. 명궁에 천요도 있어서 사람들과 잘 지내며 성격이 밝은 편입니다.

재백궁의 경양과 천형은 다 된 밥에 재 뿌리는 격으로 성공했어도 시비가 따르거나 후유증이 생기는 것을 말합니다. 재복선을 함께 보면 자탐이 경양·천형 때문에 상할 수도 있습니다.

명반을 읽을 때 복덕궁을 중시하는 이유는, 겉으로 드러나지 않는 내면적인 성향을 알 수 있기 때문입니다. 잠깐씩 혹은 사업적인 관계로 만나면 자신의 이야기를 할 일이 없기 때문에 그 사람의 생각을 알 수 없습니다. 오래 사귀다 보면 '그런 면이 있었구나'하는 것을 느끼게 되죠. 이러한 내면세계의 단서가 복덕궁에 있습니다. 만약 복덕궁이 어둡거나 살성이 몰려 있으면 밖으로 보이는 것보다 내면이 어두울 가능성이 많고, 작은 일에도 멘탈이 흔들립니다. 피해의식도 가지고 있고요.

大月破天 文天 昌德碎巫 曲相 　　　　　　廟平 小劫小　86~95　66辛 耗煞耗【官祿】　　絶巳 【大子】	截天天天天 空福傷虛哭 梁 　　　　　　廟 青災歲　76~85　67壬 龍煞破【奴僕】　　墓午 【大夫】	大大台恩 陀天七廉 鉞耗輔光 羅鉞殺貞 　　　　 廟旺旺廟 　　　　　　　　祿 力天龍　66~75　56癸 士煞德【遷移】　　死未 【大兄】	解輩天祿 神廉使存 　　　　廟 博指白　56~65　57甲 士背虎【疾厄】　　病申 【大命】
流旬龍 左巨 霞空池 輔門 　　　 廟平 將華官　96~　65庚 軍蓋符【田宅】　胎辰 【大財】	성명：　,陽女 陽曆　　2月 8日 2:38 陰曆　　1月 12日 丑時 命局：火六局, 霹靂火 命主：巨門　　身主：火星		大天天擎文 曲喜刑羊昌 　　　　陷廟 官咸天　46~55　58乙 府池德【財帛】　　衰酉 【大父】
大天封三紅 火貪紫 羊壽詰台鸞 星狼微 　　　　　 平地旺 奏息貫　　　　64己 書神索【身福德】　養卯 【大疾】	《命式》　己 丙 戊 　　　　　丑 寅 寅　□（戊土司令） 《大運》　71 61 51 41 31 21 11 01 　　　　　庚 辛 壬 癸 甲 乙 丙 丁 　　　　　午 未 申 酉 戌 亥 子 丑 02-2249-5630 대유학당		金紅天寡年鳳 地右天 輿艷月宿解閣 空弼同 　　　　　　 陷廟平 　　　　　　　　　忌 伏月弔　36~45　59丙 兵煞客【子女】　　旺戌 【大福】
大大天孤陰 天太天 馬祿廟辰煞 陰機 　　　　　 旺閑旺 　　　　　　　 科 飛歲喪　　　　63戊 廉驛門【父母】　生寅 【大遷】	大大天天天 天天 魁陀才空姚 魁府 　　　　　 旺廟 喜攀晦　 6~15　62己 神鞍氣【 命 】　浴丑 【大奴】	地太 劫陽 陷陷 　祿 　忌 病將太　16~25　61戊 符星歲【兄弟】　帶子 【大官】	天八 鈴破武 官座 星軍曲 　　 廟平平 　　　　　權 　　　　　權科 大亡病　26~35　60丁 耗神符【夫妻】　冠亥 【大田】

　　갑신대한(56~65세) 녹존이 대한 명궁에 자리하고 있습니다. 삼방 사정을 보니 천동화기와 공겁 외에는 좋아 보입니다. 선천태양화록과 태음화과 천마, 보필도 보고 있으니 안정적인 대한이라고 할 수 있습니다. 그 동안 회사에서 일도 많이 했고, 퇴사를 한 후 여유롭게 지내고 있습니다. 친손녀 케어도 해 주고요.

　　임인년 초에 허리뼈에 살짝 무리가 왔다고 하는데, 크게 문제가 되어 보이지는 않습니다. 평소에 건강관리도 잘 해왔고, 대한에서 질액·신궁인 묘유궁을 움직이지 않기 때문입니다. 하지만 유년이 앉아 있는 자리가 부질선에 있고, 유년 발생이 자궁의 태양화기를 일으키므로 몸이 좀 불편할 수는 있습니다. 이 분은 정말 성실하게 열심히 살고, 부지런하며 자기 관리를 잘 하고 있으므로 아프더라도 빨리 쾌유할 수 있을 것으로 판단합니다.

참고명반『자미두수전서』883쪽

(3) 인궁 천기·태음 - 자수성가 청년, 작가

天破孤天天天地地陀天 廟碎辰壽才馬劫空羅相 輩　　　　平閑廟陷平 廉	天祿天 喜存梁 　　旺廟	紅天年鳳龍恩天擎七廉 艷傷解閣池光姚羊殺貞 　　　　　　廟旺廟	金流月大封 輿霞德耗詰
力歲喪　94~　　39乙 士驛門【田宅】　生巳	博息貫　84~93　40丙 士神索【官祿】　養午	官華官　74~83　41丁 府蓋符【奴僕】　胎未	伏劫小　64~73　42戊 兵煞耗【遷移】　絶申
天鈴文右巨 空星昌弼門 　旺旺廟平 　　　　忌	성명 :　,陰男 陽曆 1987年 8月 11日 12:32 陰曆 丁卯年 潤6月 17日 午時 命局 : 金四局 , 金箔金 命主 : 祿存　　　身主 : 天同		天天天 使虛鉞 　　廟
青攀晦　　　　38甲 龍鞍氣【福德】　浴辰			大災歲　54~63　43己 耗煞破【疾厄】　基酉
截天天火貪紫 空哭刑星狼微 　　　平地旺	《命式》　丙壬戊丁 　　　　午辰申卯　（戊土司令） 《大運》　71 61 51 41 31 21 11 01 　　　　庚辛壬癸甲乙丙丁 　　　　子丑寅卯辰巳午未 02-2249-5630 대유학당		文左天 曲輔同 陷廟平 　　權
小將太　　　　37癸 耗星歲【父母】　帶卯			病天龍　44~53　44庚 符煞德【財帛】　死戌
解天三陰天太天 神官台煞巫陰機 　　　　　閑旺 　　　　　祿科	寡天天 宿貴府 　　廟	台八紅太 輔座鸞陽 　　　陷	旬天天破武 空月福魁軍曲 　　旺平平
將亡病　4~13　48壬 軍神符【身　命】冠寅	奏月弔　14~23　47癸 書煞客【兄弟】　旺丑	飛咸天　24~33　46壬 廉池德【夫妻】　衰子	喜指白　34~43　45辛 神背虎【子女】　病亥

이 명은 자청(자수성가 청년의 준말)이라는 사람으로 20대에 심리상담 블로그를 운영하여 많은 돈을 벌었으며, 부자가 되고 싶다면 책 읽기와 글쓰기를 하라고 강조하는 분입니다. 2022년 『역행자』라는 책을 출간하여 베스트셀러에 오르기도 했고요. 경제가 어려울수록 재테크 열풍은 대단한데, 그런 것을 중요하게 여기고 또 돈을 많이 버는 명은 어떻게 생겼을까 늘 궁금했습니다.

자청이라는 분의 사주를 어떤 블로그에서 풀이하였는데, 그 내용을 이 분이 언급한 것을 보고 사주가 정확하겠구나 싶어, 이 생년월일을 가지고 명반을 풀었습니다.

선천명반 명·신궁이 동궁하며 인궁에 태음화록과 천기화과가 있습니다. 기월 조합은 변화를 잘 캐치하는데, 천무(天巫)와 음살(陰煞)도 있는 것으로 보아 상황을 인지하는 센스가 남다를 것 같습니다. 눈치도 빠르고요.

『별자리로 운명읽기1』의 99쪽에 기월 조합을 설명하고 있는데, "이 조합은 태음이 동궁하기 때문에 남명은 성격적으로도 여성적인 경향이 있으며 이성 접근이 쉽고 여성의 심리에 정통하므로 여성과 관련된 사업을 하면 좋습니다."라고 되어 있죠. 심리 상담분야를 선택한 것이 성공의 비결이 되었다고 볼 수 있습니다.

삼방사정에서 창곡과 보필을 보며 살성은 영성 하나밖에 보지 않습니다. 게다가 괴월은 재백궁을 협하니 재정적으로 좋아질 확률이 높습니다.

재복선 복덕궁에서 거문화기를 보는데, 재백궁 입장에서 건궁반배의 격국이 형성됩니다. 거문화기인 것이 좋지는 않으나, 재백궁 입장에서는 격발할 수 있는 계기가 됩니다. 재복선 자체에도 길성이 몰려 있고요. 다만 거문화기를 움직이면 천상이 있는 전택궁을 움직이는데, 형기협인이 된 전택궁은 좋지 않습니다. 전택궁에 지공과 지겁, 타라의 살성이 몰려 있는데다 천마도 있기 때문입니다. 첫 번째와 두 번째 대한에서 거문화기를 건드리므로 정신적으로 고뇌가 많았을 것입니다.

사화 중 록·권·과를 다 보는 삼기가회격이므로, 화기를 보기는 해도 그다지 흉하지 않습니다. 다만 구조가 좋기는 하지만 천기나 태음이 모두 변화가 많은 별이어서 유지력은 좀 떨어집니다.

관찰과 분석 이 명은 관찰하고 분석하는 것을 좋아하며, 철학자인 쇼펜하우어를 닮고 싶어한다고 말합니다. 명반으로는 어떤지 보겠습니다. 명궁 태음은 세심함, 천기화과는 머리 회전이 빠른 것이며, 복덕궁의 거문은 연구·관찰과 닿아 있습니다. 연구와 관찰을 창곡과 보필이 돕고 있으므로 여러 연구 논문을 본다든가, 책을 통해 알아내는 것으로 드러납니다. 실제로 어떤 일을 시작할 때 항상 그 분야의 책 20권 정도 보는 것을 원칙으로 삼았다고 합니다. 또 재복선에 보필과 창곡이 있으므로 책이든 도움 받을 수 있는 것을 기본으로 선택하는 것일 수도 있습니다.

첫 번째 대한(4~13세) 의 삼방사정은 너무 좋아 보이지만, 대한 임간 발생이 오궁에 떨어지면서 진술궁의 거문화기를 움직입니다. 정신적인 부분, 재정적인 부분의 어두운 면이 증대되고, 사궁은 형기협인이 되니 무파상의 파조파가다노록(조업을 까먹고 고생하며 다시 일어남)의 성향이 드러남과 동시에 공망마, 절족마가 되니 잘 되던 일도 꺾이는 상황이 됩니다.

天破孤天天 天地地陀天 廚碎辰壽才 馬劫空羅相 輩大 平閑廟陷平 廉鉞	天祿天 喜存梁 旺廟	紅天年鳳龍恩天擎七廉 艷傷解閣池光姚羊殺貞 廟旺廟	金流月大封 輿霞德耗詰
力歲喪 94~ 15乙 士驛門【田宅】生巳 【大官】	博息貫 84~93 16丙 士神索【官祿】義午 【大奴】	官華官 74~83 17丁 府蓋符【奴僕】胎未 【大遷】	伏劫小 64~73 18戊 兵煞耗【遷移】絕申 【大疾】
天鈴文右巨 空星昌弼門 旺旺廟平 忌 權	성명: 陰男 陽曆 1987年 8月 11日 12:32 陰曆 丁卯年 潤6月 17日 午時		天天天 使虛鉞 廟
青攀晦 14甲 龍鞍氣【福德】浴辰 【大田】	命局: 金四局, 金箔金 命主: 祿存　　身主: 天同		大災歲 54~63 19己 耗煞破【疾厄】墓酉 【大財】
大大截天天火貪紫 昌魁空哭刑星狼微 陰平地旺 忌	《命式》 丙 壬 戊 丁 　　　 午 辰 申 卯 (戊土司令) 《大運》 71 61 51 41 31 21 11 01 　　　 庚 辛 壬 癸 甲 乙 丙 丁 　　　 子 丑 寅 卯 辰 巳 午 未		文左天 曲輔同 陷廟平 權
小將太 25癸 耗星歲【父母】帶卯 【大福】	02-2249-5630 대유학당		病天龍 44~53 20庚 符煞德【財帛】死戌 【大子】
解天三陰天太天 神官台煞巫陰機 閑旺 祿科 科	大寡天天 羊宿貴府 廟	大台八紅太 祿輔座鸞陽 陷	大大大旬天天破武 馬曲陀空月福魁軍曲 旺平平 祿
將亡病 4~13 24壬 軍神符【身 命】冠寅 【大父】	奏月弔 14~23 23癸 書煞客【兄弟】旺丑 【大命】	飛咸天 24~33 22壬 廉池德【夫妻】衰子 【大兄】	喜指白 34~43 21辛 神背虎【子女】病亥 【大夫】

자미 묘궁

기월一자수성가　청년

　　계축대한(14~23세)은 대한 명궁에 천부가 있습니다. 천부는 록을 필요로 하는 별인데, 공겁과 양타, 화성을 보니 빈 창고에 가깝습니다. 물론 인궁의 태음화록을 차성하면 미궁(천이궁)을 쌍록이 협해 주기는 하지만 직접적인 것은 되지 않기 때문에, 천부를 안정시켜주지 못합니다.

　　발생은 해궁 무파상 조합으로 첫 번째 대한과 사정이 비슷합니다. 자전·부관선이니 학교 다니는 일이 편치 않은 것입니다. 결과는 묘궁 대한 재복선의 탐랑화기인데, 진궁의 선천 재복선인 거문화기를 암동합니다. 이 대한에는 밝고 명랑한 생활을 할 수 없습니다. 다행히 23세(기축년)에 전북대 철학과에 입학했다고 합니다.

이 분의 저서에는 "인생에 어떤 희망도 없었으며, 평생 월 200만원 이상 벌 수 없을 거라 믿었다. 꿈은 반월공단 공장에 취직한 후, 원룸에서 게임만 하는 삶이었다. 그게 행복이라 믿었다. 실제로 스무 살이 될 때까지, 깨어 있는 내내 게임만 하는 오타쿠로 살았다." 라고 회술되어 있습니다.

20세(병술년) 인터뷰를 보니 자청님은 20세쯤 인생의 변곡기가 왔다고 합니다. 어머니의 소개로 영화관 알바를 하는데 알바생들과 소통이 잘 안 되어 아무 말도 못하다가 화술에 관한 책을 5권 정도 보고 나니 사람들이 상담을 해 오기 시작했다고 합니다.

"인생은 고정된 것이 아니라 화술이든 외모든 게임의 공략집처럼 방법이 있다는 것을 알게 되었다. 대입이든 부동산이든 정답이 책에 있었다. 책이라는 어려운 포장지에 싸여 있어서 사람들이 접근하지 못하는 것이라는 생각도 들었다. 영화관 알바를 그만 두고 쉬운 책 200권 정도를 읽었다. 그러면서 발견한 방법이 책읽기와 글쓰기였다. 지금 직원이 100명이 넘어가는데 글쓰기를 위주로 하여 채용한다. 글쓰기로 지적 수준을 판단할 수 있다. 책읽기와 글쓰기가 인생의 변곡점이 되었다. 직장인이었거나 나이가 들어서 읽었다면 고정관념이 있어서 그렇게 하지 못했을 것이다. 책 읽는 것 자체가 그 때의 나에게는 뿌듯한 일이었다. 책읽기가 되고 나면 제대로 된 판단을 할 수 있고, 이것이 바탕이 되어야 어떤 일이든 가능하다."

책읽기로 현재의 상황을 만들었다고 하는데 그 시발점을 살펴보겠습니다. 병술년 천동화록은 대한의 최종결과를 움직입니다. 그리고 오궁의 부관·형노도 움직이고요. 대한에서 움직였던 궁선을 움직이게 하는데, 병술년 자체가 천동화권이 있으면서 보필과 창곡 괴월을 함께 봅니다. 6길성을 모두 보는 천동이 거문화기의 격발까지 받았다고 보아야 할 것 같습니다.

天破孤天天 廟碎辰壽才 輩大 廉鉞	地地陀天 空劫羅相 平閑廟陷平		天祿天 喜存梁 旺廟 祿	紅天年鳳龍恩 艷傷解閣池光 	天擎七廉 姚羊殺貞 廟旺廟	金流月大封 輿霞德耗詰
力歲喪 94~ 士驛門 【田宅】 【大奴】	27乙 生巳	博息貫 84~93 士神索 【官祿】 【大遷】	28丙 養午	官華官 74~83 府蓋符 【奴僕】 【大疾】	29丁 胎未	伏劫小 64~73 兵煞耗 【遷移】 【大財】	30戊 絶申

天鈴文右巨
空星昌弼門
  旺旺平
  忌
		성명 : , 陰男
		陽曆 1987年 8月 11日 12:32
		陰曆 丁卯年 潤6月 17日 午時
						天天天
						使虛鉞
						  廟

青攀晦 龍鞍氣 【福德】 【大官】	26甲 浴辰	命局 : 金四局 , 金箔金 命主 : 祿存 身主 : 天同				大災歲 54~63 耗煞破 【疾厄】 【大子】	31己 基酉

大截天天火
魁空哭刑星
  平
	貪紫
	狼微
	地旺
	權
		《命式》 丙 壬 戊 丁
		         午 辰 申 卯 （戊土司令）
		《大運》 71 61 51 41 31 21 11 01
		         庚 辛 壬 癸 甲 乙 丙 丁
		         子 丑 寅 卯 辰 巳 午 未
						大文左天
						陀曲輔同
						陷廟平
						  科

小將太 耗星歲 【父母】 【大田】	25癸 帶卯	02-2249-5630 대유학당				病天龍 44~53 符煞德 【財帛】 【大夫】	32庚 死戌

大大解天三陰天太天
馬昌神官台煞巫陰機
        閑旺
        祿科
			寡天天
			宿貴府
			  廟
				大大台八紅太
				曲羊輔座鸞陽
				          陷
						大旬天天破武
						祿空月福魁軍曲
						      旺平平
						        忌

將亡病 4~13 軍神符 【身 命】 【大福】	24壬 冠寅	奏月弔 14~23 書煞客 【兄弟】 【大父】	35癸 旺丑	飛咸天 24~33 廉池德 【夫妻】 【大命】	34壬 衰子	喜指白 34~43 神背虎 【子女】 【大兄】	33辛 病亥

　　　임자대한(24~33세) 함지의 태양이 있는 대한입니다. 양량 조합이
며 녹존을 보고 문창을 관록궁에서 보니 유사 양량창록격이 형성됩
니다. 대한 천이궁에서 록존과 천량화록, 재복선에서 태음화록을 보
니 내궁에 록 3개를 본 셈입니다.

　　발생은 오궁 천량화록입니다. 직장에서 버는 돈인데 고정재물(녹
존)도 있고 천량화록이 의미하는 의외의 재물도 들어오므로 길합니
다. 게다가 대한 명천선으로 홍란과 천희가 있으므로 크게 성장하는
계기도 됩니다. 2차 발생은 진궁으로 선천거문화기가 있어서 록기

전도가 됩니다. 그리고 인궁의 태음화록을 차성하면 미궁 형노·부질선이 2차 발생이 됩니다. 미궁의 경양은 묘왕지이면서 쌍록이 협하기 때문에 제화해서 권위로 변하게 됩니다.

결과는 해궁 무곡화기로 자전·형노선인데 죽도록 고생을 하다가 미끄러지는 경우도 생기게 됩니다. 형노선이 발생과 결과에서 계속 움직이는데, 우여곡절 끝에 친구와 헤어지게 되고 새로운 사람과 사업을 하였지만, 배신을 당해 사업체까지 빼앗기게 되었다고 합니다.

24살(경인년, 2010) 무자본 창업 24살 겨울에 스쿠터를 타고 다니면서 과외를 했는데 일이 너무 힘들다 보니 집에서 할 수 있는 일은 없을까 생각했습니다.

그의 인터뷰를 보면 "그냥 방학기간에 재미로 월 50만 만들어보자는 꿈을 안고 시작했는데, 관련 분야를 10권씩 30권을 읽으니 잘 할 수밖에 없게 되더라고요. 용돈을 벌 생각으로 친구와 함께 블로그로 연애 재회 상담을 시작했고, 4년이 지나자 월 3000만원씩 벌게 되었습니다. 그리고 만족하지 못하면 전액 환불해주는 제도를 시행했는데 클레임도 없었고요. 다른 경쟁업체도 있었지만 글의 힘이 커서 대박이 났습니다. 사이트에 글을 남기면 분석을 하고 앞으로 어떻게 해야 하는지 알려주는 것인데, 솔루션을 주니 재회율을 90%까지 높여주었습니다. 6년까지 환불보장제로 진행했으나 환불하는 분은 없었습니다.

돈을 버는 모든 활동은 두 가지로 수렴됩니다. 상대를 편하게 해주기, 상대를 행복하게 해 주기. 이 두 가지를 철저하게 생각한 사업이 성공했습니다. 많은 사람들이 헤어진 사람들과의 미련 때문에 힘들어 한다는 것을 알고 그 점을 이용해 사업을 한 것입니다. 다시 만나게 도와주거나 포기를 하게 설득을 한 것이죠."

그 후 더 많은 경험치를 쌓아 30대 초반이 되었을 때는 아무 일을 하지 않아도 월 1억씩 버는 자동 수익이 완성되었다고 합니다.

선천 복덕궁의 거문화기와 대한 복덕궁 태음화록 명궁에 있는 태음은 주성이 되는 조건이 까다로운 만큼 감정적으로도 아주 예민한 별입니다. 상현(음력 1~15일)이나 오후(신시~축시)에 태어나야 하고, 명궁이 신궁에서 축궁 사이에 있으면서 보필을 보아야 주성이 됩니다. 이 명은 주성의 조건이 형성되지는 않습니다.

태음명의 복덕궁에는 반드시 거문이 있어서 성격적으로 문제가 많은데, 이 명은 거문이 있는 궁의 구조가 특이합니다. 거문화기는 영성과 함께 어두운 별이지만, 육길성 중 보필과 창곡이 들어오고, 천이궁의 천동화권으 괴월을 협까지 봅니다.

스스로 감정고충을 겪어 보았기 때문에 남의 어려움을 듣고 해결해주는 역할을 할 수 있었던 것입니다. 또한 천기화과로 생각하는 능력이 아주 좋은 것도 상담에 도움이 되었겠지요.

29살(을미년) 늦은 나이인 29세에 군대에 갔는데, 스트레스로 경직성 척추염까지 생겨 온전한 삶을 살지 못하는 일도 생깁니다.

29세 을미년은 대한의 부질선이고 정부살 조합이면서 경양·천형을 보므로 아플 수 있는 구조가 됩니다. 을간 천기화록과 태음화기는 모두 인궁에 떨어지는데, 이 궁선은 유년의 부질선입니다. 명천선이므로 유년 12사항궁을 쓸 수 있습니다. 질액·신궁이 움직였으니 질병이 생길 수 있는데, 음살, 천무, 병부, 대모, 소모, 복병, 절

(絶)지 등도 동하니 은연 중에 피해를 입는 것입니다.

  이 명반은 태음이 움직이면 반드시 진궁 거문화기가 동하게 되어 있으니 감정고충(거동 조합)이 늘 뒤따릅니다. 을간이 되면 천기화록으로 오궁의 녹존과 함께 진궁을 움직이고, 정간이 되면 태음화록으로 녹존과 함께 진궁을 움직이기 때문입니다.

天破孤天天　天地地陀天 廚碎辰壽才　刑劫空羅相 輩大　　　　　平閑廟陷平 　廉 　馬 力歲喪　94~　　39乙 士驛門【田宅】　生巳 　【大遷】	大天祿天 鉞喜存梁 　　旺廟 博息貫　84~93　40丙 士神索【官祿】　養午 　　　【大疾】	紅天年鳳龍恩天擎七廉 艷傷解閣池光姚羊殺貞 　　　　　　　廟旺廟 官華官　74~83　41丁 府蓋符【奴僕】　胎未 　　　【大財】	大金流月大封 陀輿霞德耗詰 伏劫小　64~73　42戊 兵煞耗【遷移】　絶申 　　　【大子】
天鈴文右巨 空星昌弼門 　旺旺廟平 　　　　忌 　　　忌 　　　祿 青攀晦　　38甲 龍鞍氣【福德】　浴辰 　　　【大奴】	성명：　,陰男 陽曆　1987年 8月 11日 12:32 陰曆　丁卯年 閏6月 17日 午時 命局：金四局　金箔金 命主：祿存　　　身主：天同		大天天天 祿使虛鉞 　　　廟 大災歲　54~63　43己 耗煞破【疾厄】　墓酉 　　　【大夫】
截天天火貪紫 空哭刑星狼微 　　　平地旺 小將太　　37癸 耗星歲【父母】帶卯 　　　【大官】	《命式》　丙 壬 戊 丁　(戊土司令) 　　　　　午 辰 申 卯 《大運》　71 61 51 41 31 21 11 01 　　　　　庚 辛 壬 癸 甲 乙 丙 丁 　　　　　子 丑 寅 卯 辰 巳 午 未 02-2249-5630 대유학당		大文左天 羊曲輔同 　陷廟平 　　　　權 　　　　科 病天龍　44~53　44庚 符煞德【財帛】　死戌 　　　【大兄】
大大解天三陰天太天 曲魁神官台煞巫陰機 　　　　　　　閑旺 　　　　　　　祿科 將亡病　4~13　36壬 軍神符【身 命】冠寅 　　　【大田】	寡天天 宿貴府 　　廟 奏月弔　14~23　35癸 書煞客【兄弟】　旺丑 　　　【大福】	大台八紅太天 昌輔座鸞陽 　　　　陷 　　　　權 飛咸天　24~33　34壬 廉池德【夫妻】　衰子 　　　【大父】	旬天天破武 空月福魁軍曲 　　　旺平平 喜指白　34~43　45辛 神背虎【子女】病亥 　　　【大命】

  신해대한(34~43세) 무파상 대한으로 공망마, 절족마가 되며, 경양

과 화성, 천형까지 보니 좋게 볼 수 없는 대한입니다. 그나마 건질 수 있는 건 괴월을 본다는 것, 대한 재백궁으로 쌍록이 협한다는 것 정도입니다.

   발생은 진궁 거문화록으로 록기전도가 됩니다. 선천화기를 건드려서 대한 천이궁을 형기협인하는데 과연 좋게 읽을 수 있는 걸까요? 아무래도 힘들 것 같지만 그럼에도 불구하고 이 분은 매월 1억 이상 현금이 들어오고 있고, 2022년 『역행자』라는 책을 써서 몇 달째 베스트셀러에 올랐습니다.

   사실 이 대한만 놓고 보면 재정적 손실도 많고, 감정적으로도 다칠 것이고, 집안일도 보람이 없어야 합니다. 하지만 실제로는 책을 내고 베스트셀러 1위를 하고 있으니 명예도 높아진 것이고, 각종 매체에 출연해서 자신을 알리기도 하니 최상입니다.

   이 분은 이미 전 대한에 매월 들어오는 수입을 만들어 놓은 상태입니다. 그렇기 때문에 지금 대한에 무파상의 공망마, 절족마를 만난다고 해도 크게 흔들리지 않습니다. 그럴 때는 새로운 사업을 구상하고 기획하는 것에 에너지를 쓰는 것으로 읽을 수 있습니다.

   그렇기 때문에 자미두수를 볼 때 현재 대한만 가지고 길흉을 판단할 수 없습니다. 어떤 변곡점이 있었는지, 그 시기를 어떻게 넘겼는지 꼭 알아봐야 합니다.

   자미두수든 홍국기문이든 하락리수든 사주명리든 간에 역학을 공부한다면 "길한 것은 극대화하고, 나쁜 것은 미리 알아 좀 잠재우려는 것"이라는 목표가 존재합니다.

인생을 살아가면서 누구나 전성기를 만나게 되는데, 그 시기를 어떻게 채웠는지가 아주 중요합니다. 도움이 되는 운이라는 것은 오기도 하고 가기도 하는 것인데, 잘 잡아 놓으면(내 실력으로 만들어 놓으면) 언제든지 쓸 수 있게 됩니다. 하지만 이 시기를 그냥 흘려보내면 운만 좋을 뿐이지 실질적으로 얻을 수 있는 것이 적습니다. 그러니 역학을 공부한다는 것은 이런 시기를 알고 적절히 사용할 수 있는 힘을 얻는 것이라고 할 수 있습니다.

그가 지은 책에는 "경제적 자유는 타고난 사람이거나 천재만이 이루는 것이 아니라는 것을 보여주고 싶었던 것 같다. 95퍼센트의 인간은 타고난 유전자와 본성의 꼭두각시로 살아간다. 그래서 평생 평범함을 벗어나지 못하고 불행하게 산다. 본성에 따라 결정된 인생을 사는 자, 이들은 '순리자'다. 그러나 5퍼센트의 인간은 다르다. 그들은 타고난 유전자와 본성을 역행해 경제적 자유와 행복을 쟁취한다. 이들이 바로 '역행자'다."라고 하고 있습니다.

명반을 거스르는 사람일까? 자미두수를 공부해보니 자기의 명반을 거슬러서 살아가는 사람은 5% 미만이라는 생각이 들었습니다. 세가이 명을 보면서 과연 거슬러서 사는 5%에 해당하는 것일까? 아니면 원래 괜찮은 명이었을까를 생각해보았습니다. 결론적으로는 선천명이 좋았고 그것이 발현되었다고 할 수 있습니다. 그리고 신해대한에 왔을 때 자기의 경험을 밖으로도 표현한 것입니다.

해궁과 인궁은 암합을 하기도 하지만 자전·명천선으로 같은 궁선으로 태음화록과 천기화과를 움직여 줍니다. 누군가에게 희망을 주는 역할을 하는 프로세스를 개발하는 것이 좋겠습니다.

경술대한(44~53세) 선천화기를 계속 건드리면서 대한이 움직입니다. 하지만 이 술궁은 건궁반배가 되는 궁선으로 오면서 다시 화록 3개를 보니 더 부자가 될 것 같습니다.

비슷한 명 인궁의 기월이면서 정년생이어서 이 분과 사화(록권과기의 위치)까지 같은 구조를 가진 여성 분을 본 적이 있습니다. 이 명은 육길성이 모두 형제궁을 향하고 있습니다. (하지만 자청이라는 분은 명궁이 육길성을 보고 있으니 다릅니다.) 나이차가 있는 남동생이 있었는데, 챙기느라 늘 힘들었다고 합니다. 여명이어서 대한이 반대로 돌아가는데 3번째 대한 거문화기운이 자청의 명처럼 좋지는 않았습니다.

참고명반 『자미두수전서』 1369(자부협명격), 1403, 1411쪽

(4) 묘궁 자미·탐랑 - 학생, 취준생

金天天天天鈴天 興虛巫刑馬星相 　　　　平旺平	天地天 廚劫梁 　廟廟 　　權	截天七廉 空哭殺貞 　　旺廟	紅天天天 艷福傷鉞 　　　廟
伏歲歲　　　31辛 兵驛破【身福德】冠巳	大息龍　95~ 耗神德　　32壬 　　【田宅】帶午	病華白　85~94 符蓋虎　　33癸 　　【官祿】浴未	喜劫天　75~84 神煞德　　34甲 　　【奴僕】生申
月解天天大紅　地火擎巨 德神官壽耗鸞　空星羊門 　　　　　　　陷閑廟平	성명 :　　,陰男 陽曆 1995年　　6日 14:59 陰曆 乙亥年　　14日 未時 命局 : 土五局 , 城頭土 命主 : 文曲　　　身主 : 天機		旬破封天 空碎詰姚
官攀小　　　30庚 府鞍耗【父母】旺辰			飛災弔　65~74 廉煞客【遷移】養酉
龍恩祿文貪紫 池光存昌狼微 　　旺平地旺 　　　　　科	《命式》　乙 辛　乙　（戊土司令） 　　　　　未 丑　亥 《大運》 79 69 59 49 39 29 19 09 　　　　　戊 己 庚 辛 壬 癸 甲 乙 　　　　　寅 卯 辰 巳 午 未 申 酉		流寡天陰天天 霞宿使煞喜同 　　　　　平
博將官　5~14　29己 士星符【命】襄卯	02-2249-5630 대유학당		奏天病　55~64 書煞符【疾厄】胎戌
天孤天陀右太天 月辰才羅弼陰機 　　　陷廟閑旺 　　　　　　忌祿	蜚台八三天 廉輔座台府 　　　　廟	天天左太 空魁輔陽 　　旺旺陷	年鳳天文破武 解閣貴曲軍曲 　　　旺平平
力亡貫　15~24　40戊 士神索【兄弟】病寅	青月喪　25~34　39己 龍煞門【夫妻】死丑	小咸晦　35~44　38戊 耗池氣【子女】墓子	將指太　45~54　37丁 軍背歲【財帛】絶亥

자미 묘궁

자탐 ― 학생

선천명　묘궁에 자미와 탐랑이 동궁합니다. 문창과 녹존이 있어 보기에는 좋습니다. 삼방사정을 보아도 살성이 거의 없고 길합니다.

명궁이 자미라면 좌보와 우필이 꼭 필요합니다. 보필을 보지 못하면 고군(외로운 임금)이 되고, 견제도 해 주지 않아서 마음대로 하려고 하는 성향이 강해집니다. 다른 백관조공성인 은광·천귀, 용지·봉각, 삼태·팔좌, 태보·봉고를 보고 있지만, 보필을 가진 것 보다는 영향력이 떨어집니다. 이 명은 부처궁(25~34세)에서 협으로만 보필을 온전히 보게 됩니다. 다시 말하면 이 대한에 가야 안정을 찾는다는 말도 됩니다. 선천명에 없지만 꼭 필요로 한 것을 어떤 대한에 가서 만나게 되면 그 역량을 발휘하는 것으로 봅니다.

탐랑과 문창은 성질이 잘 맞지 않는데, 화기가 되는 '계'간이 오면 탐랑화기가 되면서 탐창악격이 형성됩니다. 하는 일이 뒤집어지게 되는데 이 명에서는 9세(계미년), 19세(계사년), 29세(계묘년)에 해당합니다. 이것에 대해서도 오해하지 않아야 하는데, 이 유년이라는 것은 10년 대한 안에 종속이 되므로, 대한이 길하다면 이러한 유년이 와도 크게 흔들리지 않습니다. 그래서 항상 대한부터 보라고 하는 것이고요.

자미의 삼태 자미라는 별은 특별히 부모·형제궁도 중요하게 보아야 한다고 했죠. 나의 부모가 왕이어서 그 권한과 재력을 다 물려주는 것이고, 나의 형제들도 왕족이어야 자신이 굳건한 왕이 되는 것이니까요.

부모궁에는 거문·화성·경양이 보입니다. 인궁의 태음화기를 차성하면 거화양 종신액사격이 형성됩니다. 부모님이 자살하는 것이냐고 물으시는데, 그렇다기보다는 자신이 느끼기에 부모님이 자신을 힘들게 한다는 의미입니다. 부모궁 입장에서는 보필과 괴월을 보고, 록마도 협해주고, 천기화록도 보니 그다지 나쁘지 않죠.

형제궁에는 천기화록, 태음화기, 우필, 타라가 있습니다. 병(病)지에 천월(天月) 질병성도 있으니 머리는 좋지만, 여성적인 면은 좀 떨어지거나 몸이 약한 어머니, 여자형제가 있을 수 있습니다.

삼태를 보니 명반의 주인은 자신은 잘났지만, 주변이 도와주지 않거나 알아주지 않는다고 생각할 수 있습니다. 박상준 선생님은 『자미심전』에서 이렇게 내궁에서 살을 보지 않고 협으로 살을 많이 보는 것을 가지고 '피해의식격'이라고 이름 붙여 주었죠.

몸신궁 사궁의 천상입니다. 천상이 밝지 않은데, 영성, 천마, 천형까지 동궁한 별들이 좀 별로입니다. 천상은 살에 대한 저항력이 적습니다. 게다가 영성과 천마는 전쟁터의 말처럼 바쁘게 다녀도 소득이 없고, 천형은 나름의 규율을 지키느라 몸이 피곤합니다. 재복선이 무파상 조합이니 파조파가를 하는데, 복덕궁에서의 무파상 조합은 수많은 생각을 일어나게 하고, 시도해보고, 바쁘게 움직이게 합니다.

또 천상은 거문궁의 영향을 받는데, 거문이 화록(辛간)이 되거나 화기(丁간)가 되는 때는 더 유의해야 합니다. 이렇게 될 때 거문과 동궁한 경양·화성·지공까지 함께 천상궁에 영향을 줄 테니까요.

명궁에 비해 신궁은 좀 약해 보입니다. 신궁이 복덕궁에 가 있으니, 정신력이 더 약하다고 볼 수 있습니다.

사화 을년생이므로 기량자월, 즉 천기화록, 천량화권, 자미화과, 태음화기를 봅니다. 자미화과가 되면 공부를 많이 하여 잘 판단하며 재주도 많아서 이름을 날리게 됩니다. 하지만 자미화과가 명궁에 있으면 노복궁의 삼방사정에서는 반드시 천기화록과 태음화기를 보게 되므로 친구가 적고 고독해지며, 잘난 척하는 자미는 시기와 질투를 받습니다.*

---

* 『별자리로 운명읽기 1』 89쪽.

실제로 이 명은 초등학교 때부터 자주 왕따 문제가 있었는데, 물어보니 수준이 되지 않는 아이들과 친구하기 싫다고 했다더군요. 왕따를 자처했는지 당했는지 본인만 알겠지만, 남들은 무리를 지어 다닐 때 자신은 혼자 다녔다는 것만은 확실합니다. 그래서 자미화과를 가진 명들은 잘난 척하지 말고 친구들과 잘 지내라고 하는데, 기질적으로 잘 되지는 않는 듯합니다.

무인대한(15~24세)과 기축대한(25~34세)을 살펴보겠습니다.

무인대한(15~24세) 이 시기는 사춘기 때이기도 하고, 진학문제가 생기는 때입니다. 두 번째 대한에 화기가 있는 경우 재수나 삼수는 기본으로 합니다. 이 명은 재수를 했을까요?

선천의 록·기가 있는데다, 대한에서도 권·과·기가 붙으니 이 대한은 그야말로 전쟁같은 대한이 됩니다.

대한의 명궁과 삼방사정을 보는 것은 대한의 환경이라고 말했습니다. 대한을 살펴보면 명궁이 가장 복잡하고 대한 복덕궁이 마음에 걸립니다.

살성과 화기가 몰려 있기 때문에 그렇게 읽는 것입니다. 천기와 태음은 인·신궁에서는 동궁하고, 사·해궁에서는 마주 봅니다. 천기태음은 변화가 많은 별이며, 변화에 민감하게 반응하기도 합니다. 태음이나 천기나 모두 록·권·과·기를 다 가지고 있습니다. 그러니 10천간 중에 태음과 천기를 록과 기로 움직이게 하는 '을' '정' '무' 간에는 그러한 변화의 폭이 더 심해지는 것이고요.

인궁은 천기화록·천재·역사가 있으니 '똑똑하다, 계획을 잘 세운다, 지배력이 있다'라고 판단하고, 태음화기와 타라·망신으로는 '계획착오, 일이 지체된다'로 보고, 고신·천월(天月)·병(病)·관삭으로는 '아프겠다, 외롭겠다, 고집스럽겠다'는 것을 유추합니다. 같은 성질을 가진 별들끼리 뜻을 모으는 것이죠.

여기에 대한의 권·과·기가 붙으니 각각의 일이 다 생기게 됩니다. 대한의 권·과·기는 선천의 록·기를 여름(성장), 가을(결실), 겨울(마무리)의 형태로 보여줍니다.

대한의 발생 무인대한이므로 묘궁에 탐랑화록이 됩니다. 일반적으로 외궁에 록이 되는 것을 좋아하지는 않습니다. 외궁은 남의 것으로 보기 때문이죠. 그런데 대한 외궁이라고 하더라도 내 선천명궁에 록이 온 것이고, 부질선에 록이니 시험보는 데는 유리하지 않을까도 생각해 보았습니다. 2차는 없습니다.

결과는 대한 명궁의 천기화기입니다. 역시 2차는 없습니다. 이 대한은 인궁과 묘궁만 자세히 살피면 됩니다.

19세에 수시 1차로 대학에 합격했습니다. 유명대학은 아니지만 인서울은 했고, 공부하기 싫은데 재수하지 않아서 다행이라고 생각했다고 합니다. 대학교 1학년 가을 무렵부터 6개월간 방안에서 은둔생활을 했습니다. 2년간 휴학 후에 아르바이트를 좀 하고, 23세에 모아 놓은 돈으로 지방의 작은 연립을 구매했으며, 23세에 군대에 가서 24세에 제대했습니다.

19세(계사년) 해궁의 재복·자전 파군화록이 1차발생, 축미궁 부관·형노 정부살 조합이 문제궁, 진술궁 부질·재복 거동 조합도 문제궁, 결과는 묘궁 부질·명천 탐랑화기가 됩니다.

진술궁을 빼면 모두 대한의 외궁에서 발생과 결과가 이루어집니다. 애초에 대한 외궁에 좋은 것이 많았기 때문에 성적만큼 좋은 학교를 가기는 어려웠습니다.

20세(갑오년) 갑오년은 대한의 내궁이며 태양·천량이 양타를 보아 사람들과 멀어지는 때입니다. '인리산재', '조유형극만견고'라고 하는데 특히 육친과 생각이 맞지 않아 부딪히게 됩니다.

발생은 미궁 염정화록으로 묘궁의 탐랑화록을 차성하면 인신궁을 움직이게 합니다. 사해궁은 2차 발생으로 집안에서의 정신적인 문제로 트러블이 생깁니다.

태양화기로 인한 2차 결과로 축궁의 부관·형노를 움직이니 학교생활에 변화가 있는 것입니다. 인궁의 천기화기를 차성하면 진술궁도 움직이는데, 진술궁의 부질·재복선으로 부모와의 정신적인 부분에서 감정고충이 있게 됩니다. 이 시기에는 아무 것도 하고 싶지 않고, 학교도 가기 싫고, 부모님도 보고 싶지 않아 가족이 모두 집에서 나간 낮에만 활동하고, 엄청 많이 자고, 안 움직여서 살도 많이 쪘습니다.

23세(정유년) 대한의 화록이 있는 궁선입니다. 명천·부질선으로 왔으니 부모의 질액, 문서 변동 등이 예상됩니다.

정유년의 태음화록은 대한 명궁에 떨어집니다. 록과 기가 다 일어나는 것이죠. 게다가 대한의 천기화기를 록으로 일으키니 유년과 대한 사이에서 록기전도가 됩니다. 계획착오를 안고 있기는 하지만 태음화록으로 첫 부동산을 구입하게 됩니다.

1차 결과는 거문화기로 부질·재복선이며, 거상연동으로 사궁 재복·자전선을 움직이고, 또 묘궁의 명천·부질선을 움직이니 이 해에 부동산도 사고, 군대에도 가게 됩니다.

월까지 다 따져봐야 하겠지만, 이렇게 되어 있다고 해서 특정한 그 일이 반드시 발생하지는 않습니다. 다만 자전선과 부질선, 형노선은 항상 대한의 외궁에 자리합니다. 그리고 주서, 화과, 창곡, 거일, 일월 성계가 관여된다고 하는데 모두 움직이고 있습니다. 공겁으로 모아 놓은 돈도 모두 나가게 되고요.

군대생활 집을 산 건 산 거고, 군대에서의 생활을 어땠을까요? 태음화록을 건드릴 때부터 심상치 않음을 짐작할 수 있습니다. 휴대폰 반입문제로 영창에도 다녀왔고, 군생활 후반기에는 군대에 계속 있다가는 죽을 것 같다면서 생활관도 옮기도 그린캠프도 다녀오면서 24세(무술년)에 15개월간의 군생활을 마치고 상병으로 제대를 하였습니다.

첨언 예상은 되었지만 실제로는 본인이나 가족이나 많이 힘든 대한이었다고 합니다. 여기서는 다루지 않았지만 부질선에 록이 떨어졌다는 것 자체가 부모의 질액을 의미하기도 합니다. 이 명의 아버지는 이 대한 중에 고혈압, 심장병, 구안와사 등이 왔고, 어머니는 암에 걸렸다고 합니다.

현재는 세 번째 대한에 들어서서, 앞서 보았듯이 조금은 안정된 상태라고 할 수 있습니다. 그 사람의 인생을 본다는 것은 단순하게 생각하려 해도 그렇게 단순하지 않은 듯합니다. 혼자만의 문제가 아니라 가족이 있고, 가까이 지내는 사람들의 영향도 받고, 책이나 각종 매체에 의해 달라지기도 하니까요. 그래서 하나씩 떼어서 생각도 해보고, 뭉뚱그려 다시 보기도 해야 입체적인 접근이 가능합니다.

기축대한(25~34세) 명궁 자탐이 천부운으로 갔습니다. 보필의 협을 보고 대한 천이궁에서 창곡을 봅니다. 삼방에서 영성과 천형 외에는 살을 보지 않아 지난 대한보다는 편하다고 할 수 있습니다.

대한의 발생과 결과가 부관·재복에 있으니 직장문제, 연애의 일이 주된 이슈입니다. 문제궁은 축미궁입니다.

차성문제궁은 진술궁의 거동 조합인데, 2021년(신축, 27세) 거문화록 발생으로 그간 모은 돈으로 지방의 작은 아파트를 대출받아 구입했습니다. 진술궁은 부질·자전선이므로 문서도 되지만, 병부·음살·홍란·천희는 질병도 의미합니다. 어머니가 이 해에 암판정을 받았습니다. 정부살 조합이면서 상문·백호가 있는 대한이며, 십이운성의 사지, 절공, 천곡이 보이므로 집안의 어른이 돌아가실 수 있습니다.

2023년 대학도 졸업하고 취업을 준비 중입니다.

참고명반 『자미두수전서』 614, 908, 1612쪽

(5) 진궁 거문 - 요리 연구가 이연복

旬天封 天陀右天 空虛詰 馬羅弼相 　　　 平陷平平	流 天祿天 霞 姚存梁 　　　　旺廟 　　　　　科	天擎文文七廉 哭羊曲昌殺貞 　廟旺旺旺廟 　　　　　忌	金天天 地天 輿廚巫 空鉞 　廟廟 廟廟
力歲歲　　　67己 士驛破【父母】病巳	博息龍　　　68庚 士神德【福德】衰午	官華白 93~ 69辛 府蓋虎【田宅】旺未	伏劫天 83~92 70壬 兵煞德【官祿】冠申
月紅大陰紅巨 德艶耗煞鸞門 　　　　　平	성명 : ,陰男 陽曆 1959年 7月 11日 6:30 陰曆 己亥年 6月 6日 卯時 命局 : 木三局 , 大林木 命主 : 廉貞　　　身主 : 天機		截天破天天台左 空官碎傷壽輔輔 　　　　　　陷
青攀小 3~12 66戊 龍鞍耗【 命 】死辰			大災弔 73~82 71癸 耗煞客【奴僕】帶酉
天天龍貪紫 月才池狼微 　　　 地旺 　　　 權	《命式》丁甲辛己 　　　卯午未亥　（丁火司令） 《大運》71 61 51 41 31 21 11 01 　　　癸甲乙丙丁戊己庚 　　　亥子丑寅卯辰巳午		寡天天 宿喜同 　　平
小將官 13~22 65丁 耗星符【兄弟】墓卯	02-2249-5630 대유학당		病天病 63~72 72甲 符煞符【身遷移】浴戌
天孤三 天地太天 福辰台 刑劫陰機 　　　 平閑旺	輩鈴天 廉星府 　　陷廟	解天八火太 神空座星陽 　　　 平旺陷	天年鳳天恩 破武 使解閣貴光 軍曲 　　　　　 平平 　　　　　　祿
將亡貫 23~32 76丙 軍神索【夫妻】絶寅	奏月喪 33~42 75丁 書煞門【子女】胎丑	飛咸晦 43~52 74丙 廉池氣【財帛】養子	喜指太 53~62 73乙 神背歲【疾厄】生亥

자미 묘궁

거문 ─ 요리연구가

　중식당을 운영하고 있는 이연복 쉐프의 명입니다. 출생시는 추정한 것으로 정확하지 않습니다. 이연복 님은 대만 국적의 화교였는데, 현재는 귀화하여 한국 국적을 가지고 있습니다.

　선천명　진궁의 거문입니다. 대궁에 천동이 있어 거문·천동 조합으로 감정이 풍부합니다. 거문은 암성이라고 하는데, 태양에 의해 어두움이 해소되려면 시간이 걸리므로 대체적으로 힘든 유년 시절을 보낸다고 합니다. 상황이 나쁠 때는 시비가 생기고 대인관계가 불리해지기도 합니다.

거문의 특징대로 자세히 분석하고 연구하며 말을 잘 합니다. 할아버지, 아버지 모두 요리를 했다고 하죠. 대대로 물려온 재능이라고 할 수 있어요. 거문의 능력으로 연구를 하는 요리사가 된 듯합니다. 요리는 화성(火星), 천주(天廚)라는 별과 관련되는데, 재백궁과 관록궁에서 봅니다. 천무(天巫)도 관록궁에서 보니 조상들과 같을 일을 한다는 의미도 됩니다.

복덕궁 이연복 쉐프의 인터뷰 내용이에요.
"함께 일하는 두 명은 제가 식당을 열었을 때부터 계속 도와준 친구들이에요. 나머지 직원들은 계속 바뀌었지만 두 친구는 끝까지 함께하고 있어요. 저는 사람을 뽑을 때, 기술은 안 보고 무조건 인성을 봐요. 기술은 배우면 되지만 인성은 안 고쳐져요. 기술은 좋은데 인성이 안 좋으면 함께 일하기가 어려워요. (중략) 초심을 잃지 말아야 한다는 생각을 늘 가지고 있습니다. 요리사로서 갖고 있는 가장 중요한 원칙은 '재료 갖고 장난치지 말자'입니다. 요리는 재료가 70%, 기술이 30%입니다. 좋은 재료를 쓰면 음식은 다 맛있습니다. 재료가 본연의 맛을 내려면 신선해야 하고, 그래서 늘 장을 볼 때 재료를 꼼꼼하게 보는 편입니다."

한 예능 프로그램에서 전소미라는 가수가 학교 다닐 때 왕따를 당했다고 하는데, 그 이야기를 듣고 "당한 것이 다행이지, 왕따를 했으면 지금 더 큰일이야."라고 했다고 해요.

이 외에도 다양한 내용이 많은데, 복덕궁의 천량화과와 녹존을 잘 설명해주는 듯합니다. 원칙적이고 깐깐하고 여유로운 모습입니다. 그의 요리도 맛이 좋지만, 그가 하는 행동과 말이 대중들의 공감을 얻고 있습니다.

大大大旬天封天陀右天 馬曲陀空虛詰馬羅弼相 平陷平平	月紅大陰紅 德艷耗煞鸞 巨 門 平 忌	天天龍貪紫 月才池狼微 地旺 權	天孤三天地太天 福辰台刑劫陰機 平閑旺 祿科
力歳歳　　19己 士驛破【父母】病巳 　　　　【大福】	青攀小　3~12 18戊 龍鞍耗【命】死辰 　　　　【大父】	小將官 13~22 17丁 耗星符【兄弟】墓卯 　　　　【大命】	將亡貫 23~32 16丙 軍神索【夫妻】絶寅 　　　　【大兄】

大流天祿天 祿霞姚存梁 旺廟 科		大天擎文文七廉 羊哭羊曲昌殺貞 廟旺平旺廟 忌	金天天地天 輿廚巫空鉞 廟廟
博息龍　　20庚 士神德【福德】衰午 　　　　【大田】		官華白 93~ 21辛 府蓋虎【田宅】旺未 　　　　【大官】	伏劫天 83~92 22壬 兵煞德【官祿】冠申 　　　　【大奴】

성명 : ,陰男

陽曆 1959년 7월 11일 6:30
陰曆 己亥年 6월 6일 卯時

命局 : 木三局 ,大林木
命主 : 廉貞　　　　身主 : 天機

《命式》 丁 甲 辛 己
　　　　卯 午 未 亥　（丁火司令）

《大運》 71 61 51 41 31 21 11 01
　　　　癸 甲 乙 丙 丁 戊 己 庚
　　　　亥 子 丑 寅 卯 辰 巳 午

02-2249-5630
대유학당

大大截天破天天台左 昌鉞空官碎傷壽輔輔 陷
大災弔 73~82 23癸 耗煞客【奴僕】帶酉 　　　　【大遷】

寡天天 宿喜同 平 權
病天病 63~72 24甲 符煞符【身遷移】浴戌 　　　　【大疾】

蜚鈴天 廉星府 陷廟	解天八火太 神空座星陽 旺陷	大天年鳳天恩破武 魁使解閣貴光軍曲 平平 祿
奏月喪 33~42 15丁 書煞門【子女】胎丑 　　　　【大夫】	飛咸晦 43~52 14丙 廉池氣【財帛】養子 　　　　【大子】	喜指太 53~62 13乙 神背歲【疾厄】生亥 　　　　【大財】

자미 묘궁

거문 ㅣ 요리연구가

정묘대한(13~22세) 정묘대한으로 들어오자마자 13세(1971년:신해)에 부모님이 하시는 중식당이 잘 안 되어 가세가 기울었다고 합니다. 이때부터 학교 초등학교를 자퇴하고 철가방을 들고 식당에서 일을 하기 시작했습니다. 17세(1976년:을묘) 때 사보이호텔에 중화식당에 막내로 들어가서 일을 하게 되고, 22세(1980년:경신) 선배의 추천으로 주한 대만 대사관 조리장에 지원하면서 요리 실력이 점차 발전했다고 합니다.

정묘대한은 자미·탐랑화권이 있으며 삼방으로 염정·칠살, 무곡·파군이 들어오고, 재예를 뜻하는 용지·봉각을 봅니다. 선천자전·대한부관선이 문곡화기가 되어 있는 것이 눈에 띕니다. 이 나이의 자전·부관은 집과 학교에 해당합니다. 축미궁은 정부살 조합이면서 화기와 경양·영성을 보아 길 위에 시체를 묻는다는 노상매시 조합이 됩니다.

발생은 태음화록으로 인궁이 되며 부관·형노선으로 선천화기가 있는 미궁을 공명시킵니다. 문제궁은 인궁 태음화록과 오궁 녹존이 가리키는 진술궁이 됩니다. 명천·부질로 부모로 인해 자신에게 변화가 생긴 것입니다. 그리고 인궁 태음화록을 차성하면 미궁도 문제궁이 됩니다. 녹존이 인자궁이 되니 돈 때문에 학교나 집안에 문제가 생긴 것이라고 봅니다.

결과는 진궁 거문화기로 감정고충의 일이 생기고, 특수2차결과는 사궁으로 무파상 조합의 파조파가도 하고, 타라·천마 절족마로 잘 나가다가 삐걱거리는 결과에 이르게 됩니다.

13세(1971년:신해)는 해궁이 되는데, 신해년이므로 '신'간으로 사화를 돌리면 거문화록으로 대한화기를 물고, 문창화기로 대한의 문제궁을 움직여 결과화하니 학교를 그만두게 됩니다. 그리고 나서 아버지 지인의 중국집에 들어가 배달을 시작했습니다.

17세(1976년:을묘)는 인궁에 록·기가 떨어지면서 직장변화가 생깁니다. 22세(1980년:경신)는 부관·형노선에 있으면서 자궁에 태양화록을 주고, 2차발생으로 축미궁도 움직이니 또 한번 직장을 옮깁니다. 여기서 중요한 것은 직장을 옮긴다는 것보다 실력을 쌓아가고 있다는 점입니다. 이 명의 경우는 평생에 걸쳐 요리를 연구하고 새로운 메뉴도 개발하는 것을 꾸준히 해 오고 있으므로, 직장을 옮겨가면서 실력이 일취월장하는 시기라는 것입니다.

大旬天封天陀右天 祿空虛詰馬羅弼相 　　　　平陷平平 力歲歲　　　31己 士驛破【父母】病巳 　　　【大田】	大大流天祿天 曲羊霞姚存梁 　　　　旺廟 　　　　　科 博息龍　　　32庚 士神德【福德】衰午 　　　【大官】	天擎文文七廉 哭羊曲昌殺貞 　廟旺平旺廟 　　　　忌 　　　科　忌 官華白　93～　33辛 府蓋虎【田宅】旺未 　　　【大奴】	大大金天天地天 馬昌輿廚巫空鉞 　　　　　廟廟 伏劫天　83～92　34壬 兵煞德【官祿】冠申 　　　【大遷】
大月紅大陰紅巨 陀德艶耗煞鸞門 　　　　　　平 青攀小　3～12　30戊 龍鞍耗【命】死辰 　　　【大福】	성명 :　　,陰男 陽曆　1959년 7월 11일 6:30 陰曆　己亥年 6월 6일 卯時 命局 : 木三局 , 大林木 命主 : 廉貞　　　身主 : 天機		大截天破天天台左 鉞空官碎傷壽輔輔 　　　　　　　陷 大災弔　73～82　23癸 耗煞客【奴僕】帶酉 　　　【大疾】
天天龍貪紫 月才池狼微 　　　地旺 　　　權 小將官　13～22　29丁 耗星符【兄弟】基卯 　　　【大父】	《命式》　丁甲辛己 　　　卯午未亥　（丁火司令） 《大運》　71 61 51 41 31 21 11 01 　　　　癸甲乙丙丁戊己庚 　　　　亥子丑寅卯辰巳午 02-2249-5630 대유학당		寡天天 宿喜同 　　平 　　　　　　祿 病天病　63～72　24甲 符煞符【身遷移】浴戌 　　　【大財】
天孤三天地太天 福辰台刑劫陰機 　　　　平閑旺 　　　　　　權 將亡貫　23～32　28丙 軍神索【夫妻】絶寅 　　　【大命】	蜚鈴天 廉星府 　陷廟 奏月喪　33～42　27丁 書煞門【子女】胎丑 　　　【大兄】	解天八火天太 神空座星魁陽 　　　　旺陷 　　　　平 飛咸晦　43～52　26丙 廉池氣【財帛】養子 　　　【大夫】	大天年鳳天恩破武 魁使解閣貴光軍曲 　　　　　　平平 　　　　　　　　祿 喜指太　53～62　25乙 神背歲【疾厄】生亥 　　　【大子】

병인대한(23~32세)에도 대만 대사관에 8년을 근무했는데, 이곳에서 귀빈을 상대하며 다양한 요리를 선보였습니다. 26세(1984년:갑자)에 대만 대사의 권유로 건강검진을 받았는데 축농증으로 고생하지 말고 수술을 하라는 권유를 받았습니다. 그래서 수술을 받았는데, 그게 잘못돼서 신경이 죽었다는 통보를 받았고, 후각을 잃고 맙니다.

요리사로서 후각 상실의 문제는 치명적이므로 남들에게 말하지 않고 오로지 미각·촉각만으로 후각을 대체하기 위해 담배도 끊고, 술도 줄이면서 엄청난 노력을 했다고 합니다. 후각은 잃었지만 대신 미각이 발달했다고 하죠. 아시다시피 실력 있는 쉐프이며, 대중들에게 인기도 많습니다.

병인대한의 삼방사정은 천기·태음 조합이면서 공겁·천형을 보고 록존·대한화록, 선천화과·대한화권을 봅니다. 특히 술궁은 선천 록권의 협으로 상황이 좋습니다. 발생이 술궁 천동화록인데 이 궁은 몸 신궁이고, 2개의 병부도 있습니다. 홍란·천희의 수술 성계도 있고요. 문제궁은 인신궁으로 명천·부관선입니다.

결과는 염정화기로 자전·형노선이며 선천화기를 결과화합니다. 이 궁선에 상문·백호도 있으니, 대한이 좋아보여도 이 궁선을 건드리면 사망에 준하는 일도 생길 수 있습니다.

26세(1984년:갑자)에는 자궁이 유년 명궁이 됩니다. 재복·부관선이니 직장에서의 일과 관련된 해입니다. 발생이 염정화록으로 미궁을 건드립니다. 미궁은 이미 선천문곡화기, 대한 염정화기가 있으면서 문창화과로 증세가 드러나는 것인데, 그것을 록으로 발생시키니 좋지 않습니다. 미궁의 염정과 칠살은 염정 화(火)에 의해서 칠살 금(金)이 제련되는 의미가 있는데, 화기로 2번이나 깨지게 되니, 경양으로 수술은 제대로 되지 않고, 염증(화기운)이 생겨 후각(금기운)만 잃게 된 것입니다. 이 미궁은 유년의 부질선이기도 합니다.

이 해에 전반적인 상황은 나쁘지 않지만, 선천·대한 화기를 건드리게 되니 질액적인 부분은 조심했어야 합니다.

30세(1988:무진)에는 일본으로 떠나 10여 년간 체류하면서 일본의 중화요리 식당과 한식당, 일식주점 등에서 일하며 도시락 사업도 하는 등 다양한 경험을 쌓았습니다.

무진년은 진궁이 명궁입니다. 유년 천이궁에 화록이 있으니 해외로 눈을 돌릴 수 있습니다. 무간 탐랑화록이 발생하면 선천 무곡화록과 함께 축미궁의 자전·형노가 움직이므로 근거지를 옮기게 됩니다. 물론 쌍화기를 건드리면서 가기 때문에 옮긴 뒤의 생활이 편안하다거나 일이 쉽지는 않았을 것입니다.

정축대한(33~42세)의 대부분은 일본에서 생활했습니다. 그리고 다양한 사업경험을 토대로 41세(1999년:기묘)에 한국에서 [목란]이라는 중화요리 전문점을 열게 됩니다. 자신의 식당을 연 이후로, 간간히 방송출연을 하면서 인지도를 알렸습니다.

병자대한(43~52세)에는 식당 경영을 하면서 제자도 키우고 메뉴개발도 계속했습니다. 앞의 병인대한과 사화는 똑같이 돌아가지만 앉아있는 궁선이 다릅니다. 원래 선천명에서 태양이 재백궁에 있는 것은 불리한데, 밖으로 퍼주고 지키지 못하기 때문입니다. 그러므로 부처궁(배우자)이나 전택궁(집안)에서 지킬 수 있는지 보아야 하는데, 부처궁에서는 공겁을 보고, 전택궁에는 문서에 화기가 되어 불리합니다. 이 대한에 장사는 잘 했지만, 임대료 등으로 인해 옮겨 다녀야 했다고 합니다. 일찌감치 부동산에도 눈을 돌렸다면 좋았을 것입니다.

大旬天封天陀右天 馬空虛詰羅弼相 　　　　平陷平平 力歲歲 士驛破【父母】　55己 　　　【大遷】　病巳	大流天祿天 昌霞姚存梁 　　　旺廟 　　　　科權 博息龍 士神德【福德】　56庚 　　　【大疾】　衰午	天擎文文七廉 哭羊曲昌殺貞 　廟旺平旺廟 　　　　　忌 官華白　93~ 府蓋虎【田宅】57辛 　　　【大財】　旺未	大大金天天地天 曲鉞興廚巫空鉞 　　　　　廟廟 伏劫天　83~92 兵煞德【官祿】58壬 　　　【大子】　冠申
大月紅大陰紅巨 羊德艷耗煞鸞門 　　　　　　平 青攀小　3~12 龍鞍耗【　命　】54戊 　　　【大奴】　死辰	성명 :　，陰男 陽曆　1959年 7月 11日 6:30 陰曆　己亥年 6月 6日 卯時 命局 : 木三局，大林木 命主 : 廉貞　　　身主 : 天機		截天破天天台左 空官碎傷壽輔輔 　　　　　　陷 大災弔　73~82 耗煞客【奴僕】59癸 　　　【大夫】　帶酉
大天天龍貪紫 祿月才池狼微 　　　　地旺 　　　　權科 小將官　13~22 耗星符【兄弟】53丁 　　　【大官】　墓卯	《命式》　丁甲辛己 　　　　卯午未亥　（丁火司令） 《大運》　71 61 51 41 31 21 11 01 　　　　癸甲乙丙丁戊己庚 　　　　亥子丑寅卯辰巳午 02-2249-5630 대유학당		寡天天 宿喜同 　　平 病天病　63~72 符煞符【身遷移】60甲 　　　【大兄】　浴戌
大天孤三天太天 陀福辰台刑陰機 　　　　平閑旺 　　　　忌祿 將亡貫　23~32 軍神索【夫妻】64丙 　　　【大田】　絶寅	蜚鈴天 廉星府 　　陷廟 奏月喪　33~42 書煞門【子女】63丁 　　　【大福】　胎丑	大解八火天太 魁神空座星魁陽 　　　　平旺陷 飛咸晦　43~52 廉池氣【財帛】62丙 　　　【大父】　養子	天年鳳天恩破武 使解閣貴光軍曲 　　　　　平平 　　　　　　　祿 喜指太　53~62 神背歲【疾厄】61乙 　　　【大命】　生亥

을해대한(53~62세)은 식당 경영뿐만 아니라 연예인처럼 요리로 자주 TV에 등장했습니다. 56세(2014년:갑오) JTBC《냉장고를 부탁해》

출연, 57세(2015년:을미) KBS 2TV《해피투게더》, 올리브TV《셰프들의 레시피 게임》, SBS플러스《강호대결 중화대반점》등 출연, 거기에서 자신만의 기술을 이용한 중화 요리로 게스트들의 입맛을 사로잡아, 식당 매출도 전보다 높아지면서 유명세를 타게 됩니다. 또한 그의 인생을 담은 책 『사부의 요리』도 출간했습니다.

2016년 5월부터 한국호텔관광전문학교 호텔외식조리계열 석좌교수로 재직했으며, 2021년 제28회 KBS 연예대상 핫이슈 예능인상(신상출시 편스토랑)도 받았습니다.

을해대한의 명궁은 무곡화록과 파군이 있으면서, 은광·천귀의 귀인성이 동궁합니다. 용지·봉각·천재의 재예의 별, 보필·괴월로 조력이 많습니다. 게다가 대한의 화과까지 치면, 삼기가회격도 이루어집니다. 물론 경양·타라·화기도 내궁에 있으니, 사업이 어려울 때도 있습니다. 함께 보는 대한 자미화과와 선천 문곡화기는 '악사위천리'라고는 하지만, 유명세이기도 하고, 예약이 어려워 사람들로부터 듣는 소리일 수도 있습니다.

발생은 인궁, 문제궁은 술궁과 미궁으로 자전의 재복선을 또 움직입니다. 결과는 다시 인궁으로 직장 변동, 사업장 변동 등이 예상됩니다.

56세(2014년:갑오)는 그를 더 이름나게 해준 한 해였습니다. 갑오년에 염정화록으로 미궁을 움직여서, 흉할 줄 알았는데 오히려 더 좋은 상황이 만들어졌죠. 앞에서 26세에는 문곡화기·염정화기를 일으키면서 후각을 잃었다고 했는데, 이 해에는 대한에서 문제궁으로 만든 선천화기 궁선을 움직여서 더 이름이 나게 되었습니다.

무슨 차이일까요? 이 분은 어린 시절부터 지금까지 한 길로 걸어온 인생입니다. 자신의 분야에서 이미 최고가 되었기 때문에, 그리고 준비가 되었기 때문에 의뢰가 왔을 때 기회를 잡을 수 있었던 것입니다. 만약 이때 새로운 일을 시작한 것이라면 실력 없음을 드러내고 큰 낭패를 보았을지도 모릅니다. 그래서 나이가 들어서 명반을 볼 때는 그 사람이 걸어온 길도 체크해 봐야 합니다.

선천명반이 태어났을 때의 것이라면, 50세 이후의 명반은 살아온 날을 반영한다는 생각이 듭니다. 그래서 역경을 이기고 자신의 길을 잘 걸어온 사람이라면 별로 좋지 않은 운에 이르러도, 크게 흔들리거나 갑자기 망하는 일은 드뭅니다. 그간 쌓아온 인맥도 큰 몫을 하고요.

현재는 갑술대한(63~72세)입니다. 2022년 코로나19로 목란 부산점이 문을 닫기도 했고, 서울점은 1억이 넘는 손실금이 발생했다고도 하죠. 2022년 규모를 좀 축소해 다시 문을 연다는 소식이 들려오고, 가게로 쓸 단독주택도 경매로 낙찰 받았다고 합니다. 이제 코로나를 좀 벗어나는 시기를 살 것이니 앞으로도 날로 번창하지 않을까 생각해 봅니다. 록기전도가 되었으니 문제를 안고 가기는 하겠지만요. 가장 큰 문제는 요리사를 구하기 어렵다는 것이랍니다. 2~30년 전에는 힘든 일도 마다하지 않는 분위기였는데, 시대가 참으로 많이 변했습니다.

참고명반 『자미두수전서』 522쪽 왕흠약.

(6) 사궁 천상 – 배우 안재환

月破天天天八 **天天** 德碎壽才貴座 **鉞相** 　　　　　　　旺平	天天天台 **天** 福虛哭輔 **梁** 　　　　　廟 　　　　　祿	大右左 **七廉** 耗弼輔 **殺貞** 　　廟廟旺廟 　　　　　科	輩陰 廉煞
飛劫小　6~15　54乙 廉煞耗　【身　命】冠巳	喜災歲　16~25　55丙 神煞破　【父母】旺午	病天龍　26~35　56丁 符煞德　【福德】衰未	大指白　36~45　57戊 耗背虎　【田宅】病申
龍 **天文巨** 池 **姚曲門** 　　廟平	성명 :　　, 陽男 陽曆　1972年 6月 8日 1:0 陰曆　壬子年 4月 27日 子時		天三天 廚台喜
奏華官　　　53甲 書蓋符　【兄弟】帶辰	命局 : 火六局, 覆燈火 命主 : 武曲　　　身主 : 火星		伏咸天　46~55　58己 兵池德　【官祿】死酉
紅 **天貪紫** 鸞魁 **狼微** 　　廟旺 　　　權	《命式》　丙 庚 丙 壬 　　　　　子 午 午 子　（丙火司令） 《大運》　80 70 60 50 40 30 20 10 　　　　　甲 癸 壬 辛 庚 己 戊 丁 　　　　　寅 丑 子 亥 戌 酉 申 未		解天寡天年鳳 **鈴陀文天** 神官宿傷解閣 **星羅昌同** 　　　　　　　廟廟陷平
將息貫　　　52癸 軍神索　【夫妻】浴卯	02-2249-5630 대유학당		官月弔　56~65　59庚 府煞客　【奴僕】墓戌
旬截天孤封 **天火 太天** 空空月辰詰 **馬星 陰機** 　　　　　　旺廟 閑旺	金天天 輿空府 　　廟	紅天 **天擎太** 艶使 **刑羊陽** 　　　陷陷	流恩天祿地地 **破武** 霞光巫存劫空 **軍曲** 　　　廟旺陷平平 　　　　　　　忌
小歲喪　96~　63壬 耗驛門　【子女】生寅	青攀晦　86~95　62癸 龍鞍氣　【財帛】養丑	力將太　76~85　61壬 士星歲　【疾厄】胎子	博亡病　66~75　60辛 士神符　【遷移】絶亥

자미 묘궁

천상 ― 배우 안재환

생애　배우이자 사업가인 안재환 님의 명반입니다. 1972년 6월 8일생인데 생시는 여러 의견을 참조하여 자시로 보았습니다. 일어난 사건과도 맞습니다. 2008년 9월 22~23일쯤 사망했습니다.

　대원외국어고등학교, 서울대학교 미대 공예학과를 졸업한 연예계의 수재이며, 스키, 스쿠버다이빙, 검도, 수영, 일본어 등 다양한 재능을 가지고 있었습니다.

1995년(을해년, 24세) 연극배우로 데뷔하였고, 이듬해 MBC의 공채 탤런트 25기로 정식 데뷔하여 히트작은 아니지만 꾸준히 드라마에 출연하여 주·조연으로 많은 시청자들의 사랑을 받았습니다.

2007년 11월 라디오로 인연을 맺었던 개그우먼 정선희와 결혼하였습니다. 다음해 2008년 9월, 자신의 차 안에 숨진 채로 발견되었는데, 경찰은 사업 실패, 사채 등의 이유로 스스로 목숨을 끊은 것으로 결론짓고 수사를 종결했습니다.

선천명반 사궁의 천상입니다. 대궁에 무곡화기, 파군, 공겁과 녹존이 보입니다. 재성인 무곡과 녹존이 있는 궁에 화기와 공겁이 있으니 이 궁선을 움직이면 경제적인 어려움을 겪게 됩니다.

무파상 조합이 화기를 보니 파조파가다노록의 일이 생기는데, 파군이 있어서 동업을 많이 하게 됩니다. 무곡화기와 동궁하니 동업의 결과를 좋게 볼 수는 없습니다.

길성으로는 괴월과 보필을 보니 캐스팅도 잘 되고 도와주는 인맥도 많습니다. 살성으로는 천이궁에서 공겁만 보는데, 협궁이 좀 무시무시합니다. 질액궁은 함지의 태양과 경양·천형이 있어 시비가 생기기 쉽고 수술 성계여서 다칠 수도 있습니다. 노복궁은 타라와 영성이 있어서 이살제살되고 삼방에서 록마교치가 됩니다만, 화령도 있으니 형제나 노복들과 친하게 지내기는 힘듭니다.

사궁 천상명을 찾기가 쉽지 않았습니다. 되도록 좋은 명반을 쓰고 싶은데, 안타깝게 스스로 명을 끊어서 쓰면서도 슬픕니다. 한번 간 사람은 돌아오지 못합니다. 사진 속에 기억 속에 있을 뿐이죠. 사주명리로도 일간 경금이 너무 많은 관(官)에 치이고, 의지할 인성이 없습니다. 수화가 부딪히는 충이 너무 많아 사업을 하여 재물을 직접 만들기보다는 재능을 쓰는 편이 나아 보입니다. 그냥 사업을 하지 않고 연예인으로 계속 활동했다면 어땠을까요.

정미대한(26~35세)과 무신대한(35~46세)만 살펴보도록 하겠습니다. 안재환 씨는 연예계 배우 생활을 꾸준히 해왔지만, 연기보다 사업하는 걸 더 좋아했다고 합니다.

자미 묘궁

천상 — 배우 안재환

大大月破天天天八天天相 曲陀德碎壽才貴鉞 大馬 旺平 飛劫小　6~15　　30乙 廉煞耗【身　命】冠巳 【大夫】	大天天天台天 祿福虛哭輔梁 廟 祿 喜災歲　16~25　31丙 神煞破【父母】旺午 【大兄】	大大右左七廉 羊耗弼輔殺貞 廟廟旺廟 科 病天龍　26~35　32丁 符煞德【福德】衰未 【大命】	蜚陰 廉煞 大指白　36~45　　33戊 耗背虎【田宅】病申 【大父】
龍天文巨 池姚曲門 廟平 忌 奏華官　　　　　29甲 書蓋符【兄弟】帶辰 【大子】	성명 :　　,陽男 陽曆　1972年 6月 8日 1:0 陰曆　壬子年 4月 27日 子時 命局 : 火六局, 覆燈火 命主 : 武曲　　　身主 : 火星		大大天三天 昌鉞廚台喜 伏咸天　46~55　　34己 兵池德【官祿】死酉 【大福】
紅天貪紫 鸞魁狼微 廟地旺 權 將息貫　　　　　28癸 軍神索【夫妻】浴卯 【大財】	《命式》　丙庚丙壬 　　　　　子午午子　（丙火司令） 《大運》　80 70 60 50 40 30 20 10 　　　　　甲癸壬辛庚己戊丁 　　　　　寅丑子亥戌酉申未 02-2249-5630 대유학당		解天寡天年鳳鈴陀文天 神官宿傷解閣星羅昌同 　　　　　　廟廟陷平 　　　　　　　　　權 官月弔　56~65　　35庚 府煞客【奴僕】墓戌 【大田】
旬截天孤封天太天 空空月辰詰馬陰機 旺廟閑旺 祿科 小歲喪　96~　　　27壬 耗驛門【子女】生寅 【大疾】	金天天 輿空府 廟 青攀晦　86~95　26癸 龍鞍氣【財帛】養丑 【大遷】	紅天天擎太 艶使刑羊陽 陷陷 力將太　76~85　37壬 士星歲【疾厄】胎子 【大奴】	大流恩天祿地地破武 魁霞光巫存劫空軍曲 　　　　　廟旺陷平平 　　　　　　　　　忌 博亡病　66~75　　36辛 士神符【遷移】絶亥 【大官】

정미대한(26~35세)은 염정·칠살이 보필과 함께 있으면서 록마교치의 협을 받습니다. 삼방에서 무곡화기를 보는 것을 제외하면 그다지 나쁜 대한이 아닙니다. 하지만 염정이 무곡화기를 보니 재여수구 격이 형성되는데, 재물 손해를 뜻합니다. 좌보화과이니 좌보의 '하나 더'의 성질 때문에 배우 외에 '한 가지 더'를 추진하고, 사업체도 하나씩 더 늘려가는 것입니다.

대한 명궁 입장을 보겠습니다. 보필과 동궁하니 함께 할 사람이 있고, 천괴를 보니 기회도 생기고, 관록궁에 녹존도 있어 자본도 있으니 사업을 해도 좋겠다고 생각한 것 같습니다. 게다가 발생이 인궁 태음화록이어서 차성하면 명궁을 2차 발생시켜, 정신적인 변화를 만듭니다. 오궁의 천량화록과 함께 술궁 형노·자전선의 거문·천동 조합도 움직여서 문서로 인한 감정고충도 생깁니다. 또 이 거문화기는 선천 명천선을 형기협인하니 일을 할수록 돈이 나가는 형국이 됩니다.

2005년(을유년, 34세) 삼성동에 바를 오픈하고 그해 또 같은 건물에 2호점을 열었으며, 2006년(병술년, 36세) 지인과 동업으로 강남역 인근에 3호점을 열었는데 3호점은 1·2호점과는 달리 장사가 잘 안됐고 그 건물이 재개발에 들어가면서 문을 닫았다고 합니다.

을유년은 인궁에 록기가 떨어지면서 사업체를 넓힐 생각을 하는 것이고, 병술년은 유년 명궁에 록을 주지만, 대한의 거문화기를 일으킵니다. 이런 때는 사업확장을 하는 것이 불리합니다. 천상명 자체가 2인자의 성향이 있기 때문에 직접 운영하는 것은 불리한데다가, 선천 천이궁 무곡화기와 공겁이 있으니 사업을 해서 돈을 벌기는 어렵습니다.

大月破天天天八**天** 祿德碎壽才貴座**鉞相** 　　　　　　　　旺平 飛劫小　　6~15　42乙 廉煞耗【**身**】【**命**】冠巳 　　　【大子】	大天天天天**天** 曲羊福虛哭輔**梁** 　　　　　　廟 　　　　　　祿 喜災歲　　16~25　43丙 神煞破【父母】　　旺午 　　　【大夫】	大大右左七廉 鉞耗弼輔殺貞 　　廟廟旺廟 　　科 　　　　　科 病天龍　　26~35　44丁 符煞德【福德】　　衰未 　　　【大兄】	大蜚陰 昌廉煞 大指白　　36~45　45戊 耗背虎【田宅】　　病申 　　　【大命】
大龍**天文巨** 陀池**姚曲門** 　　　廟平 奏華官　　　　41甲 書蓋符【兄弟】　帶辰 　　　【大財】	성명 : ,陽男 陽曆　1972年　6月　8日　1:0 陰曆　壬子年　4月　27日　子時 命局：火六局 , 覆燈火 命主：武曲　　　身主：火星		天三天 廚台喜 伏咸天　　46~55　46己 兵池德【官祿】　　死酉 　　　【大父】
紅天**貪紫** 鸞魁**狼微** 　　廟地旺 　　　權祿 將息貫　　　　40癸 軍神索【夫妻】　浴卯 　　　【大疾】	《命式》　丙庚丙壬 　　　　子午午子　（丙火司令） 《大運》　80 70 60 50 40 30 20 10 　　　　甲癸壬辛庚己戊丁 　　　　寅丑子亥戌酉申未 02-2249-5630 대유학당		解天寡天天年**鈴陀文天** 神官宿傷解閣**星羅昌同** 　　　　　　廟廟陷平 官月弔　　56~65　47庚 府煞客【奴僕】　　墓戌 　　　【大福】
大旬截天孤封**天火太天** 馬空空月辰詰**馬星陰機** 　　　　　　旺廟閑旺 　　　　　　　　權忌 小歲喪　　96~　　39壬 耗驛門【子女】　　生寅 　　　【大遷】	大金天**天** 魁輿空**府** 　　　廟 青攀晦　　86~95　38癸 龍鞍氣【財帛】　　養丑	紅天**天擎太** 艶使**刑羊陽** 　　　陷陷 力將太　　76~85　37壬 士星歲【疾厄】　　胎子 　　　【大官】	流恩天祿地地**破武** 霞光巫存劫空**軍曲** 　　　廟旺陷平平 　　　　　　　忌 博亡病　　66~75　36辛 士神符【遷移】　　絕亥 　　　【大田】

자미 묘궁

천상 ─ 배우 안재환

무신대한(36~45세) 대한 명궁에 음살, 비렴의 소인성만 있고, 백호, 지배, 대모, 병(病)지 등 좋은 것이 없습니다. 대궁에는 태음이 화성을 보아 십악격(열 가지 나쁜 일이 생김)과 화성·천마는 전쟁터의 말이 되어 있습니다. 외롭다는 고신, 질병성인 천월(天月), 절공, 순공 등 공망성도 보니 허무함을 느끼는 대한입니다. 게다가 상문과 백호도 마주보고 있으니, 이 대한은 안정이 필요합니다. 명궁이 비었는데, 살성을 너무 많이 보는 상태입니다.

대한 발생은 묘궁 탐랑화록으로 부관·부질선이면서 자탐과 홍란·천희, 함지, 욕(欲)지를 움직이니 결혼이 가능합니다.

해궁의 녹존과 함께 미궁이 문제궁이 되는데 정부살 조합의 형노·재복선입니다. 형노·재복, 상문·백호가 다 움직인다면 사망에 관하여 생각해 보아야 합니다. 진술궁의 형노·재복선도 차성 문제궁입니다.

대한 결과는 인궁 천기화기로 자전·명천선의 계획착오입니다. 2차 결과는 없습니다만, 자전·명천선을 결과화하면서 해궁의 자전·명천선을 암동합니다. 발생이나 결과나 다 선천화기를 움직입니다.

2007년(36세, 정해년) 11월에 개그우먼 정선희와 결혼합니다. 그 후 사업가 쪽으로 더 방향을 틀어 화장품, 연예 매니지먼트, 영화 제작 투자까지 사업 영역을 확장합니다.

정해년은 선천무곡화기가 있는 궁선입니다. 정선희 씨와는 결혼 전에도 가끔 돈을 빌려 달라고 하고 돌려주곤 했던 사이입니다. 애정이 있어서 결혼했겠지만 이 해에 결혼한 것은 미스였던 것 같습니다.

이 해에 [뷰티유 엔터테인먼트]라는 연예 기획사를 설립하고, 본인의 미니홈피에 영화 《아이싱》*의 시놉시스를 올려놓으며 자신이 제작하는 영화에 대해 알리기도 했습니다. 약 70억대 제작비를 투입하여 2008년에 개봉할 예정이었으나 예산 부족으로 좌초됩니다.

---

* 스포츠 영화로 2014년 평창동계올림픽유치위원회(IOC)와 춘천시, 강원도청의 전폭적인 제작지원에 힘입어 기획됐지만 제작이 무산되면서 안재환은 스트레스와 정신적인 고통을 겪은 것으로 알려졌습니다.

2008년(37세, 무자년) 1월에는 〈클럽 레오노〉 강남역 2호점이 입점해 있는 건물이 재개발에 들어가자 권리금으로 6억원 가량의 보상금을 받습니다. 하지만 동업자는 이 사실을 전해 받지 못했다며 안재환에게 민사소송을 걸었고, 이 소송으로 인해 〈클럽 레오노〉 삼성동 본점이 압류조치 되었으며, 안재환을 믿고 돈을 빌려줬던 이들까지 입장을 바꿔 채무 상환을 요구하기 시작합니다.

5월에는 부인 정선희가 방송에서 자전거를 도난당한 청취자의 사연을 소개하던 중 2008년 쇠고기 수입반대 촛불집회에 대한 발언을 합니다. 이것의 후폭풍으로 〈세네린〉의 홈쇼핑 방송은 무기한 보류되었고, 라디오 협찬사들이 광고를 중단하는 등 운영하던 화장품 사업도 큰 타격을 받게 됩니다.

결국 이 해 9월 8일 서울특별시 노원구 하계동에서 자신의 차량 안에서 숨진 채 발견되었으며, 유서에는 자금융통을 위해 고리 사채를 썼고, 빚 독촉에 시달려 극단적 선택을 한 것이라고 적혀 있었습니다. 죽기 한 달 전쯤* '사업이 잘 안 풀려 이래도 안 되고 저래도 안 되니 죽고 싶다'고 말했다고 합니다.

무자년은 안재환 씨에게 내내 힘들었나 봅니다. 대한과 유년의 록기가 똑같이 돌아가므로 대한에 암시된 일이 이 해에 가장 많이 일어납니다. 유년 명궁이 양량의 이별 조합이고 경양·천형의 살벌한 성계를 가지고 있습니다. 인리산재 격국도 되고요. 그러니 재산이

---

* 음력 6월인 기미월에 무곡화기를 일으키니 가장 힘들었을 것 같습니다.

자꾸만 흩어지면서 세상과 이별도 한 것입니다. 앞서 같은 자전·명천선이어서 암동도 되었고 결과로도 움직인다고 했는데, 선천의 천이궁과 대한의 천이궁이 둘 다 흉합니다. 자전선이라 밖에서의 자살을 택했고, 자동차를 택했나 봅니다.

사업을 다각도로 벌이지 않았더라면 이렇게 극단적으로 삶을 마감하지 않아도 되었을 텐데 하는 생각이 듭니다. 명예를 먹고 사는 연예인에게는 이름값이 더 중요했나 봅니다.

안재환 씨 사후 '사채로 인한 자살'이라는 것에 많은 이들이 충격을 받았던 이유는, 평소 그가 보여주었던 검소한 모습 때문이라고 합니다. 또한 평상시 보여 주었던 밝고 낙천적인 모습과는 너무 달랐죠. 안재환의 가족들은 사채로 인한 자살이 아니라며 재수사를 요구했고, 아내인 정선희의 명예도 훼손시켰습니다.

이 사건 이후로 10월 2일(무자년 임술월) 배우 최진실이 안재환에게 25억원의 사채를 빌려줬다는 내용의 악성루머로 인한 정신적 고통에 시달린 끝에 극단적인 선택을 하기도 했습니다. 이 두 사람의 자살로 남편과 친구를 잃은 정선희도 훗날 극단적인 선택을 시도했었다고 인터뷰를 합니다.

다음에 보이는 명반은 故 최진실의 경신대한 명반입니다. 안재환과 똑같이 자미가 묘궁에 있는 명반을 가지고 있습니다. 불행하게도 상계되는 명반입니다.

안재환은 사궁 천상명인데, 양남이어서 대운이 순행으로 돌면서 4번째 대한을 맞이했습니다. 안재환은 선천 무곡화기가 천이궁에 있는데 그 궁을 계속 움직여서 사달이 났습니다.

최진실은 해궁 무파명인데 양녀여서 대운이 역행으로 돌면서 4번째 대한을 맞았습니다. 최진실의 선천 천이궁은 천상, 녹존, 문곡이 있어 길하지만 대한 천이궁에 선천 천기화기가 있습니다. 녹존이 선천화기가 있는 궁으로 가면 위험하다고 했는데 딱 그 경우입니다.

流祿文天 霞存曲相 　廟廟平 博劫天　62~71　34丁 士煞德【遷移】　冠巳 　　　　【大子】	解天天三陰擎天 神廚使台煞羊梁 　　　　　平廟 大 鉞 官災弔　52~61　35戊 府煞客【疾厄】　帶午 　　　　【大夫】	大金寡天台紅天天七廉 陀輿宿才輔鸞刑鉞殺貞 　　　　　　　旺旺廟 大 鉞 伏天病　42~51　36己 兵煞符【財帛】　浴未 　　　　【大兄】	大天八 祿貴座 大指太　32~41　37庚 耗背歲【子女】　生申 　　　　【大命】
紅輩天陀巨 艷廉傷羅門 　　　廟平 力華白　72~81　33丙 士蓋虎【奴僕】　旺辰 　　　　【大財】	성명 : 최진실 , 陽女 陽曆 1968年 12月 24日 2:55 陰曆　戊申年 11月 5日 丑時 命局 : 水二局 , 大海水 命主 : 巨門　　　身主 : 天梁		大破天天文 羊碎壽空昌 　　　　廟 病咸晦　22~31　38辛 符池氣【夫妻】　養酉 　　　　【大父】
大天天大封火貪紫 曲福官耗詰星狼微 　　　　　平地旺 　　　　　　祿 青息龍　82~91　32乙 龍神德【官祿】　衰卯 　　　　【大疾】	《命式》　癸戊甲戊 　　　　丑辰子申　(癸水司令) 《大運》　76 66 56 46 36 26 16 06 　　　　丙 丁 戊 己 庚 辛 壬 癸 　　　　辰 巳 午 未 申 酉 戌 亥 02-2249-5630 대유학당		天天地天 月哭空同 　　陷平 　　　忌 喜月喪　12~21　39壬 神煞門【兄弟】　胎戌 　　　　【人幅】
大旬天年鳳天左太天 馬空虛解閣巫輔陰機 　　　　　　旺廟旺 　　　　　　　權 　　　　　　　科 小歲歲　92~　43甲 耗驛破【田宅】　病寅 　　　　【大遷】	大月天天天 魁德喜魁府 　　　　旺廟 將攀小　42乙 軍鞍耗【身福德】死丑 　　　　【大奴】	截龍恩地右太 空池光劫弼陽 　　　　陷陷 　　　　　科 　　　　　祿 奏將官　41甲 書星符【父母】基子 　　　　【大官】	大孤天鈴破武 昌辰姚星軍曲 　　　廟平平 　　　　　權 飛亡貫　2~11　40癸 廉神索【命】　絕亥 　　　　【大田】

(7) 오궁 천량 - 여행을 좋아하는 미대 졸업생

天天龍 陀文右天 廚哭池 羅曲弼相 　　　 陷廟平平 官指官　　　29乙 府背符【兄弟】絕巳 博咸小 2~11 30丙 士池耗【命】胎午	月大天祿天 德耗姚存梁 　　　 旺廟 博咸小 2~11 30丙 士池耗【命】胎午	紅天天台擎七廉 艷才虛輔羊殺貞 　　　　廟旺廟 力月歲 12~21 31丁 士煞破【父母】養未	金流天天天 輿霞貴巫喜 青亡龍 22~31 32戊 龍神德【身福德】生申
陰　　　火巨 煞　　　星門 　　　　閒平 忌 伏天貫　　　28甲 兵煞索【夫妻】墓辰	성명： ,陰女 陽曆 1997年 7月 9日 2:35 陰曆 丁丑年 6月 5日 丑時 命局：水二局, 天河水 命主：破軍　　身主：天相		旬蜚天年鳳天文左 空廉壽解閒鉞昌輔 　　　　　廟廟陷 小將白 32~41 33己 耗星虎【田宅】浴酉
截天封貪紫 空月詰狼微 　　　地旺 大災喪 92~ 27癸 耗煞門【子女】死卯	《命式》 辛 壬 丁 丁 　　　　丑 子 未 丑 (丁火司令) 《大運》 80 70 60 50 40 30 20 10 　　　　乙 甲 癸 壬 辛 庚 己 戊 　　　　卯 寅 丑 子 亥 戌 酉 申 02-2249-5630 대유학당		寡　　　地天 宿　　　空同 　　　　陷平 　　　　　權 將攀天 42~51 34庚 軍鞍德【官祿】帶戌
天孤天紅太天 官辰空鸞陰機 　　　　閒旺 　　　　祿科 病劫晦 82~91 38壬 符煞氣【財帛】病寅	破八三天 碎使座府 　　　 廟 喜華太 72~81 37癸 神蓋歲【疾厄】衰丑	解恩地太 神光劫陽 　　　陷陷 飛息病 62~71 36壬 廉神符【遷移】旺子	天天天鈴天破武 福傷馬星魁　軍曲 　　　平廟旺 平平 奏歲弔 52~61 35辛 書驛客【奴僕】冠亥

선천명반　오궁의 천량명이며 녹존, 천요와 동궁합니다. 천량은 노인의 별이며, 신중한 성향을 가지는데 녹존도 있으므로 가볍지 않은 성품을 지닙니다.

　　천요와 대모, 함지의 도화성이 명궁에 있습니다. 도화성을 더 보는지 살펴볼게요. 재백궁에 홍란, 신·복덕궁에 천희가 있으니 도화성을 많이 본다고 할 수 있습니다. 또 태양과 태음도 도화성으로 볼 수 있요. 이 명은 도화성들을 예술적인 방면으로 풀어낸 것 같습니다. 천이궁에 지겁, 관록궁에 지공도 보는데 이것도 창조력의 원천이 되고 있습니다.

삼기가회 명궁에 녹존이 있는데, 삼방에서 태음화록, 천기화과, 천동화권을 보니 삼기가회격이 됩니다. 특히 재백궁을 보면 아름다움을 표현해내는 능력이나 기획을 잘 해서 돈을 잘 벌어들일 것으로 보입니다. 쌍록을 보는데 천마를 보지 못하는 것이 좀 아쉽습니다. 하지만 노복궁의 천마와 암합이 되니 대인관계로 인해 재물이 불어날 수 있습니다.

부모궁 인궁의 화록을 신궁으로 차성하면 부모궁이 쌍록의 협을 봅니다. 미궁은 염정·칠살이 동궁하고 경양이 있어 염정화기가 되면 노상매시 조합이 되는데, 다행히 쌍록협으로 경양이 제화됩니다. 그래서 부모님이 어느 정도 경제력이 있으며 미대 졸업 후 유학을 밀어주신다고 합니다. 오궁의 경양을 마두대검이라고 부르는데, 미궁의 경양도 왕지에 있어 힘을 가지고 있으며 쌍록협으로 유사마누대검 정도로 읽을 수 있습니다.

또 이 궁은 12~21세 대운이기도 합니다. 정미대한 발생이 외궁에서 태음화록을 일으키니 경쟁에서는 좀 불리하며, 결과 거문화기도 외궁이기는 하지만 진궁의 부관선, 거문이 영향을 주는 사궁의 대한 부관선도 불안정하게 합니다. 진학을 할 시기여서 부관선을 중요하게 본 것입니다. 재수를 하고 대학에 갔습니다.

시험을 치르는 19세(을미년)는 외궁에 다 록·기가 떨어지니 불리하고, 20세(병신년)는 천동화권을 결과화시키니 좋아 보이기는 하지만 대궁에서 보는 거문화기와 화성으로 마음고생도 심했을 것 같습니다. 학교를 가는 일은 어느 대학 어느 학과를 가는지에 따라 붙을 수도 있고 떨어질 수도 있어서 단정 짓기가 어렵습니다. 재수나 삼수를 하면 조금씩 나아지기는 하지만 어차피 만족스러운 결과가 나오기 힘드니 어느 대학이건 진학을 하는 것이 나을 것입니다.

무신대한(22~31세) 무신대한은 공궁이므로 미궁과 유궁의 협을 먼저 본 후에 인궁의 별들을 차성합니다. 하지만 가장 먼저 보아야 할 것은 신궁 자체의 별입니다. 무언가를 길러내고 식구를 의미하는 천희(天喜)와 내려 받음을 의미하는 천무(天巫), 귀인을 뜻하는 천귀(天貴)도 있습니다. 여기의 유하(流霞)는 알코올을 뜻하니 약물이나 술과 관련됩니다. 금여(金輿)는 금수레이니 좋은 자동차를 말하고요. 이렇게 펼쳐놓고 종합해 보는 것입니다. 몸을 뜻하는 신궁(身宮)이기도 하며 복덕궁이니까 더 자세히 봅시다.

천희라는 도화성은 협궁에서 염정·탐랑 등을 보아 미적 감각이 발달한 것으로 드러나는데, 천무(天巫)로 아마도 집안의 내력이 반영되었을 것입니다. 유하는 좋지 않을 경우 알코올 중독에 빠질 수도 있지만, 좋은 별과 있다면 의약으로 쓰이기도 합니다. 천량이 명궁이며, 재백궁에서 천형을 보니 의약계통으로 나갔어도 좋았을 듯합니다. 운전하는 것을 좋아하는데 금여가 있어서 더 그럴 것 같습니다.

아래 줄로 가 볼까요? 생(生)지는 이제 방금 나온 것이어서 사(死)지와 비슷하다고 하는데, 그것은 위험에 처했을 때 아직 어려서 힘이 없다는 것을 말합니다. 그래도 성장가능성이 있으니 사(死)지보다는 더 길하게 읽어야 하지 않을까요? 용덕(龍德)은 배상금이나 장학금의 의미가 있으니 학교 다닐 때 장학금을 받을 수 있습니다. 청룡은 희경사나 명성이 높아질 수 있는 별입니다.

대학을 졸업하고 유학을 준비 중입니다. 대한 천이궁이 좋으니 밖으로 나가는 것도 좋습니다. 신궁의 삼방보다 천이궁의 삼방이 더 좋기 때문에 그런 결정을 하는 것일 수도 있습니다. 해외에 나가서 석사와 박사를 마치면 그곳에서 직장도 다닐 것이라고 합니다.

길한 궁과 흉한 궁 가장 길해 보이는 궁은 역시 인궁 재백궁입니다. 재백궁에 유리한 태음이 한지에 있기는 하지만 화록을 가지고 있으니, 재를 만들어내는 능력이 뛰어납니다.

가장 흉한 궁은 아무래도 진궁 부처궁이 됩니다. 거문화기와 화성 음살이 있으니 시비와 구설이 생길만한 구조입니다. 관록궁을 보면 천동화권이 거문화기를 보아 격발하므로 '건궁반배'라고 부릅니다. 고생 끝에 부귀를 누리게 된다고 합니다. 물론 인궁의 태음화록과 천기화과가 있으니까 거문화기를 두려워하지 않는 것입니다.

다시 진궁으로 돌아와서 삼방사정을 보면 삼기가회가 되는 것은 똑같지만, 거문화기를 안고 있으니 배우자로 인해 감정을 상하게 될 가능성이 높습니다. 문기명 선생은 부처궁의 거문화기는 친한 사람에게는 소원하게 굴고 소원한 사람에게는 친밀하게 행동하기 쉽다고도 했습니다. 아무래도 배우자와 멀어질 확률이 높습니다. 명궁 천량이 외로운 별인데, 삼방에서 고신과 과수도 보고 있고, 부처궁에는 반드시 거문을 보기 때문에 불안정합니다. 이 거문화기가 형제궁 천상도 어둡게 하니 이것이 이 명반의 가장 취약한 점인 듯합니다.

　이 명은 결혼을 하지 않을 생각이라 하는데, 나이 들면 친한 친구들끼리 모여 살고 싶다고 합니다. 부처궁에 화기가 있으니 그렇게 생각했을 수도 있겠습니다. 예전 사람이라면 똑같은 명반을 가졌더라도 결혼을 하지 않았을까 생각됩니다. 그러니 명반을 보고 해석할 때는 그 사람이 살고 있는 시대도 반영하여 해석해야 합니다.

　기유대한(32~41세)　기유대한에는 육길성이 3개나 모여 있습니다. 이 별들은 보좌성이므로 어떤 별을 보좌하는지가 중요합니다. 묘궁과 유궁에 특별한 살성도 없으니 큰 문제는 없어 보입니다.

협으로는 태음·천기·천동의 록·권·과가 협을 하므로 길한 대한입니다.

　대궁에서 자미와 탐랑을 끌고 오는데, 자미는 보필을 보아 안정이 되고 탐랑은 문창을 보니 '탐창'으로 하던 일에 변화가 생길 수도 있습니다.

　기유대한은 발생과 결과가 사해궁으로 집중되는데, 선천형노선 대한재복선이 됩니다. 사해궁은 무파상 조합으로 '파조파가다노록' 한다고 하는데, 이 말은 여러 가지 시도를 한다는 의미입니다. 천괴가 있으니 기회가 생기고, 우필로 조력을 받기도 하고, 문곡으로 문서방면으로 길하기도 합니다. 하지만 영성·천마로 전쟁터의 말처럼 바쁘고, 타라·천마로 절족마의 상황도 벌어집니다. 좋은 일은 좋은 대로 나쁜 일은 나쁜 대로 대인관계나 재적인 부분에서 겹쳐 생기게 됩니다.

비슷한 명반에 대하여 뒤에 자궁 천량 명반(148쪽)을 정리한 것이 있는데, 명궁이 자궁과 오궁으로 다를 뿐 느낌이 많이 비슷합니다. 해외유학을 하는 것도 같고요.

명반을 보면 '같은 옷 다른 느낌'처럼 누가 그 명반을 가졌는지에 따라 조금씩 다르다는 것을 느끼게 됩니다. 그리고 나이가 들수록, 또 한가지 분야의 일을 꾸준히 할수록 안정도가 높아집니다. 그래서 태어났을 때의 사주가 중요한 것처럼 살면서 만들어가는 것도 크다는 생각도 많이 듭니다.

참고명반 『자미두수전서』 542, 1388쪽

542쪽의 배응장의 명은 위의 명반과 거의 비슷합니다. "천량이 오궁에 있어 조정에서 관자청현(官資淸顯)했다. 화과·화권·화록이 가회하여 부귀를 모두 갖추었으며 그 지위가 이품에 올랐다."라고 하며, 이두 선생님은 "녹존이 천량과 동궁하고 태음화록·천동화권·천기화과의 삼길화가 다 비추고 있어서 분명 재관격에 해당한다."고 쓰셨습니다.

(8) 미궁 염정·칠살 - 200억대 주식 부자

流天孤天天祿左天 霞月辰空喜存輔相 　　　　　廟平平	蜚天年鳳鈴擎天 廉廚解閣星羊梁 　　　　廟平廟	金地天七廉 輿劫鉞殺貞 　平旺旺廟	解龍天 神池巫
博劫晦　　　38丁 士煞氣【夫妻】冠巳	力災喪　　　39戊 士煞門【兄弟】旺午	青天貫　6~15　40己 龍煞索　【命】　衰未	小指官　16~25　41庚 耗背符【父母】病申
紅三陀巨 艷台羅門 　　廟平	성명 : ,陽男 陽曆 1988年 3月 29日 16:30 陰曆 戊辰年 2月 12日 申時		月右 德弼 　陷 　科
官華太　96~　37丙 府蓋歲【子女】帶辰	命局 : 火六局 , 天上火 命主 : 武曲　　　身主 : 文昌		將咸小　26~35　42辛 軍池耗【福德】死酉
天天天地貪紫 福官壽空狼微 　　　平地旺 　　　　祿	《命式》　庚 癸 乙 戊 　　　　　申 未 卯 辰　（乙木司令） 《大運》　72 62 52 42 32 22 12 02 　　　　　癸 壬 辛 庚 己 戊 丁 丙 　　　　　亥 戌 酉 申 未 午 巳 辰		旬天封八天火天 空虛詰貴刑星同 　　　座　廟平
伏息病　86~95　36乙 兵神符【財帛】浴卯	02-2249-5630 대유학당		奏月歲　36~45　43壬 書煞破【田宅】墓戌
天天台天天文太 使哭輔姚馬昌陰機 　　　旺陷閑旺 　　　　　權忌	破寡天天 碎宿魁府 　　旺廟	截天恩陰文太 空傷光煞曲陽 　　　　廟陷	天大紅破武 才耗鸞軍曲 　　　平平
大歲弔　76~85　47甲 耗驛客【疾厄】生寅	病攀天　66~75　46乙 符鞍德【遷移】養丑	喜將白　56~65　45甲 神星虎【奴僕】胎子	飛亡龍　46~55　44癸 廉神德【身官祿】絶亥

　신유대한(26~35세) 중에 주식으로 200억 이상의 돈을 번 사람의 명반입니다. 주식은 변동성이 큰 것이어서 얼마나 유지될지 앞으로 어떻게 변할지 알 수는 없습니다만, 2022년 250억 가까이 잔고가 유지되고 있다고 합니다. 실제로 재물운이 좋은지 알아보도록 하겠습니다.

선천명 미궁에서 염정과 칠살이 동궁합니다. 이것을 웅수건원(雄宿乾垣)격이라고 부르는데 무직으로 아주 큰 공을 세우는 것을 말합니다. 미궁에서는 두 별 모두 묘왕지여서 장점이 잘 드러나는데, 염정은 행정능력이 뛰어나며, 칠살은 관리력이 뛰어납니다. 뜻이 높고 승부욕이 강한 별들로, 이익보다 이름이 더 높게 된다고도 합니다.

길성과 살성 또한 명궁과 천이궁에서 괴월을 보고, 천이궁으로는 창곡이 협을 합니다. 부처궁에 좌보, 복덕궁에 우필이 있으므로, 천이궁에서는 6길성을 다 보는 명입니다.

살성으로는 지공과 지겁만을 보므로 그다지 흉하지 않습니다. 물론 천이궁 천부가 공겁을 만나면 빈 창고가 되니 좋지 않습니다. 살파랑 조합이 공겁을 보면 상상력이 증대된다고 했죠. 주식을 할 때도 미리 상상하는 연습을 잘 했을 것으로 보입니다.

재백궁에 탐랑화록이 있습니다. 일단 재백궁에 화록이 있다는 것은 돈을 만들 능력이 뛰어나다는 것입니다. 칠살이 명궁인데, 재백궁이 탐랑이니 재에 대한 강력한 욕심이 있는 것입니다. 칠살은 '끝까지 간다'는 성향을 가지고 있고, 탐랑은 요행심리가 있으므로 투기와 모험을 하게 됩니다. 이 모험이 성공할 것인지는 별의 밝기와 길성들이 얼마나 도와주는가에 달려있습니다.

다행히 이 명은 탐랑화록이 재백궁에 있고, 부처궁에 녹존이 있어서 쌍록을 가지고 있는 명이며, 살성을 적게 봅니다.

복덕궁에 우필화과가 있습니다. 그러고 보니 재복선이 매우 길합니다. 복덕궁을 투자궁이라고 부르는데, 복덕궁 입장에서도 쌍록과 보필을 보니 여러 곳에서 재물을 얻을 수 있습니다.

    신유대한(26~35세) 이제 신유대한을 보겠습니다. 신유대한은 우필화과와 월덕이 좌합니다. 우필은 여성의 조력이며, 월덕도 여성 윗사람의 도움을 뜻합니다. 삼방사정을 보면 길성이 많고, 살성은 공겁만 봅니다. 차성을 하는 자미·탐랑이 공겁을 보면 탈속승이 된다고 하는데, 아마도 탈속을 한 것처럼 투자를 했을 것입니다. 그리고 '생각보다 잘 되는데' 하는 느낌도 났을 것이고요.

신유대한의 발생은 진궁의 거문화록입니다. 자전·부질선이 움직이고, 특수2차 발생으로 사궁의 재복선이 움직입니다. 사궁은 대한 재백궁이며 무파상 조합으로 선천 녹존과 좌보가 있으며, 홍란·천희도 있으니 크게 돈을 벌 수 있는 조건이 갖추어져 있습니다. 무파상으로 파조파가의 성향을 가지는데 팔고 다시 사고, 팔고 다시 사면서 녹존이 더 커지는 모습으로 보입니다. 선천의 재복선 대한의 재복선이 길상이면서 건드려지니 이보다 좋을 수는 없는 것이죠.

자미·탐랑을 차성하면 축미궁 부관의 명천선도 움직입니다. 이곳의 염정·칠살은 괴월을 보니 일부 손실이 나더라도 좋은 기회를 계속 잡는 것입니다.

신유대한 결과는 인궁의 문창화기로 부질·형노선입니다. 선천 천기화기를 대한 문창화기로 결과화시킨 것으로, 대한의 외궁인 형노선과 부질선에서 계획착오가 일어난 것입니다.

보통 선천화기가 있으면 다 자신의 것이라고 말합니다. 하지만 이 경우는 대한 내궁에 길상이 많고, 그것을 다 화록으로 발생시켜 자신의 것으로 만들었습니다. 외궁의 화기는 또다시 외궁에 결과를 만들어, 나와 남이 있다면 남들은 피해를 보고 자신은 온전히 좋은 상태가 되는 것입니다.

신축년에 100억을 만들었다는 소식을 들었는데, 임인년에 250억이 되었다고 합니다.

신축년은 대한과 록기가 함께 돌아가니 당연히 좋았을 것입니다. 임인년은 오궁에 천량화록을 발생시키면서, 거문화록과 함께 사궁 녹존을 움직이니 길상이 있는 것입니다.

녹존과 탐랑화록이 자전선을 협하고 있고, 신축년에 다시 거문화록이 떨어졌는데, 이 궁선은 자전·부질선입니다. 서울 한남동에 한남더힐이라는 고급빌라를 사서 살고 있다고 하며, 결혼도 할 예정이라고 합니다.

그럼 다음 대한은? 35세로 신유대한이 끝나고, 36세부터는 임술대한이 옵니다. 임술대한은 살성을 많이 보고, 선천화기까지 봅니다. 물론 대한 천이궁에는 쌍록의 협을 받으니 심하게 기울지는 않겠지만, 살성은 살성의 값어치를 하니 방해도 있고, 지난 대한만큼 투자가 쉽지는 않을 것으로 보입니다.

발생은 오궁 천량화록으로 대한 재백궁입니다. 재백궁의 록이면서 천량화록이니 생각지 않았던 재물이 생깁니다. 게다가 자오궁만 연결해 보면 양량곡록격이 되어 시험에 유리한 격국이 됩니다. 아마 이 대한에 시험 볼 일은 없을 것이고, 이 사람의 사업 혹은 투자가 좋다는 것인데, 동궁한 경양과 영성도 분명히 역할을 할 테니 불협화음을 일으킬 것입니다. 2차는 없습니다.

결과는 해궁의 무곡화기로 대한의 외궁이지만, 대한의 내궁에 들어온 인궁 선천천기화기를 공명시킵니다. 해궁은 부질·몸신궁으로 화기가 떨어지면 몸이 아플 수 있는데, 사궁에 녹존까지 보고 있어서 사해궁이 결과궁선이 되는 것은 좀 불안합니다. 공명한 인신궁도 부관·부질선으로 문서·직장·배우자·부모의 질액·자신의 질액이 예상됩니다. 천기화기와 천마가 있으니 차사고도 생길 수 있습니다. 아무래도 건강에 유의해야 할 대한입니다.

계해대한(46~55세) 신유대한과 마찬가지로 다시 길성을 많이 보는 대한으로 왔습니다. 대한의 발생이 해궁 파군화록이니 많은 사건이 일어날 것입니다. 물론 돈도 잘 들어올 것 같습니다. 2차 발생은 축미궁으로, 이것도 좋습니다. 탐랑화록을 유궁으로 차성하면 진술궁을 움직이는데 자전·형노선입니다. 이사를 할 수도 있고, 자녀의 일, 어머니의 일도 생깁니다. 물론 거화타 격국이 되니 감정적인 고충은 있을 것입니다.

결과는 묘궁 탐랑화기로 재복·부관선입니다. 자탐이면서 도화성을 많이 보고 좌보와 우필이 있어 결혼생활이 흔들릴 수도 있지 않을까 합니다. 하지만 이것은 명반으로 이렇게 보이는 것이고 실제로 그런 일이 생길 것인지는 배우자의 명반도 함께 보아야 하므로 확실하지는 않습니다.

진술궁이 움직일 때 선천 자전·대한 자전으로 인궁도 공명을 했습니다. 집안의 부모님 질액도 염두에 두어야 합니다.

대한이 움직여서 다른 대한으로 간다는 것은 끝없이 좋거나 끝없이 나쁘지만은 않다는 것입니다. 길성이 많은 대한에 길성을 많이 움직여주면 길한 일이 많을 것이고, 살성이 많은 대한에 살성을 낳이 움직여주면 흉한 일이 많을 것입니다. 100% 좋다거나 100% 나쁘지는 않습니다. 우리는 자미두수를 보면서 대한의 흐름을 어느 정도 예측할 수 있고, 큰 그림을 그리는 것입니다. 좋은 대한에는 좋음을 극대화시키고, 나쁜 대한에는 나쁨을 좀 줄여갈 수 있는 지혜를 얻으셨으면 좋겠습니다.

참고명반 『자미두수전서』 496, 610쪽

(9) 신궁 천기·태음 차성 - 방송인 정선희

截天天天天文天 空福壽虛馬昌相 平　廟平 忌 병세세　96~　55癸 부역파　【자녀】　관사	解天地天天 神廚空魁梁 　　廟廟廟 大息龍　　56甲 耗神德【身부처】왕오	天天封八三七廉 才哭詰座台殺貞 　　　　　旺廟 伏華白　　57乙 兵蓋虎【형제】쇠미	恩天陀 光刑羅 　　陷 官劫天　6~15　58丙 府煞德　【命】　병신
月大陰紅地巨 德耗煞鸞劫門 　　　　陷平 　　　　　祿 喜攀小　86~95　54壬 神鞍耗【재백】대진	성명： ，陰女 陽曆 1972年 2月 1日 10:30 陰曆 辛亥年 12月 17日 巳時 命局：火六局，山下火 命主；廉貞　　身主；天機		紅天破祿文 艷官碎存曲 　　　旺廟 　　　　科 博災弔　16~25　59丁 士煞客【부모】사유
流旬天龍鈴左貪紫 霞空使池星輔狼微 　　廟陷地旺 飛將官　76~85　53辛 廉星符【질액】욕묘	《命式》　乙壬辛辛　（己土司令） 　　　巳戌丑亥 《大運》　71 61 51 41 31 21 11 01 　　　己戊丁丙乙甲癸壬 　　　酉申未午巳辰卯寅 02-2249-5630 대유학당		寡天擎天 宿喜羊同 　　廟平 力天病　26~35　60戊 士煞符【복덕】기술
天孤火天太天 月辰星鉞陰機 　　廟旺閑旺 奏亡貫　66~75　64庚 書神索【천이】생인	蜚天天 廉傷府 　　廟 將月喪　56~65　63辛 軍煞門【노복】양축	天天天太 空貴姚陽 　　　陷 　　　權 小咸晦　46~55　62庚 耗池氣【관록】태자	金年台鳳天右破武 輿解輔閣巫弼軍曲 　　　　　閑平平 青指太　36~45　61己 龍背歲【전택】절해

선천명반　명궁에는 타라와 천형이 있으며, 대궁의 천기와 태음을 차성합니다. 명궁이 비어있으므로 협궁을 중요하게 보는데, 형제궁에는 염정과 칠살이 있고, 부모궁에는 자미와 탐랑을 차성합니다. 이 분의 직업은 방송인이므로 염정과 탐랑의 역할이 커 보입니다. 천기가 있어 머리가 좋고 화성을 보므로 말을 빠르게 합니다. 정선희의 장기 중 하나가 '빠른 두뇌 회전을 바탕으로 한 입담과 재치'

라고 하죠. 앞(75쪽)에 전 배우자였던 안재환의 명이 있으니 함께 보셨으면 합니다.

길성으로는 내궁에서 괴월만 봅니다. 창곡은 노복궁으로 들어가고 보필은 형제궁으로 들어가므로 자신보다는 동료가 더 잘나가는 경향이 있습니다. 그래도 재백궁에서 거문화록, 관록궁에서 태양화권을 보므로 길한 작용은 합니다. 거문화록이니 말로 하는 직업으로 돈을 버는 것이고, 태양이 어두워서 제 역할을 하지 못하지만 화권이 되어 불리함을 개선시키는데, 고향을 떠나 발전할 수 있게 됩니다. 여명에게 있는 태양의 화권은 남성의 권한을 뺏는 역할도 합니다.

몸신궁과 복덕궁에서 보는 공겁은 자유롭고 독특한 생각을 잘 표현하게 해줍니다만, 재물을 지키는 데는 좀 서툴러 보입니다.

재백궁의 거문화록과 자녀궁의 문창화기 거문과 천상은 함께 움직이는데, 선천 거문화록과 선천 문창화기로 연결되어 있습니다. 화록이 발생되면 좋아야 하는데, 사궁의 분서적인 화기도 일으키는 셈이어서 돈이 잘 벌리더라도 가정을 유지하기 어렵습니다. 또 사해궁에 록이나 기가 떨어지게 되면 진술궁의 재복선에도 영향을 줍니다. 그래서 재백궁의 화록인데도 불구하고 아픈 일을 겪게 됩니다.

자미 묘궁

기월 | 방송인 정선희

大大大截天天天文天 馬曲陀空福壽虛昌相 　　　　　　廟平 　　　　　　忌 病歲歲　96~　43癸 符驛破【子女】冠巳 　　　【大遷】	大解天地天天 祿神空魁梁 　廟　廟廟 　　　　科 大息龍　　44甲 耗神德【身夫妻】旺午 　　　【大疾】	大天天封八三廉七 羊才哭誥座台貞殺 　　　　　　旺廟 伏華白　　45乙 兵蓋虎【兄弟】衰未 　　　【大財】	大恩天陀 鉞光刑羅 　　　陷 官劫天　6~15　46丙 府煞德【　命　】病申 　　　【大子】
月大陰紅地巨 德耗煞鸞劫門 　　　　陷平 　　　　　祿 喜攀小　86~95　42壬 神鞍耗【財帛】帶辰 　　　【大奴】	성명 :　　, 陰女 陽曆　1972年 2月 1日 10:30 陰曆　辛亥年 12月 17日 巳時 命局 : 火六局, 山下火 命主 : 廉貞　　　身主 : 天機		大紅天破祿文 昌艷官碎存曲 　　　　旺廟 　　　　　科忌 博災弔　16~25　47丁 士煞客【父母】死酉 　　　【大夫】
流旬天龍鈴左貪紫 霞空使池星輔狼微 　　　　廟陷地旺 　　　　　　　權 飛將官　76~85　41辛 廉星符【疾厄】浴卯 　　　【大官】	《命式》　乙 壬 辛 辛 　　　　　巳 戌 丑 亥　（己土司令） 《大運》　71 61 51 41 31 21 11 01 　　　　　己 戊 丁 丙 乙 甲 癸 壬 　　　　　酉 申 未 午 巳 辰 卯 寅 02-2249-5630 대유학당		寡天擎天 宿喜羊同 　　廟平 力天病　26~35　36戊 士煞符【福德】基戌 　　　【大兄】
天孤火天太天 月辰星陰機 　　廟旺閑旺 奏亡貫　66~75　40庚 書神索【遷移】生寅 　　　【大田】	蜚天天 廉傷府 　　廟 將月喪　56~65　39辛 軍煞門【奴僕】養丑 　　　【大福】	大天天太 魁空貫陽姚 　　　陷 　　　權 小咸晦　46~55　38庚 耗池氣【官祿】胎子 　　　【大父】	金年台鳳天右破武 輿解輔閣巫弼軍曲 　　　　　閑平平 　　　　　　　　祿 青指太　36~45　37己 龍背歲【田宅】絶亥 　　　【大命】

이 분에게 이 대한은 꽤나 아픈 시기입니다.

2007년(정해년, 37세)에 결혼을 했고, 2008년(무자년, 8월, 38세) 남편이 자살을 했으며 친구인 최진실도 자살(10월)을 했기 때문입니다.

기해대한(36~45세) [무탐량곡] 대한 명궁에 무곡과 파군이 있으며, 대궁에서는 천상과 문창화기, 천마를 봅니다. 무파상 조합이 화기를 보고 있으므로 천이궁이 좋지 않습니다. 삼방에서 영성만 보기 때문에 살의 간섭은 적다고 볼 수 있습니다.

발생 이제 발생을 보겠습니다. 기간으로 사화를 돌리니 무곡화록이 대궁에 떨어집니다. 무곡화록이므로 행동으로 돈을 벌 수 있는 조건이 갖추어집니다. 하지만 대궁에 있는 문창화기를 일으키니 록기전도가 되면서 문서적인 화기를 결과화합니다. 명천·자전선이니 집안의 변화입니다. 옆에 있는 천마는 이 상황을 더 부추기고요. 이 궁선에 살성이 없는 것은 다행입니다.

유궁의 녹존과 함께 술궁이 문제궁이 됩니다. 형노 재복선이면서 거문·천동의 감정고충 조합을 움직이니 외궁이라도 편해보이지는 않습니다. 목숨·돈과 관계된 일이니까요. 홍란·천희도 있으니 결혼이나 이혼, 돈과 관련된 문제도 생길 수 있습니다. 이 문제궁은 거상연동으로 사해궁의 문창화기도 다시 움직이게 합니다.

기해대한 결과는 유궁 문곡화기로 자탐 조합이면서 부질·부관선입니다. 자탐 조합은 연애감정을 느끼는 것이며, 배우자와의 문서에 관련된 일이 발생합니다. 원래 선천의 부질선은 탐랑과 영성, 녹존이 만나니 영탐격이 되어 있습니다. 그래서 이 정유대한(16~25세)에 데뷔도 가능했던 것이고요. 하지만 기해 대한에는 탐랑과 문곡화기가 만나니 탐곡악격으로 변질될 것입니다. 사궁의 문창화기가 있으니 축궁이 2차 결과가 됩니다. 축미궁은 정부살 조합이면서 상문·백호를 가지고 있고 형노·재복선입니다. 두 개의 화기가 이 선을 건드리는 것은 사망에 준하는 나쁜 일이 발생할 가능성이 있음을 의미합니다. 문곡이나 문창의 화기는 상례를 주관하기도 하기 때문입니다.

정리하면 발생은 자전·명천, 문제궁은 형노·재복, 결과는 부질·부관, 2차 결과는 형노·재복인데 록기전도가 되었으니 발생과 결과를 반대로 읽어주면 됩니다.

 2007년(정해년, 37세)은 정선희와 안재환이 결혼을 한 해입니다. 대한명궁과 유년명궁이 해궁으로 같은데 화록이 있으니 상황이 좋게 느껴졌을 것입니다. 2007년 7월 24일 기자회견을 통해 안재환과의 결혼 사실을 공식적으로 알렸습니다. 안재환이 2월부터 정오의 희망곡에 고정 게스트로 출연한 것이 인연이 되어 11월 17일(기해월 을묘일) 결혼식을 올립니다. 정선희는 결혼 발표와 동시에 MBC 기분 좋은 날 진행자로 합류하며, 1주일에 무려 8개에 달하는 프로그램에 고정출연하는 등 방송인으로서 전성기를 맞았습니다. 2007년 12월 6일에는 색조 전문 화장품〈세네린〉을 런칭했는데, 홈쇼핑 방송을 위한 홍보 계약도 했습니다.

 발생 태음화록은 명천·자전선입니다. 기월 조합은 변동이 많은데 화성·타라·천형·천월 등을 보니 그다지 좋아 보이지는 않습니다. 진궁의 거문화록과 함께 묘궁이 2차 발생이 되는데, 자탐 조합, 욕(浴)지이면서 부질·부관선이므로 연애감정이 생길 수 있습니다. 태음화록을 차성하면 자궁의 양량 조합을 움직입니다. 이 궁선도 부관·부질이면서 몸신궁도 있으니 결혼할 수 있는 유력한 해입니다. 하는 일도 잘 되고 사랑도 얻었으니 최고의 해라고 할 수 있습니다.
 결과는 진궁 거문화기로 형노·재복선을 움직이며 사해궁의 문창화기를 결과화합니다. 아마도 두 사람이 사랑한 것은 맞으나 경제적인 부분은 조금씩 삐걱거렸을 것입니다. 하필 배우자가 일을 너무 많이 벌이기도 했고요.

2008년(무자년, 38세) 무자년은 태양화권이 있으면서 대궁에 천량이 있어 양량의 별리 조합을 봅니다. 거기에 형벌을 의미하는 천형, 지지부진한 타라, 이별을 뜻하는 화성과, 허무함을 더하는 공겁까지 봅니다. 태양화권은 탈부권이라 하는데, 여명의 경우는 남성의 권한을 빼앗는 것으로 드러납니다.

발생은 묘궁의 탐랑화록입니다. 이 탐랑화록은 유궁의 대한 문곡화기를 일으키는 것으로 작사전도를 발생시키는 것으로 보아야 합니다. 굳이 말하자면 대한과 유년의 록기전도 쯤 됩니다. 부질·부관이니 부처와의 문서문제가 발생입니다. 2차 결과는 해궁의 무곡화록과 함께 축미궁이 됩니다. 대한을 읽을 때 여기는 쌍화기가 결과화하는 궁이면서 정부살의 노상매시 조합이라 흉하다고 했는데 유년에서도 이곳을 움직입니다. 탐랑화록을 차성하면 술궁의 형노·재복선도 2차 발생입니다.

결과는 인궁의 천기화기로 자전·명천선이면서, 유년의 재복선이 됩니다. 반복적으로 형노·재복과 부관·부질을 움직이고 있습니다.

무자년의 사건 2008년 5월 22일 〈정오의 희망곡〉 방송에서 뚝섬에서 자전거를 도난당한 청취자의 사연을 소개하던 중 2008년 촛불집회에 대한 발언으로 논란에 휩싸였습니다. 곧바로 네티즌들의 거센 비난에 직면하여 사과도 했지만 2007년 런칭한 화장품 〈세네린〉의 홈쇼핑 방송은 무기한 보류되었고, 라디오 협찬사들이 일제히 광고 중단을 결정하는 등 여론이 점차 악화되었습니다. 몇 달 후 진행하던 프로그램의 진행자로 다시 복귀하기는 했습니다.

8월 남편의 실종과 사망 2008년 9월 8일 주차되어 있던 차량에서

자미 묘궁

기월 | 방송인 정선희

남편 안재환이 사망한 채 발견되었습니다. 8월 21일 정선희 씨와 마지막 통화를 했고, 22일쯤 사채 빚 등으로 인해 자살한 것으로 밝혀졌습니다. 남편이 사망한 것으로 추정되는 음력 7월은 경신월이며, 자궁이 유월의 명궁입니다. 신궁·부관·부질의 부처의 질액 혹은 부처와의 문서문제가 형노·재복의 형노와의 돈문제로 자전·명천이 움직였으니 이승에서 저승으로 집을 바꾸는 것입니다.

또 친구였던 최진실이 사망한 것은 음력 9월로 임술월입니다. 또 양량 조합을 건드립니다.

사건이 좀 정리된 후에, 정선희도 극단적인 선택을 했었다고 인터뷰를 합니다. 하긴 이런 사건을 겪고 온전하기도 쉽지는 않겠죠.

이렇게 생긴 명반은 다 이런 일이 일어나는가? 그렇지 않습니다. 생년월일시가 같을 경우 비슷한 상황이 되지만, 모두가 이렇게 극으로 치닫지는 않습니다. 여러 가정을 해 볼 수 있습니다. 만나는 사람이 달랐다면, 본인이 다른 직업을 가졌었더라면, 결혼하지 않고 혼자 살았다면 등등 말이죠. 생활이 다 공개되는 연예인이 아니었어도 결과가 달랐을지 모릅니다.

명반으로만 원인을 찾아보자면 대한 천이궁의 선천 문창화기를 직접적으로 일으켰다는 점이 가장 클 것입니다.

다음으로는 원래도 화성을 보는데 무곡운으로 와서 과수격이 형성되었고, 이 대한에 결혼을 한 것이 더 큰 타격이 되었을 것 같습니다.

세 번째는 유궁이 대한 부처궁이 되는데 녹존과 문곡화과를 화기로 깨뜨리며 목숨이 위험하게 되었다는 것입니다. 화과와 화기가 만나니 만천하에 일이 다 드러나게 되죠. 또 탐곡악격도 형성되고요.

네 번째는 선천 문창화기와 대한 문곡화기가 가리키는 궁이 정부살 조합, 형노·재복선, 상문·백호로 노상매시의 정황을 그대로 드러냈다는 점입니다.

앞으로는 어떨까? 경자대한(46~55세)은 대한 명궁에 록이 떨어지며 바쁘게 활동하겠네요. 직장에서의 일도 잘 풀릴 것이고요. 신축대한(56~65세)은 자전선에 록·기가 떨어지니 하는 일에 변화가 좀 있을 것 같습니다. 감성도 풍부하고 성실하고 자기 일에 최선을 다하는 정선희 씨! 앞으로는 행복한 일이 많기를 기원해 봅니다.

참고명반 『자미두수전서』 832, 1242쪽.

(10) 유궁 자미·탐랑 차성 - 얼굴 천재 차은우

天天天龍 地地陀 左天 月廚哭池 劫空羅 輔相 閑廟陷 平平 力指官 45~54 29乙 士背符 【財帛】 冠巳	月大天祿天 德耗貫存梁 旺廟 博咸小 35~44 30丙 士池耗 【子女】 帶午	紅天擎七廉 艷虛羊殺貞 廟旺廟 官月歲 25~34 31丁 府煞破 【夫妻】 浴未	金流解封天天 輿霞神詰巫喜 伏亡龍 15~24 32戊 兵神德 【兄弟】 生申
天鈴文巨 使星昌門 旺旺平 忌 青天貫 55~64 28甲 龍煞索 【疾厄】 旺辰	성명 :　　　陰男 陽曆 1997年 3月 30日 12:34 陰曆 丁丑年 2月 22日 午時 命局 : 土五局, 大驛土 命主 : 文曲　　　身主 : 天相		旬蜚年鳳 火天右 空廉解閣 星鉞弼 陷廟陷 大將白 5~14 33己 耗星虎 【身 命】 養酉
截貪紫 空狼微 地旺 小災喪 65~74 27癸 耗煞門 【遷移】 衰卯	《命式》　甲 辛 癸 丁 　　　　午 未 卯 丑　(乙木司令) 《大運》 78 68 58 48 38 28 18 08 　　　　乙 丙 丁 戊 己 庚 辛 壬 　　　　未 申 酉 戌 亥 子 丑 寅 02-2249-5630 대유학당		寡天天天文天 宿壽才刑曲同 陷平平 權 病攀天 34庚 符鞍德 【父母】 胎戌
天孤天天三紅 天太天 官辰傷空台鸞 陰機 閑旺 祿科 將劫晦 75~84 38壬 軍煞氣 【奴僕】 病寅	破天 碎府 廟 奏華太 85~94 37癸 書蓋歲 【官祿】 死丑	台恩八陰太 輔光座煞陽 陷 飛息病 95~ 36壬 廉神符 【田宅】 墓子	天天天破武 福馬魁軍曲 平旺平平 喜歲弔 35辛 神驛客 【福德】 絕亥

　　자미두수는 생시가 정확하지 않으면 보기 어려운데, 생시가 나와 있어서 이견 없이 볼 수 있었습니다.* 묘궁에서 자미·탐랑을 끌어오는 명반입니다.
　　공부를 하실 때는 '이렇게 생긴 명반은 이렇게 읽는구나'를 중심

---

* 나무위키에 보면 낮 12시 8분에 태어났다고 나와 있습니다.

으로 보셨으면 합니다. 명반이 같다고 해서 누구나 연예인이 되는 것은 아니니까요.

생애 차은우는 중학교 3학년(15세) 때 학교 축제에서 판타지오 매니저의 캐스팅 제안을 받았으나, 처음에는 부모님이 반대를 했었다고 합니다. 캐스팅 디렉터가 1년간 집요하게 부모님과 본인을 설득해서 결국 연습생(16세)이 되었고, 진로의 방향을 공부에서 연예계 활동으로 변경합니다. 공부도 상당히 잘했다고 하죠.

2014년(18세) 영화 《두근두근 내 인생》에 강동원과 송혜교의 건강한 시절의 아들로 나왔고, 2016년(20세)에 첫 앨범이 나옵니다. 지금까지 배우로 가수로, 만능 엔터테이너의 역할을 하고 있고요. 이제 차은우의 선천명반부터 보도록 하겠습니다.

명궁 유궁이 명궁이며 오시생이라 명·신궁이 동궁합니다. 우필과 천월(天鉞), 화성이 있습니다. 원래 명궁이 비어 있고 화성 같은 별만 있으면 고독하고 요절하고 빈천하다고 합니다. 하지만 이 명은 남을 도와주기도 하고 자신도 도움을 받는 우필이 있습니다. 짝성인 좌보를 재백궁에서 보기도 하고요. 기회와 캐스팅의 별인 천월도 있는데, 복덕궁에 천괴(天魁)가 있어서 천이궁 입장에서 보면 괴월을 모두 봅니다. 밖에서 활동할 때 귀인들의 도움을 받는 것이죠. 재예의 별인 용지·봉각을 재백궁과 명궁에서 보니 재능이 있다는 것을 알 수 있습니다.

명궁의 협 명궁이 공궁(정성이 없는 경우)이면 대궁에서 별을 끌어다 보기 전에 협궁을 먼저 살핍니다. 부모궁의 천동화권, 노복궁에서 형제궁으로 차성한 태음화록·천기화과는 명궁을 협합니다. 록·권·과가 협을 하는 상태로 삼기가회격과 같은 효과를 줍니다. 태음과 천동은 감정이 풍부한 성향을 가지게 하고, 천기화과는 머리를 잘 써서 공부도 잘 하는 것으로 드러납니다.

천이궁 차성 자미와 탐랑을 명궁으로 끌어옵니다. 탐랑을 끌어오면 명궁에서 화탐격을 이룹니다. 화성과 탐랑의 오행은 화와 목으로 목생화하는데 여기에 록을 보게 되면 격발합니다. 화록이나 녹존을 삼방에서 보는 것은 아니지만 협으로 봅니다.

자미라는 별은 황제의 별이기 때문에 보필을 꼭 보아야 합니다. 명궁과 재백궁에서 보필을 보므로 이 자미는 안정적인 성향을 띠게 됩니다. 자미·탐랑은 사람들과 잘 지내고 낭만적이고 풍류적이며 포용력도 있지만 독재적인 성향도 가지고 있습니다.

자미와 탐랑을 연결해서 보면 도화로 볼 것인지, 탈속의 성향을 지닐 것인지 판단해야 합니다. 천이궁에는 절공이 있고, 재백궁에는 지공·지겁, 명궁에 순공이 있으니 탈속적인 부분도 많습니다. 탈속적이라는 것은 어떤 법칙에 구애받지 않는 것이므로 자유로움을 추구한다고도 할 수 있습니다.

그렇다면 도화성은 얼마나 볼까요? 홍란·천희·천요는 형노선에 있고, 염정과 홍염·욕(浴)지는 부처궁에 있습니다. 삼방사정에서 적게 보므로 보지 않는다고 해야 할까요? 원래 탐랑 자체가 도화성입니다. 이 탐랑이라는 별이 실질적으로 도화성을 많이 보는 무신대한 (15~24세)에 가서 연습생도 하고 데뷔도 한 것이니 이때 도화적인 측면이 발현되었다고 보아야 합니다.

첫 번째 대한(1~14세)에는 잘 생기고 운동 잘하고, 공부에 신경 쓰는 학생이었다면, 두 번째 대한(15~24세)에 이르러 연예계로 발길이 옮겨진 것이죠.

탐랑은 정욕(情慾)과 물욕(物慾) 등 욕심이 많은 별입니다. 그래서 어떤 것에 잘 집중해서 이루어내는 성향이 있어, 음악이나 미술, 무용, 문학, 디자이너 계통에서 일하는 경우가 많습니다. 물론 길성과 도화성이 있어야 하고요.

부모궁 차은우가 잘생긴 것은 아무래도 유전의 힘이겠지요. 차은우는 인터뷰에서 웃을 때는 아버지를, 평소에는 어머니를 많이 닮았다고 말했습니다. 자미두수에서는 부모궁을 '상모궁(相貌宮)'이라고 하는데, 자녀는 부모의 습관이나 모습을 많이 닮기 때문입니다. 특히 자미는 다른 별보다 부모궁과 형제궁을 중요하게 봅니다.

왕의 부모는 왕이고, 왕의 어머니나 형제도 제대로 된 왕족이어야 자미라는 왕이 제 역할을 할 테니까요. 부모궁에는 유명한 격국이 형성되어 있습니다. 술궁의 천동이 화권이 되면서 거문화기의 격발을 받는다는 건궁반배(乾宮反背)*가 됩니다. 분장·분곡·천기화과들 보아 공부에 유리하며, 태음화록·홍란·천요·삼태 등의 길성으로 보아 다방면에 소질이 있을 것으로 보입니다.

형제궁 형제궁으로 어머니와 형제를 봅니다. 도화성인 천희와 천무(天巫)가 있습니다. 천무는 승진, 물려받음과 관련되는데, 여기서

---

* 술궁의 천동은 평지여서 천동이 가지고 있는 복(福)이 감소하는데, 정(丁)년생은 인궁에서 태음화록 천기화과, 오궁에서 녹존까지 보므로 길격으로 본다.

는 어머니를 닮았을 것으로 볼 수도 있겠네요. 천기화과와 태음화록을 끌고 오는데 형노선의 상황이 좋기 때문에 어머니나 남동생과도 사이가 좋은가 봅니다. 항상 자전거 뒷자리에 동생을 태우고 동네 곳곳을 돌아다닐 정도로 어렸을 때부터 우애가 깊었다고 합니다. 차은우는 취미에 맛집 탐방, 영화보기, 음악 듣기, 엄마와 데이트를 적은 것을 보면 관계가 돈독한 것 같습니다.

차은우의 좌우명은 "이미 가진 것에 감사할 줄 알아야 행복이 온다."라고 합니다. 이런 성격에는 가정교육도 한몫을 하고 있는 듯합니다. 어머니는 차은우가 자만에 빠질까봐 엄하게 길렀다고 하는데, 차은우는 이런 어머니에게 내심 서운했다고도 합니다.

부관선 부관선은 배우자와 직장운을 보는 궁입니다. 정부살 조합이 경양을 가지고 있어, 나쁘게 보면 노상매시(길 위에 시체를 묻는다는 사고 조합)가 되고, 좋게 보면 부(富)를 쌓아가거나 권력을 가지는 조합입니다. 미궁의 경양은 묘왕지에 있습니다. 살성 중 가장 센 경양은 록이 있으면 제화(잘 다스려 씀)시킬 수 있는데, 인궁에서 태음화록을 차성하면 화록과 녹존이 협을 하는 구조가 됩니다. 그러니까 이 경양은 제화되어 나쁜 역할보다는 카리스마와 힘을 발휘하게 되는 것이죠.

축궁 관록궁에는 천부가 있으면서 대중을 의미하는 태양과 태음이 협을 해 줍니다. 보필 역할을 하는 삼태와 팔좌도 협하고요. 삼태와 팔좌는 사회적 지위를 높여주는 별이며 많은 군중을 뜻합니다. 물론 천부에게 필요한 녹을 직접적으로 보지는 못합니다. 직접적으로 보지 못한다는 것은 영향이 제한적이라는 의미입니다. 보필을 보니 다양한 도움이 있을 것이라고 예상하지만, 천부가 싫어하는 공겁도 보므로 재물이 들어와도 많이 나간다고 할 수 있어요. 부관선을 종합해 보면 대중과 관련된 일을 하면 더 큰 시너지를 낼 수 있다는 결론이 나옵니다.

재복선 재백궁에는 천상이, 복덕궁에는 무곡과 파군이 있습니다. 무파상 조합인데 별이 밝지 않으므로 전문 기술을 익히는 것이 좋습니다. 무파상 조합은 연예인이나 운동선수 명에서 많이 보이는데, 기술을 연마하기 위해 부단히 노력하는 모습으로 드러나는 경우가 많습니다. 재백궁만 보면 천상이 록을 보지 못하는 데다 재물을 없애는 지공과 지겁이 있어 좋지 않습니다.

자미두수 학설 중에는 재백궁의 공겁은 날 때부터 빈천하다는 구절도 있는데, 자미두수라는 학문이 재물을 만드는 방법이 한정적이었을 때 만들어졌기 때문입니다. 현대에는 눈에 보이지 않는 가상의 세계를 구현하거나 새로이 창조하는 것에 유리한 작용을 합니다. 실물로 물건을 만든다면 불리하겠지만, 이 명이 하는 일은 전에 없던 것을 새로이 창조하며 재능을 쓰는 일이어서 좋습니다. 만약 명반이 이렇게 생겼다면 IT업계, 연구자, 정신적인 방면이나 수행하는 계통으로 나가는 것이 좋습니다. 작가라든가 연기자, 가수 등 연예계 종사자라면 공겁이 있는 것이 오히려 길한 역할을 합니다. 재백궁에서 보는 보필은 여러 곳에서 돈이 들어오는 것을 말합니다.

공겁과 타라·천마를 보기 때문에 공망마(빈 수레), 절족마(다리가 부러진 말)가 되기도 합니다. 연예인은 직장인처럼 재물이 일정하게 들어오지 않습니다. 인기가 있을 때는 누구보다 더 많이 벌고, 인기가 사라지고 나면 아무 곳에서도 찾아주는 곳이 없죠. 그래서 연예인들이 돈을 벌고 나면 건물이나 땅에 묶어 두는 것입니다.

질액궁과의 암합 명반을 볼 때 항상 선천의 화기와 녹존이 어디에 있는지를 중요하게 보라고 합니다. 그곳이 가장 중요한 궁이어서 대한에서도 늘 영향을 미치기 때문입니다. 화기와 암합을 하고 있다면 평생 함께 가는 것이기 때문에 더 눈여겨 보아야 합니다. 질액궁에는 거문화기와 문창·영성이 있습니다. 질액궁의 별들은 특별히 더 오행을 따지는데 오행의 속성으로 질병을 판단하기 위해서입니다. 질병을 볼 때 명궁·신궁·질액궁을 가지고 질병을 추론합니다.

거문이 질액궁에 있으면, 다른 사람이 알지 못하는 병환이 생기는데, 거문에는 관(管)의 의미가 있어 기관지, 위장 등을 조심해야 합니다. 동궁한 문창은 금(金) 오행으로 폐, 기관지, 대장과 연관됩니다. 영성은 묘왕지여서 피해가 적기는 하나, 잘 모르게 서서히 진행되며 정신적인 아픔도 생각해 봐야 합니다.

질액궁이 명궁과 암합이 되어 있으므로, 명운이 건강에 영향을 미치고, 건강이 명운에 영향을 미치는데, 아프게 되면 운이 나빠지고, 운이 안 좋으면 건강에 문제가 생기는 구조입니다. 또 이 거문화기는 재백궁 천상에도 영향을 주는데, 건강에 문제가 생기면 재백에 큰 손실이 있게 됩니다. 재백궁에 질병성인 천월(天月)이 보이는데, 질병으로 돈이 나갈 수 있다고 읽습니다. 하지만 아직 나이도 젊고 어디가 딱히 안 좋다고는 할 수 없습니다.

명반에서는 그러할 가능성이 존재함을 읽는 것입니다. 삶을 살아가다가 질액궁을 움직이는 운에 가면 그러한 일이 생기게 되겠죠.

이제 캐스팅이 된 무신대한(15~24세)을 보도록 하겠습니다. 이미 살펴본 바와 같이 도화성도 많이 보는 대한입니다. 게다가 천이궁의 탐랑을 차성하면 협궁으로 탐랑·염정의 정도화·차도화를 만나게 됩니다. 이 대한에는 살파랑 조합이 기월동량운을 만나는데, 다행히도 거문화기와 영성 외에는 살성을 보지 않습니다. 기월동량의 별들은 살성에 약하므로 조금 많이 보게 되면 감당하기 어렵습니다. 이 대한은 선천화록과 녹존도 가지고 있으므로 대체로 좋다고 봅니다.

大天天天龍 地地陀左天 祿月哭池 劫空羅輔相 　　　　閑廟陷平平 力指官　45~54　　17乙 士背符【財帛】　　冠巳 　　　【大子】	大大月大天祿天 曲羊德耗貴存梁 　　　　　旺廟 博咸小　35~44　　18丙 士池耗【子女】　　帶午 　　　【大夫】	大紅天擎七廉 鉞艷虛羊殺貞 　　　　廟旺廟 官月歲　25~34　　19丁 府煞破【夫妻】　　浴未 　　　【大兄】	大金流解封天天 昌輿霞神詰巫喜 伏亡龍　15~24　　20戊 兵神德【兄弟】　　生申 　　　【大命】
大天鈴文巨 陀使星昌門 　　旺旺平 　　　　忌 青天貫　55~64　　16甲 龍煞索【疾厄】　　旺辰 　　　【大財】	성명 :　　, 陰男 陽曆 1997年 3月 30日 12:34 陰曆 丁丑年 2月 22日 午時 命局 : 土五局, 大驛土 命主 : 文曲　　身主 : 天相	旬蜚年鳳火天右 空廉解閣星鉞弼 　　　　陷廟陷 　　　　　　科 大將白　5~14　　21己 耗星虎【身　命】　義酉 　　　【大父】
截貪紫 空狼微 　地旺 　　祿 小災喪　65~74　　15癸 耗煞門【遷移】　　衰卯 　　　【大疾】	《命式》　甲辛癸丁 　　　　午未卯丑　(乙木司令) 《大運》 78 68 58 48 38 28 18 08 　　　　乙丙丁戊己庚辛壬 　　　　未申酉戌亥子丑寅 02-2249-5630 대유학당	寡天天　文天 宿壽才　曲同 　　　刑陷平 　　　　　權 病攀天　　　　　22庚 符鞍德【父母】　　胎戌 　　　【大福】
大天孤天天三紅天太 馬官辰傷空台鸞姚陰機 　　　　　　閑旺 　　　　　　祿科 　　　　　　　權忌 將劫晦　75~84　　26壬 軍煞氣【奴僕】　　病寅 　　　【大遷】	大破天 魁碎府 　　廟 奏華太　85~94　　25癸 書蓋歲【官祿】　　死丑 　　　【大奴】	台恩八陰太 輔光座煞陽 　　　　陷 飛息病　95~　　24壬 廉神符【田宅】　　墓子 　　　【大官】	天天破武 福馬魁軍曲 　平旺平平 喜歲弔　　　　　23辛 神驛客【福德】　　絶亥 　　　【大田】

무신대한 발생 [탐월필기] 탐랑화록은 선천명천선·대한부질선에서 발생합니다. 화성과 탐랑, 화록이 만나 화탐격이 됩니다. 우필과 천

월은 캐스팅에 도움을 주었을 것입니다. 2차는 없습니다.

결과는 인궁의 천기화기입니다. 대한 천이궁의 화기는 선천 화기를 공명하지 않아 관련이 없으므로, 그냥 결과로만 봅니다. 그렇다면 태음화록과 천기화과를 결과화한 것이 되므로 길합니다.

진궁의 선천거문화기와 함께 묘궁을 2차 결과화합니다.

인궁의 천기화기를 신궁으로 차성하면 신자진궁이 삼합이 되니 자궁이 2차 결과가 됩니다.

발생과 결과가 명천의 부질·형노선을 움직이니, 자신을 포함하여 문서가 변동이 되는 것입니다. 또한 자오궁의 자전·부관선이 태양·천량·녹존이 결과가 되니 부모님과 좀 떨어져서 유명해지고 돈을 벌게 되는 것입니다.

15세(신묘년)에 캐스팅 15세는 묘궁으로 대한의 화록이 있는 궁입니다.

대한의 록·기로 다 움직여졌으며, 신간 거문화록도 태음화록과 함께 역시 묘궁을 움직이게 합니다. 여기의 부질은 나이 많은 윗사람이며, 천월로 캐스팅되는 것입니다. 부모님은 한창 공부할 나이에 연예인의 길을 가는 것을 반대했다고 하는데, 회사 측이 집요하게 부모님과 본인을 설득해서 결국 연습생이 되었다고 합니다.

18세(갑오년) 배우 데뷔 2014년 9월 영화 《두근두근 내 인생》에서 아름 역을 맡아 배우로 데뷔했습니다. 갑오년이 오궁이 유년의 명궁이 됩니다. 대한에서는 차성 2차 결과가 된 궁선이고요. 천량은 우여곡절이 많은 별이지만 흉하지 않게 넘어가도록 해 주는 별입니다. 아름이가 건강한 모습을 상상하는 장면에서 짧게 나왔었죠.

20세(병신년) 가수 데뷔 본격적인 경력은 2016년 2월 23일에 아스트로로 데뷔하며 시작되었고, 2016년부터 2018년까지 김새론, 이수민과 함께 MBC 《쇼! 음악중심》의 MC로 활약했죠. 조금 공부하신 분들이라면 이렇게 언급하고 있는 때가 대체로 대한에서 움직여진 해라는 것을 알 수 있을 거예요. 아스트로는 인기가 있었으며, 차은우는 당시 잘생긴 외모로 주목 받았고요.

병신년이 길한 이유는 술궁 천동화록 발생이 선천 거문화기를 움직이게 하기도 하지만, 대한에서 움직인 자오궁(자전·부관:2차발생)과 인신궁(형노·명천:문제궁)을 동하게 했기 때문입니다.

대한 내궁이 길한데, 이 내궁들을 움직여 주니 좋은 것이죠. 물론 차은우와 멤버들의 노력도 뒷받침되어야 하겠지만 말입니다.

22세(무술년) TV에서 첫 주연 2018년, 동명의 웹툰을 원작으로 한 JTBC의 로맨스 코미디 드라마 《내 아이디는 강남미인》의 도경석 역으로 활약했습니다. 무신대한 무술년은 대한과 유년의 사화가 같으므로 길흉이 대한과 같게 나타납니다.

2019년은 MBC의 《신입사관 구해령》에 신세경과 함께 지상파 첫 주연으로, 2020년 말에는 TVN의 드라마 《여신강림》에 문가영, 황인엽과 함께 주연으로 발탁되어 배우 활동을 이어나갔죠.

모든 연예인이 모두 성공하지도 않고, 이름을 날리지도 않습니다. 누군가는 몇 십 년의 무명 생활 끝에 빛을 보기도 하니까요. 그런 것에 비하면 차은우는 재능도 있고, 외모도 되었지만, 운도 잘 받쳐 준 경우라고 할 수 있습니다.

大天天天龍　地地陀左天 陀月廚哭池　劫空羅輔相 大大　　　　閑廟陷平平 曲馬	大月大天祿天 祿德耗貴存梁 　　　　旺廟	大紅天　擎七廉 羊艷虛　羊殺貞 　　　　廟旺廟	金流解封天天 輿霞神誥巫喜
力指官　45~54　29乙 士背符【財帛】　冠巳 　　　　【大夫】	博咸小　35~44　30丙 士池耗【子女】　帶午 　　　　【大兄】	官月歲　25~34　31丁 府煞破【夫妻】　浴未 　　　　【大命】	伏亡龍　15~24　32戊 兵神德【兄弟】　生申 　　　　【大父】
天鈴文巨 　　　　使星昌門 　　　　旺旺旺平 　　　　　　　忌 　　　　　　　忌	성명：　　,陰男 陽曆　1997年　3月　30日　12:34 陰曆　丁丑年　2月　22日　午時		大大旬蜚年鳳　火天右 昌鉞空廉解閣　星鉞弼 　　　　　　　陷廟陷
青天貫　55~64　28甲 龍煞索【疾厄】　旺辰 　　　　【大子】	命局：土五局，大驛土 命主：文曲　　　身主：天相		大將白　5~14　33己 耗星虎【身　命】養酉 　　　　　　　　　【大福】
截貪紫 　空狼微 　　　地旺	《命式》　甲辛癸丁 　　　　午未卯丑　（乙木司令）		寡天天　天文天 宿壽才　刑曲同 　　　　　陷平 　　　　　　權 　　　　　　權
小災喪　65~74　27癸 耗煞門【遷移】　衰卯 　　　　【大財】	《大運》　78 68 58 48 38 28 18 08 　　　　乙丙丁戊己庚辛壬 　　　　未申酉戌亥子丑寅 02-2249-5630 대유학당		病攀天　　　　34庚 符鞍德【父母】　胎戌 　　　　【大田】
天孤天天三紅　天太天 官辰傷空台鸞　姚陰機 　　　　　　　閑旺 　　　　　　　祿科 　　　　　　　祿科	破天 　　碎府 　　　廟	台恩八陰太 輔光座煞陽 　　　　陷	大天天天　破武 魁福馬魁　軍曲 　　　　　平旺平平
將劫晦　75~84　26壬 軍煞氣【奴僕】　病寅 　　　　【大疾】	奏華太　85~94　25癸 書蓋歲【官祿】　死丑 　　　　【大遷】	飛息病　95~　　36壬 廉神符【田宅】　基子 　　　　【大奴】	喜歲弔　　　　35辛 神驛客【福德】　絕亥 　　　　【大官】

　　정미대한(25~34세) [월동기거]　2021년 초에 이 명반을 보고 부동산을 구입할 것 같다고 판단했거든요. 그런데 바로 기사가 뜨더라고요. 그룹 아스트로의 '얼굴천재' 차은우가 최근 서울 강남구 청담동의 고급빌라를 49억 원에 매입했다고 말입니다.

　　이유를 알아볼까요? 대한이 미궁으로 바뀌면, 자미·탐랑명이 염정·칠살운을 만나는 것입니다. 이전 대한보다 더 변화도 많고 관리능력도 증대됩니다. 미궁은 경양이 있기는 하지만 쌍록이 협하여 제화가 되어 있어 좋다고 읽었었죠. 대한 부관선 사궁에는 공겁과 타라 등의 살성이 몰려 있습니다. 어떻게 쓰는지 한번 보시죠.

발생은 인궁 태음화록입니다. 외궁의 발생이라 별 관련이 없어 보이지만, 그렇지 않습니다. 인궁의 태음화록을 신궁으로 차성하면 대한 명궁을 록 3개가 협을 합니다. 대한의 록은 선천 쌍록의 협을 일으키는 역할을 합니다. 형노·부질선이니 문서의 변동으로 읽습니다. 태음은 홍란과 천희*도 만나는데 길성이나 화록·록존과 만나면 재적으로 풍요로워집니다. 그래서 홍란과 천희가 있는 대한에서 발복한다고 하는 것이죠. 홍란과 천희가 길한 주성을 만났으니 좋게 읽어야겠죠. 태음이라는 별은 어머니의 별이며 전택을 주관합니다. 또한 태음은 계획을 주관하기 때문에 실천하지 않으면 계획을 성공시킬 수 없는데, 태음화록이 되면 가정이 원만하고 화목해지며 부동산을 살 수 있게 됩니다.

정년생들은 선천에서부터 태음에 화록이 붙기 때문에 대체로 부동산과 인연이 많습니다. 명궁이나 재백궁, 관록궁에 있거나 태음을 움직여 줄 때 매매의 일이 발생합니다.

문제궁 진궁이 됩니다. 진궁은 선천 부질·대한 자전선으로 집문서와 관계됩니다. 창곡도 있으니 문서적인 문제입니다. 거문·천동 조합이어서 감정 고충도 좀 있고요. 함께 보는 권과 기는 과강필절이니 너무 강하게 고집하지는 않는 것이 좋습니다.

또 인궁의 태음화록을 차성하면 미궁도 문제궁이 됩니다. 선천부관·대한명천선이니 자신이 직장(연예계)에서 열심히 일하고 부단히

---

* 홍란과 천희는 생육, 희경사, 도화, 재물, 수술의 의미가 있습니다.

노력하는 것으로 보입니다. 여기에도 문서와 관련된 주서(奏書)라는 별이 보입니다.

   대한 결과는 진궁 거문화기로 선천 부질·대한 자전선에 떨어집니다. 발생도 결과도 모두 이 궁선을 움직이니 집계약과 관련된 일입니다. 선천 부모궁을 읽을 때 건궁반배의 격이 형성되어 있다고 했죠. 이 궁선의 거문화기만 가지고 나쁘게 읽어서는 안 됩니다. 오히려 격발이 되어 집을 구매할 수 있었던 것이죠.
   그리고 거상연동으로 사궁 천상이 있는 궁선도 움직입니다. 선천 재복·대한 부관선이면서 공겁이 있으므로 재물이 나가게 됩니다. 집을 구매하면 당연히 돈이 나가게 되겠죠.

   신축년(25세)이 되니 바로 부동산을 구매합니다. 그것도 대출 없이요. 신축년 발생은 다시 진궁이 됩니다. 일반적으로 쌍화기를 일으켰는데 집을 구매한다는 것이 말이 안 된다고 하실 것입니다. 하지만 이 화기는 대한 발생에 대한 결과이기도 하고, 이 진궁에 록이 떨어지면 묘유궁과 사해궁을 움직이므로 그렇게 읽을 수 있는 것입니다.

   다음 대한도 매우 좋군요. 오래도록 대중의 사랑을 받을 것 같습니다. 선천 부질선에 화기가 있고, 명·신궁과 암합하니 너무 무리하지 않고 건강에 신경 쓰면 좋겠습니다. 차은우 님, 앞으로도 좋은 활동 기대됩니다.

   참고명반『자미두수전서』920, 957쪽

(11) 술궁 천동 - 무역업 부동산 부자

破天 地地陀天 碎使 劫空羅相 　　閑廟陷平 官指白　76~85　己 府背虎　【疾厄】　冠巳	流紅祿左天 霞鸞存輔梁 　　旺旺廟科 博咸天　86~95　58庚 士池德　【財帛】　旺午	寡天天恩擎七廉 宿壽才光羊殺貞 　　　　廟旺廟 力月弔　96~　59辛 士煞客　【子女】　衰未	金天封天右 興廚詰鉞弼 　　　廟平 青亡病　　　60壬 龍神符　【夫妻】　病申
紅天八鈴文巨 艶月座星昌門 　　　旺旺平 伏天龍　66~75　56戊 兵煞德　【遷移】　帶辰	성명 : ,陰女 陽曆 1969年　12:30 陰曆 己酉年　　午時 命局: 火六局, 山頭火 命主 : 祿存　　身主 : 天同		截天天　火 空官哭　星 　　　　陷 小將太　　　61癸 耗星歲　【兄弟】　死酉
旬天天 貪紫 空傷虛 狼微 　　　 地旺 　　　 權 大災歲　56~65　55丁 耗煞破　【奴僕】　浴卯	《命式》戊 己 (戊土司令) 　　　 午 酉 《大運》71 61 51 41 31 21 11 01 　　　 丙 乙 甲 癸 壬 辛 庚 己 　　　 子 亥 戌 酉 申 未 午 巳 02-2249-5630 대유학당		解天三陰文天 神空台煞曲同 　　　　陷平 　　　　　忌 將攀晦　6~15　62甲 軍鞍氣　【身　命】　墓戌
月天大天太天 德福耗巫陰機 　　　　閑旺 病劫小　46~55　66丙 符煞耗　【官祿】　生寅	年鳳龍天 解閣池貴府 　　　　廟 喜華官　36~45　65丁 神蓋符　【田宅】　養丑	台天天 輔喜魁陽 　　旺陷 飛息貫　26~35　64丙 廉神索　【福德】　胎子	蜚孤天天破武 廉辰刑馬軍曲 　　　平平平 　　　　　祿 奏歲喪　16~25　63乙 書驛門　【父母】　絶亥

자미 묘궁

천동 ― 부동산 부자

평소에 저에게 도움을 많이 주는 지인의 명반입니다. 처음 명반을 보았을 때 문곡화기가 명궁에 있어서 '별로구나' '고생이 많구나'라고 생각했었습니다. 하지만 천동이어서 그런지 성격이 밝고 명랑하며 말도 조리있게 잘합니다.

어려서 산촌에 살아서 1시간 이상 걸어서 학교에 다녔고, 공부는 잘했지만 형제 많은 집의 셋째로 태어나 고등학교도 못 갈 뻔 했다고 합니다. 현재 무역업을 하고 있고, 전 세계를 다 가보는 것이 꿈이며, 부동산도 꽤 많이 소유하고 있습니다.

선천명 술궁의 천동명입니다. 길성으로는 문창과 문곡을 보고 있고, 보필은 재백궁과 부처궁에 있으면서 자녀궁을 협해 줍니다. 괴월은 부처궁과 복덕궁에 있으면서 천이궁으로 들어갑니다. 그러고 보니 자궁의 복덕궁으로 길성이 가장 많이 회조합니다. 재복선을 보니 살성 없이 깨끗하고 천량화과까지 있어서 길한 궁선입니다.

명궁에 문곡화기가 있기는 하지만, 묘궁의 탐랑화권을 유궁으로 차성하면 화탐격(화성+탐랑+록)을 협으로 보게 됩니다. 그러니까 록·권이 명궁을 협해 줍니다. 그냥 보기에는 사화 중에서 화기와 화과만 있는 것 같아도, 화록·화권의 협으로 격이 높아집니다. 천동이 보는 보필과 삼태·팔좌는 친구들이 많은 것으로 봅니다.

부모궁 무곡화록과 천마를 보니 록마교치를 이룹니다. 이 분의 아버지는 탄광에서 일하셨는데, 당시로서는 고소득 직업에 해당했다고 합니다. 다만 천이궁에서 타라·공겁을 보니 돈을 벌 수는 있어도 절족마·공망마의 상황이 되니 돈이 모일 수 있는 구조는 아닙니다.

재백궁 태음·화록·천무·록존을 보면 부자가 되거나 유산을 받거나 다른 것으로 재산을 이룬다고 하는데, 재백궁에 천량화과면서 녹존과 태음을 보아 부동산으로 재산을 많이 형성하였습니다. 재백궁 자체로는 살성을 보지 않지만 명궁에 문곡화기가 있으니 문서적인 문제나 시비가 생길 수는 있습니다.

천량이 화과가 되면 다른 사람에게 신뢰감을 주고, 전문직 인사가 되어 독자적인 경영을 할 수 있으며, 강한 것을 누르고 약한 것을 돕는 마음이 있다고 합니다. 실제로 부모 형제 자녀 외에도 가까운 사람들을 돕고자 하는 마음이 많은데, 자신이 잘 아는 분야에서 조언해 주거나 부동산을 구매할 때 함께 알아봐 주기도 합니다.

이렇게 재백궁이 좋다고 말했으니, 여기에 해당하는 대한을 살펴 보겠습니다.

병자대한(26~35세) 전 대한보다는 환경이 꽤나 좋습니다. 이제 사화를 돌려 보겠습니다. 1차 발생은 술궁의 천동화록입니다. 록기전도가 되면서 최종결과궁도 됩니다. 직장의 변동이 결과입니다.

천동화록과 오궁의 녹존이 만나 인신궁이 2차 발생입니다. 부관·재복선은 기월로 변동은 많겠지만 상황은 좋습니다.

결과는 미궁 염정화기로 자전·부질선의 정부살 조합입니다. 2차는 없습니다. 자미두수를 공부하시려면 명반을 한 쪽에 띄워 놓고 보시면 도움이 됩니다. 글로 설명하려면 너무 길어집니다.

록기전도가 되었으니 발생으로 보는 대한화기 궁부터 읽어 줍니다. 집안의 문서, 부모의 질액이 생깁니다. 이 대한 중에 사업체를 열고 무역을 시작했으며, 아이 둘을 데리고 더 넓은 곳으로 몇 번의 이사를 했습니다. 물론 대출도 많이 끼어 있었고요.

문제궁인 인궁에 천기화권이 있는데, 계획을 잘 실행에 옮겼고, 보이지 않게 운도 잘 따랐습니다.

정축대한(36~45세) 이 대한은 정부살 조합이 살성을 많이 봅니다. 대한 명궁 천부에게 필요한 것은 록이나 녹존인데 해궁에서 무곡화록을 봅니다. 그리고 천부에게 공겁은 치명적인데, 역시 사궁에서 보고 있습니다. 이 대한에 갖은 고생 끝에 강남에 입성했고, 재정적으로 여유로워지기도 했습니다. 다만 강남 생활에 적응하기 어려웠던 자녀가 마음고생을 시켰고, 본인도 갑상선 이상과 자궁암에 걸렸었습니다.

정축대한 발생은 인궁 태음화록입니다. 부관·부질선이니 배우자나 직장의 문제가 일어납니다. 문제궁은 진술궁와 축미궁이 됩니다. 여기서 술궁은 선천화기가 있는 궁이어서 주목해야 하는데, 대한의 발생에서도 결과에서도 이곳을 유의하라고 찍어주고 있습니다.

　진술궁에는 거문·천동의 감정고충의 별이 있고, 창곡, 음살, 천월 등이 있어, 자녀나 전택, 자신의 몸에 병이 들 수 있습니다.

　병인대한(46~55세)　이 대한은 천기와 태음이 명궁에 있으면서 길성을 많이 봅니다. 기월운에 오면, 혹은 인신사해궁을 지날 때는 대체로 생활에 변화가 많이 생기게 됩니다. 역마지이기도 하며, 천마를 만날 확률도 높기 때문이죠.

　이 대한도 역시 발생에서 선천 문곡화기를 움직이고 있습니다. 대한 재복선이 거문·천동이니 재적으로는 마음고생이 있을 것입니다. 문제궁은 인신궁이 됩니다. 이 대한에 지인의 소개로 대학원에 들어가서 석사와 박사과정을 밟았으며, 부동산도 여러 채 늘렸습니다. 록기전도가 흉한 것만은 아니라는 뜻입니다. 문서방면으로 길한 일이기는 한데, 괴롭기도 한 것이죠.

　코로나19가 심할 때에는 당연히 무역이 되지 않아서 사업적으로는 소득이 없었지만, 그간 투자해 놓은 부동산이 많이 오르기도 했고, 부동산을 더 많이 구매했습니다. 지인들에게 자신이 산 부동산을 함께 살 수 있도록 소개도 시켜주고요.

　왜 부동산일까?　이 명이 대학에 진학할 때 서울로 오게 되었는데, 이때가 자신의 인생에서 가장 힘들었던 시기였다고 합니다. 을해대한(16~25세)의 일입니다. 록마교치가 된 궁인데 왜 힘드냐고요? 무파상 조합으로 계속해서 일을 하고 록마교치로 돈을 벌기는 하지만, 공겁으로 새어 나가니 돈이 모일 새가 없고, 양타를 직접 보니 고생이 심한 것입니다. 원래는 법학을 전공하고 싶었지만 빨리 쓸 수 없을 것 같아 스페인어를 전공했습니다. 천이궁의 거문, 창곡, 복덕궁의 태양으로 외국어와 인연이 된 듯합니다. 거일 조합은 이족(異族) 성계라고 하는데, 새로운 문물이나 문화를 즐겁게 받아들이는 성향을 가집니다. 그래서 외국어를 잘 하고, 외국으로 나간다든지, 외국계 회사 등과 관련됩니다.

서울에 올라와 처음에는 친척집에 머물렀다가 거처를 옮기려고 했지만, 가지고 있는 돈으로는 살 곳을 구할 수 없었습니다. 그래서 내 집을 꼭 가져야겠다고 마음먹었고, 부자가 되어야겠다, 강남에 입성하겠다는 다짐을 했다고 합니다. 사람마다 꽂히는 게 다른데 이 명은 그게 자신이 거처할 만한 공간이었나 봅니다. 이런 생각을 가지고 행동에 옮겨 30대 후반에는 정말로 강남에 입성하였습니다.

대학을 다니면서 각종 아르바이트도 하며, 미래에 대한 고민을 묻기 위해 점을 보러 많이 다니기도 하고, 살아내기 위해서 친화적인 성격으로 변화했다고 합니다. 그리고 대한 명궁이 무곡화록이니 행동으로 돈을 번 것뿐만 아니라 회사에 취직하고, 마음에 드는 사람과 결혼도 하고, 아이도 낳았습니다.

특이한 점 1 살면서 이렇게 많이 걷는 사람은 처음 보았습니다. 만보는 기본이고, 2만보 이상 걷는 날도 많은 것 같습니다. 엄청 빨리 걸으면서 지치지도 않고 산이든 평지든 다 걸어 다닙니다. 자동차 애용가인 저는 상상할 수도 없게 말이죠. 언젠가 한번은 제가 아픈 이유가 앉아만 있고 걷지 않아서라고 하더라고요. 함께 걷다 보니 저도 체력이 많이 좋아지고, 머리도 맑아졌습니다.

걸으면서 생각하고 보고 듣고, 이것이 자원이 되어 부동산을 보는 눈이 탁월해졌다고 합니다. 서울시뿐만 아니라 지방 어느 곳에 가더라도 걸어 다니면서 다 확인하고 다닙니다. 부동산 하는 분들은 이 것을 '임장'이라고 하는데요. 용어가 무엇이건 이 명은 30년 이상을 그렇게 해 왔던 것입니다. 그래서 지금은 인터넷에 나와 있는 지도만 보고도 어떨지 상상할 수 있다고 합니다. 긴 세월 습관처럼 길러진 안목이지 갑자기 얻어진 것이 아닙니다. 실제로도 적은 비용으로 가치가 있는 곳을 잘 고르기도 하고요. 그래서 지인들도 이 명이 추천하는 곳이라면 군말 없이 부동산을 구매합니다.

특이한 점 2 남들보다 빨리 노후준비를 시작했다는 겁니다. 돈이 있으면 가능한 일 아니냐고 하지만, 그렇게 쉬운 일만은 아닙니다. 노후대비는 경제적인 부분도 중요하지만 그 외에, '하고 싶은 일과 함께 할 친구'도 있어야 합니다. 하고 싶은 일은 계속 무역업을 할 것이고, 무역업이 잘 안되더라도 공부를 하면 되니 대학원에 간 것입니다.

'함께 할 친구'는 일을 하거나 바쁠 때는 만날 수 없기 때문에 자신이 먼저 자신의 고향에 작은 연립주택을 구매하고, 노년을 함께 보낼 사람들도 하나둘씩 그 연립주택을 구매하게 해서 주말이 되면 모이는 시스템을 만들었습니다. 공기 좋은 곳에서 함께 지내면 심심하지도 않고, 서로 세상 이야기도 하고요. 똑같은 크기의 집에 사니 차등도 없고, 각자 자신의 집에 가서 자니 불편하지도 않고요. 여러모로 만족도가 높으니 여러분들도 시도해 보셨으면 합니다.

특이한 점 3 오시생이니 명궁과 신궁이 동궁합니다. 여기에 문곡 화기가 있죠. 화기는 '마음이 간다'로 해석됩니다. 마음이 간다는 것은 '신경 쓰이는데 뜻대로 되지 않는다'는 의미도 가집니다.

음살(陰煞)이 있으면 귀신을 본다고 하고, 천무(天巫)가 있으면 하늘로부터 내려 받는 의미가 있는데, 그만큼 영감이 뛰어나다는 것입니다. 명궁에서 음살과 해신(解神), 관록궁에 천무를 보는데, 어떤 사안에 대한 캐치가 빠르고, 판단력도 뛰어납니다. 꿈도 잘 맞는다고 하고요.

선천화기와 녹존 우리는 선천화기를 매우 싫어합니다. 이 화기를 건드리면 사안이 커지기 때문이죠. 그래서 화기가 있는 궁과 궁선에 녹존이나 살성이 더 있는지 꼭 살펴봐야 합니다.

명궁에 화기가 있고 재백궁에 녹존이 있으니 삼방에서 만나게 됩니다. 화기와 녹존이 만났다면, 파재나 목숨에 관련된 일이 될 수 있고, 특히 동궁한다면 더욱 위험해집니다. 그것이 육친궁이라면 해당하는 육친에 문제가 있는 것이고, 나머지 궁은 그 궁이 의미하는 부분에 사건이 집중됩니다. 재백궁에서 화기와 녹존이 동궁하면 재적인 큰 손실을 입게 됩니다. 녹존과 화기가 동궁하면 양 옆의 경양과 타라를 불러들여 구멍난 보트에 물이 들어오는 것과 같게 만듭니다. 이 명은 녹존이 있는 궁선이 깨끗한데, 이것이 큰 장점입니다.

화기와 살성이 동궁하면, 녹존이 동궁한 것보다는 피해가 덜합니다. 하지만 살성은 화기에게 더 힘을 실어주죠. 이 명은 명궁에 화기가 있고, 천이궁에 영성이 있습니다. 그래도 다른 살성을 더 보는 것은 아니어서 크게 피해를 보는 것은 아니지만, 쓸데없는 일로 분주하고 다니다가 좀 다칠 수도 있습니다.

록기전도 『별자리로 운명읽기 2』권 259~264쪽에서 삼성 이건희 회장의 명을 다룰 때 매 대한마다 록기전도가 된다고 쓴 적이 있습니다. 이 명도 첫 대한을 제외하면 매 대한마다 록기전도가 됩니다. 기사대한(76~85세)에 이르러야 선천화기를 건드리지 않는데, 선천명궁이 화기라면 매 대한마다 화기를 끌고 다닌다고 보아야 합니다. 그러니까 늘상 가지고 있는 셈인데, 이 분이 '고생스럽고 힘든 일은 내게 와라. 내가 다 감당하겠다'고 마음먹으니 실제로 힘들고 고통스러운 일을 자신이 처리하게 되었다고 합니다.

결코 쉬웠던 적은 없지만 열심히 꾸준히 잘 이겨냈다고 보아야 합니다.

명궁이 화기라면 이제까지 자미두수 명반을 계속 봐 온 결과, 명궁이 화기인 경우는 2가지로 요약됩니다. 첫 번째는 자신이 남에게 짐이 되는 것, 두 번째는 모든 짐을 자신이 짊어지는 것입니다. 대체로 첫 번째가 많죠. 그래서 명궁 화기를 좋아하지 않는 것이고요.

두 번째의 경우, 내가 짐을 다 들고 가면 나는 무거워서 힘들지만, 다른 궁들은 좀 가벼워지니 다른 문제들이 적어지게 됩니다. 물론 화기가 있는 첫 대한의 고생은 말로 다 할 수 없고요. 그리고 그 고생을 겪어낸 후에 온 닥쳐오는 일들은 소소하게 느껴지고, 그 힘든 것도 이겨 냈는데 이 정도쯤이야 하는 고생근육이 키워집니다. 어렵게 시작하고 이겨내면 그 뒤는 두려울 게 없는 거죠.

또 명궁이 화기라면 자신의 건강과 배우자에 문제가 생긴다고도 합니다.

(12) 해궁 무곡·파군 - 골프선수 박인비

流孤天天天天天祿鈴天 霞辰壽空巫喜姚存星相 　　　　　　廟廟旺旺	天天年鳳恩陰地擎右天 廚使解閣光煞劫羊弼梁 輩　　　　　廟平旺廟 廉　　　　　　　　科	金天天七廉 輿月鉞殺貞 　　旺旺廟	龍左 池輔 　平
博劫晦　62~71　38丁 士煞氣　【遷移】　冠巳	官災喪　52~61　39戊 府煞門　【疾厄】　帶午	伏天貫　42~51　40己 兵煞索　【財帛】　浴未	大指官　32~41　41庚 耗背符　【子女】　生申
紅天地陀巨 艷傷空羅門 　　陷廟平	성명 : 박인비, 陽女 陽曆　1988年 7月 12日 14:35 陰曆　戊辰年 5月 29日 未時		月封火 德誥星 　　陷
力華太　72~81　37丙 士蓋歲　【奴僕】　旺辰	命局 : 水二局, 大海水 命主 : 巨門　　　身主 : 文昌	病咸小　22~31　42辛 符池耗　【夫妻】　養酉
天天天文貪紫 福官才昌狼微 　　平地旺 　　　祿	《命式》 己戊己戊　(丁火司令) 未辰未辰 《大運》 　　72 62 52 42 32 22 12 02 　　辛 壬 癸 甲 乙 丙 丁 戊 　　亥 子 丑 寅 卯 辰 巳 午	旬天天 空虛同 　　平
青息病　82~91　36乙 龍神符　【官祿】　衰卯	02-2249-5630 대유학당	喜月歲　12~21　43壬 神煞破　【兄弟】　胎戌
天天八天太天 哭貴座馬陰機 　　　旺閑旺 　　　　權忌	破寡台天天天 碎宿輔刑魁府 　　　　旺廟	截解三太 空神台陽 　　　陷	大紅文破武 耗鸞曲軍曲 　　旺平平
小歲弔　92~　　35甲 耗驛客　【田宅】　病寅	將攀天　　　46乙 軍鞍德　【身福德】死丑	奏將白　　　45甲 書星虎　【父母】　墓子	飛亡龍　2~11　44癸 廉神德　【命】　絕亥

생애 박인비 선수의 명반입니다. 신시로 보는 분도 있는데, 미시가 더 맞는 듯해서 미시로 보았습니다. 박인비 선수는 1998년 박세리가 US오픈 때 물에 빠지기 일보 직전의 공을 쳐서 양말을 벗고 연못에 들어갔을 때 까맣게 탄 종아리와 대비되는 하얀 발을 보고 골프를 시작했다고 하여 박세리 키즈로 불립니다. 2006년 LPGA에 입회하여 2007년부터 본격적으로 활동하였고, 2016 리우데자네이

루 올림픽의 여자 골프 금메달리스트입니다. 할아버지와 아버지, 박인비까지 삼대가 모두 골프선수로 활동을 하고 있습니다.

 자미두수로 보기 전에 사주명식을 보니, 오행이 모두 토로만 구성되어 있습니다. 토기운이 아주 왕한, 비겁이 많은 사주입니다. 토기운으로만 되어 있으니 땅과 관련된 직업이 잘 어울리겠죠. 골프선수도 땅을 밟고 하는 운동이니 관련이 될 것이고, 농사라든가 토목, 조경도 잘 맞습니다. 누군가는 머리를 잘 가꾸는 헤어디자이너도 어울린다고 하더군요. 비겁이 많은 경우는 함께 하는 운동, 단체생활을 하는 것이 잘 맞습니다.

 선천명반　무신생인 고 최진실과 같은 명반입니다. 명궁이 해궁의 무곡·파군이면서 무년생이므로 녹존은 사궁에 있고 관록궁에 탐랑화록, 전택궁에 태음화권과 천기화기를 가진 구조가 됩니다.
 무파상 조합은 한 분야를 관통하면 그것으로 인해 명예와 부유함이 따라온다고 합니다. 스포츠선수나 연예인들에게서 자주 보는 구조입니다.
 명궁에는 문곡이 있고 관록궁에서는 문창을 봅니다. 파군은 창곡을 그다지 좋아하지 않습니다만, 이 구조는 탐랑화록과 녹존을 보므로 여기서의 창곡은 이론에도 신경써서 공부하는 운동선수로 보입니다. 재복선에는 괴월이 있으며, 재백궁의 협으로 보필이 들어오니, 재백궁에는 6길성이 모두 모입니다. 재적인 방면에서는 아주 탄탄하다고 볼 수 있죠.

 관록궁　관록궁은 탐랑화록이 있는데 부처궁에서 화성을 보니 화탐격이 됩니다. 갑자기 발전할 가능성이 높은데, 특히 22~31세 대한이 그렇습니다. 다만 명궁에 무곡, 부처궁에 화성이 있으니 부부가 자주 보기는 힘든 구조입니다. 하지만 박인비씨는 2011년 약혼을 하고 2014년(갑오년 27세)에 스윙 코치와 결혼을 했습니다. 남편도 같은 골프를 했지만, 완벽한 내조를 하는 것이죠. 이런 경우는 과수격이 되더라도 그 피해가 적습니다.

2021년 박인비 선수는 한 인터뷰에서 선수 생활을 꾸준히 오래 하는 비결을 묻자 "남편과 함께 다니는 것이 정말 많은 도움이 된다. 남편은 안정감도 주고, 나의 스윙을 늘 봐주니 나쁜 스윙을 안 하게 된다. 내 몸에 맞는 스윙을 하는 것이 꾸준함의 비결"이라고 설명했습니다. 통산 21승 중 20승을 2011년 약혼 이후 달성했다고 합니다. 그러니 배우자를 볼 때 자신의 부처궁만 가지고 판단할 수는 없습니다. 누구와 결혼했는가에 따라 성패가 나뉘니까요.

22~31세(신유대한) [거일곡창] 신유대한은 우리가 알고 있는 것처럼 박인비 선수의 전성기에 해당합니다. 물론 앞으로도 잘 해내겠지만요. 간단히 정리하면 다음과 같습니다.

2012년(임진, 25세) 긴 부진 끝에 우승 2회
2013년(계사, 26세) 메이저 3승 포함 6승 상금랭킹 1위, 세계 1위, 스폰이 생기기 시작함.
2014년(갑오, 27세) 10월 결혼
2015년(을미, 28세) 랭킹 1위 탈환, 한국인 메이저 최다 우승자
2016년(병신, 29세) 허리부상, 부상 투혼 올림픽 금메달 획득 8월 21일 (음력 7월 을해일)
2018년(무술, 31세) 다시 세계 1위

대한의 삼방사정으로 쌍록을 봅니다. 대한의 천이궁과 재백궁에 쌍록이므로 밖에 나가서 돈을 많이 번다는 것입니다. 문창, 천괴도 보고 있습니다. 대한 천이궁에서는 창곡, 천월과 대한 부처궁에서는 보필의 협도 봅니다. 그러니 천이궁의 상황이 더 좋게 보입니다.

流霞 孤辰 天壽 天巫 天喜 天姚 祿存廟 鈴星旺 天相平	天廚 天使 年解 鳳閣 恩光 陰煞 地劫廟 擎羊 右弼平 天梁廟科	金輿 天月 天鉞旺 七殺旺 廉貞廟	大陀 龍池 左輔平
博士 劫煞 晦氣 62~71 【遷移】 【大財】 26 丁 冠 巳	官府 災煞 喪門 52~61 【疾厄】 【大子】 27 戊 帶 午	伏兵 天煞 貫索 42~51 【財帛】 【大夫】 28 己 浴 未	大耗 指背 官符 32~41 【子女】 【大兄】 29 庚 生 申
紅艷 天傷 地空陷 陀羅廟 巨門平 祿	성명: 박인비, 陽女 陽曆 1988년 7월 12일 14:35 陰曆 戊辰年 5月 29日 未時 命局: 水二局, 大海水 命主: 巨門　　身主: 文昌		大祿 月德 封誥 火星陷
力士 華蓋 太歲 72~81 【奴僕】 【大疾】 25 丙 旺 辰			病符 咸池 小耗 22~31 【夫妻】 【大命】 30 辛 養 酉
天福 天官 天才 文昌平 貪狼地 紫微旺 忌	《命式》　己 戊 己 戊 　　　　　未 辰 未 辰　(丁火司令) 《太運》　72 62 52 42 32 22 12 02 　　　　　辛 壬 癸 甲 乙 丙 丁 戊 　　　　　亥 子 丑 寅 卯 辰 巳 午 02-2249-5630 대유학당		大羊 旬空 天虛 天同平
青龍 息神 病符 82~91 【官祿】 【大遷】 24 乙 衰 卯			喜神 月煞 歲破 12~21 【兄弟】 【大父】 31 壬 胎 戌
大曲 大魁 天哭 天貴 八座 天馬旺 太陰閑 天機旺 權忌	破碎 寡宿 台輔 天刑 天魁 天府廟	大昌 截空 解神 台 太陽陷 權	大馬 大耗 紅鸞 文曲旺 破軍平 武曲平 科
小耗 歲驛 弔客 92~ 【田宅】 【大奴】 23 甲 病 寅	將軍 攀鞍 天德 22~ 【身福德】 【大官】 22 乙 死 丑	奏書 將星 白虎 【父母】 【大田】 33 甲 基 子	飛廉 亡神 龍德 2~11 【命】 【大福】 32 癸 絶 亥

대한의 발생은 진궁의 거문화록입니다. 형노·부질선이지만 거상연 동으로 대한 재백궁을 움직여줍니다. 사궁에는 천상과 녹존·천희

등의 별이 대한 재백궁의 상황을 좋게 만들어줍니다. 2차는 없습니다. 하지만 진궁 거문화록으로 대한 형노선인 인궁의 천기화기를 공명하였습니다. 인궁은 자전·형노선이므로 집안의 변동이나 거주지를 자주 옮기는 일이나 사고 등도 일어날 수 있습니다.

결과는 묘궁 문창화기로 화탐격을 결과화합니다. 부관·명천이니 자신이 하는 일이 길한 것입니다.

2012년(임진, 25세) 천량화록은 대한 거문화록과 함께 사궁 녹존을 2차 발생시킵니다. 당연히 많은 상금을 받을 수 있겠죠.

2013년(계사, 26세) 거문화록의 영향을 받은 사궁에 있으면서, 파군화록이 천이궁에서 일어나니 당연히 길한 일이 생깁니다. 홍란·천희가 있으니 스폰도 생기게 됩니다. 2008~2010년은 SK그룹이 스폰이었고, 2013년부터 지금까지 KB금융그룹이 스폰을 하고 있습니다. 또 유명 스포츠카 브랜드 페라리로부터 스폰을 받고 페라리 FF도 받게 됩니다. 이 차는 다음 해에 웨딩카로 사용합니다. 2012~2013년 상금랭킹 1위에 오릅니다.

2014년(갑오, 27세) 7살 연상의 골퍼 남기협 님과 결혼을 합니다. 갑오년 염정화록 발생은 미궁으로 재복·부관선이 됩니다. 염정화록이니 배우자와의 감정이 순조로운 것이고, 축미궁에 괴월도 있고 보필도 협하니 결혼이 가능했을 것입니다. 문제궁은 염정화록과 사궁의 녹존이 만나 오궁이 되고, 선천 탐랑화록과 만나 신궁은 2차 발생이 됩니다.

2015년(을미, 28세) 미궁 자체로는 6길성을 모두 보아 좋아 보입니다. 2월 리디아 고에게 세계랭킹 1위를 넘겨주었으나, 6월 14일 KPMG 위민스 PGA챔피언십에서 우승하면서, 단일 메이저대회 3연패를 역대 세 번째로 달성하였고, 동시에 랭킹 1위도 탈환하였습니다. 또한 메이저 대회 6승을 기록하며, 박세리의 종전 기록인 5승을 넘어서서 한국인 메이저 대회 최다 우승자로 올라섰습니다.

을미년 발생이 인궁이 되는데, 대한에서 암동된 궁선이므로 선천 천기화기를 건드리면 문제가 생길 수 있습니다. 시기에 대한 정확한 기록이 없지만 음력 9월경 왼손 손가락 통증으로 기권을 한 적이 있으며, 음력으로는 12월쯤(기축월) 허리부상을 당했을 것으로 보입니다. 을미년에 신궁은 부질선이 됩니다.

2016년(병신, 29세) 허리부상으로 올림픽출전이 불투명했으나, 부상 투혼으로 8월 21일* 올림픽 금메달을 획득합니다. 병신년이 앉아 있는 궁선은 태음화권이 있지만, 천기화기와 천마도 있어서 부상의 위험이 있습니다. 부상으로 상금랭킹도 69위로 밀려나게 됩니다. 올림픽 골프 경기가 시삭되자 1라운느를 제외한(그나마도 1등과 1타차 2등) 전 라운드에서 1위를 놓치지 않으며 최종 -16타로 리디아 고에게 5타 차이로 승리하며 금메달을 차지하며 커리어 그랜드 슬램을 넘어선 골든 슬램을 달성했습니다. 그리고 올림픽 이후 쉬면서 다음 해를 준비한다고 했습니다.

유년의 발생 천동화록은 술궁에 있으면서 대한의 화록을 일으키는데, 거상연동으로 사궁을 움직여주는 것은 길하지만, 인궁의 천기

---

* 음력 7월(병신월) 을해일입니다.

화기를 움직이게 하는 것은 좋지 못합니다. 결과 염정화기는 미궁 재복·부관선에 떨어집니다. 2차는 사궁이 됩니다.

2018년(무술, 31세) 2017년부터 컨디션을 회복하고, 2018년 다시 세계랭킹 1위를 탈환합니다.

박인비 선수의 플레이 얼굴도 동글동글하고 몸집도 있어 매우 안정적인 느낌입니다. 쇼맨쉽이 없다는 비난까지 받은 무표정에, 묵묵히 자기만의 플레이에 몰두하며 기세를 올리는 스타일로, 정신 차려 보면 어느 새 상대를 압박하는 경기를 하고 있디는 의미의 '침묵의 암살자'라는 별명까지 있죠. 남편을 만난 후 철갑 멘탈로 환골탈태한 사례입니다. 사해궁의 무파상 조합이 운동선수, 연예인, 장인이 많은데, 한 가지를 갈고 닦아 실력을 키운 예입니다. 무파상의 파조파가는 돈으로 보상이 올 수 있다면 정말 길한 경우인데, 박선수는 그 실례를 잘 보여주고 있습니다.

앞서 최진실의 명반과 비슷하다고 했는데, 최진실은 내조를 해주기는커녕 오히려 해가 되는 남편이었고, 결국 자녀궁 대한에 자살까지 하고 말았죠.

같은 명반이고, 돈을 잘 버는 구조이며, 과수격이 형성된 것도 같고, 사화도 같았지만, 박인비 선수는 자신을 가장 잘 아는 골프선수이자 코치를 남편으로 만나 전성기를 누리고 있습니다. 자녀는 은퇴 후 낳을 예정이라고 합니다.

참고명반 『자미두수전서』 480쪽.
사해궁 무곡·파군 조합으로 신(辛)년생입니다. 명반은 전서를 참조하세요. 이두 선생님은 "상장 기업의 대표로 수백억의 돈을 움직이는 사람이다. 파군은 녹을 보아야 하는데, 이 명은 삼방사정에는 녹이 없으나 대궁의 천상(天相)이 재음협인이 되어 파군을 간접적으로 보조하고 있습니다. 재관격에 해당되지 않음에도 부자가 되는 사람이 있다는 것을 보여주기 위해 예를 들었다."고 하셨는데, 박인비 선수의 신유대한과 비슷하여 설명을 넣었습니다.

자미 묘궁

무파 | 골프선수 박인비

2부. 자미가 유궁에 있는 명반

2부. 자미가 유궁에 있는 명반

1. 수록된 명반

사	파무 군곡 ×△ 주부, 화가	오	태 양 ◎ 아이돌 가수, 진행자	미	천 부 ◎ 도서편집, 저자	신	태천 음기 △△ 게임업체 운영 사업가
진	천 동 △ 주부, 화가			자미가 유궁에 있을 때		유	탐자 랑미 △△ 아인슈타인
묘	 한학자, 대산 선생님					술	거 문 ○ 주부, 부동산 부자
인	 사주명리대가, 박청화	축	칠염 살정 ◎○ 사주명리대가, 백민	자	천 량 ◎ 해외유학, 직장인	해	천 상 △ 의류사업

　이 명반만 가지고 이들의 공통점을 찾기는 어렵습니다. 같은 명반을 쓰지만 모두 명궁이 다르니까요. 명궁이 다르다는 것은 시작점이 다르다는 뜻입니다.

　자궁은 해외 유학을 다녀온 직장인이며, 축·인·묘궁은 평생 학자로 강의하는 길을 가고, 진궁과 사궁은 나이가 들어 화가로 살아가고 있습니다. 오궁은 가수로 살고 있으며, 미궁은 책을 만드는 사람, 신궁은 사업가이며, 유궁은 과학자, 술해궁은 부동산과 인연이 있는 분들입니다.

   모두 배우는 것을 좋아하고, 연구하기를 게을리 하지 않는 분들입니다. 자탐 조합을 쓰고 있어서인지 탈속적인 생활을 하는 분이 많고, 예술계에도 많이 종사하고 있습니다.

2. 만나는 대한

   자미가 유궁에 있다면 순행과 역행에 관계없이 아래의 조합을 만나게 됩니다.

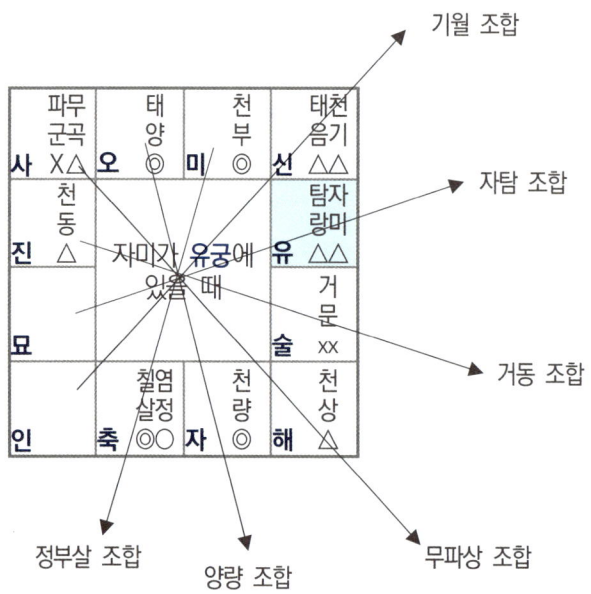

   자탐 조합은 두 별이 다 밝지 않아 크게 두각을 나타내기 어렵습니다. 도화성이 많다면 예술 방면으로, 공망성이 많다면 철학·종교·역학 등에 심취합니다. 보필을 보거나 화탐·영탐격이 되면 이름을 낼 수 있습니다.

거동 조합은 감정고충이 있는 조합이라고 하는데, 태양이 왕지에 있으므로 어느 정도 어두움이 해소되기 때문에 술궁의 거문을 조금 더 낫다고 표현합니다. 길성이 더해지면 좀 나아지지만, 흉성이 많다면 감정적으로 상처를 입습니다.

무파상 조합은 자수성가에 어울리는 조합입니다. 끊임없이 노력하여 최고의 기술을 가지면 생활도 마음도 안정됩니다. 자꾸 일을 바꾸면 오히려 더 힘들어집니다.

양량 조합은 태양과 천량이 묘왕지에 있어 명예가 빛납니다. 록이나 록존이 더해지면 부유해집니다. 양량창록격이 되면 시험에 유리합니다. 대중과 관계된 직종이 유리하며, 가족간에는 길사이건 흉하건 이별하는 일도 생깁니다.

정부살 조합은 세 별이 묘왕지에 있어서 힘이 좋습니다. 군인·검찰·경찰 등 권력과 관계된 일을 하고 있다면 크게 성장하는 대한입니다. 경양과 화기를 보면 사고가 많습니다.

기월 조합은 태음과 천기가 가진 변동성을 많이 드러냅니다. 그래서 화록보다는 화권이 되어 안정되는 것을 더 길하게 봅니다. 작은 일에 너무 예민해지지 않도록 스스로를 단련할 필요가 있습니다.

3. 공궁과 차성

 인궁과 묘궁이 공궁입니다. 뒤에 나오는 도표는 선천 녹존, 화록, 화기만 가지고 차성을 본 것입니다. 보면서 머릿속으로 어떻게 되는지 그려보면서 연습해 보세요. 대운을 볼 때 훨씬 쉬워집니다.

 협이 좋은 것은 '좋은 이웃'이라고 말한 것처럼, 본궁 자체가 좋은 것이 우선입니다. 그래도 좋은 이웃은 내가 자라온 환경과 같으니 주변의 영향을 많이 받는 별(특히 천상, 천기, 태음, 천량)이라면 더 중요해집니다. 물론 살파랑의 경우 록이 꼭 필요한데 협으로 들어와도 좋고요.
 선천에서는 화록·화권의 협(재물+권력), 화록·화과의 협(재물+명성), 화권·화과(권력+명성)의 협은, 그 협하는 궁에 길한 영향을 줍니다.
 녹존과 화록의 쌍록협(재적인 길상), 녹존과 화권의 협(재물+권력), 녹존과 화과(재물+명성)의 협도 좋습니다. 다만 녹존의 양 옆에는 양타가 있으니 녹존이 있는 궁의 상태를 함께 보아야 합니다.
 화권·화기(권력+좌절) 협은 과강필절이라고 해서 지나치게 위세를 부리면 결국 꺾이게 된다는 것이고, 화과·화기(명성+좌절) 협은 악사위천리라고 해서 나쁜 소문이 멀리까지 들리게 됩니다. 화록과 화기의 협은 기록하지 않았습니다.
 녹존과 화기가 한 궁에 있으면 가장 심각한 문제가 발생합니다. 육친궁이라면 해당 육친에, 사회적인 궁이라면 대인관계나 지위·재물에 문제가 생기게 됩니다.
 격국 중에는 인리산재를 넣었습니다. 명반배치상 녹존의 앞궁에는 경양, 뒷궁에는 타라가 배치되며, 기월동량과 거일 조합은 삼방에서 만납니다. 그러므로 인리산재가 된다는 것은 기량이 양타를 본 것에도 해당됩니다. 육친과 인연이 적다는 것을 의미합니다.

1. 갑간

인궁 녹존
축궁 염정화록
오궁 태양화기
→ 록·기 차성 없음
사유축궁 삼기가회

파군 곡 X△ **권과**	태양 ◎ **기**	천부 ◎	태음 천기 △△
사	오	미	신
천동 △ 진	자미가 유궁에 있을 때		탐랑 자미 △△ 유
묘			거문 xx 술
녹존 인	칠살 염정 ◎◎ 축 **록**	천량 ◎ 자	천상 △ 해

2. 을간

묘궁 녹존
신궁 천기화록
신궁 태음화기
→ 화록 화기 차성
자미화과 차성
축궁 화록·화권 협
축궁 화권·화기 협
인리산재

파군 곡 X△	태양 ◎	천부 ◎	태음 천기 △△ **기록**
사	오	미	신
천동 △ **녹존** 진	자미가 유궁에 있을 때		탐랑 자미 △△ **과** 유
묘			거문 xx 술
인	칠살 염정 ◎◎ 축	천량 ◎ 자 **권**	천상 △ 해

자미 유궁

3. 병간

사궁 녹존
진궁 천동화록
축궁 염정화기
→ 천기화권 차성
묘궁은 화록·화권의 협
인리산재

	녹파무 존군곡 X△	태 양 ◎	천 부 ◎	태천 음기 △△
	사	오	미	신　권
천 동 진　록△		자미가 유궁에 있을 때		탐자 랑미 △△ 유
				거 문 xx
묘				술
인	칠염 살정 ◎◎ 축　기	천 량 ◎ 자		천 상 △ 해

4. 정간

오궁 녹존
신궁 태음화록
술궁 거문화기
→ 화록·화과 차성
해궁 거상연동
미궁 쌍록협 녹존·화과 협
묘궁 록·권·과의 협
유궁 화과·화기 협
신자진궁 삼기가회

	파무 군곡 X△	녹태 존양 ◎	천 부 ◎	태천 음기 △△
	사	오	미	신　록과
천 동 진　권△		자미가 유궁에 있을 때		탐자 랑미 △△ 유
				거 문 xx 기
묘				술
인	칠염 살정 ◎◎ 축	천 량 ◎ 자		천 상 △ 해

5. 무간

사궁 녹존
유궁 탐랑화록
신궁 천기화기
→ 화록 차성
화권·화기 차성
진궁 쌍록협
인리산재

사	오	미	신
녹파무 존군곡 X△	태 양 ◎	천 부 ◎	태천 음기 △△ **권기**
진 천 동 △ 묘	자미가 **유궁**에 있을 때		유 탐자 랑미 △△ **록** 거 문 xx 술
인	축 칠염 살정 ◎◎	자 천 량 ◎	해 천 상 △

자미 유궁

6. 기간

오궁 녹존
사궁 무곡화록
→ 탐랑화권 차성
진궁 화록·화권 협

사	오	미	신
파무 군곡 X△ **록**	녹태 존양 ◎	천 부 ◎	태천 음기 △△
진 천 동 △ 묘	자미가 **유궁**에 있을 때		유 탐자 랑미 △△ **권** 거 문 xx 술
인	축 칠염 살정 ◎◎	자 천 량 ◎ **과**	해 천 상 △

7. 경간

신궁 녹존
오궁 태양화록
진궁 천동화기
→ 태음화과·녹존 차성
묘궁 화과·화기 협
미궁 쌍록협,
미궁 화록·화과 협

파군 무곡 X△ 사 권	태양 ◎ 오 록	천부 ◎ 미	녹존 태음 천기 △△ 신 과
천동 △ 진 기	자미가 유궁에 있을 때		탐랑 자미 △△ 유
			거문 xx 술
묘			
인	칠살 염정 ◎◎ 축	천량 ◎ 자	천상 △ 해

8. 신간

유궁 녹존
술궁 거문화록
→ 해궁 거상연동
녹존 차성
인리산재

파군 무곡 X△ 사	태양 ◎ 오 권	천부 ◎ 미	태음 천기 △△ 신
천동 △ 진	자미가 유궁에 있을 때		녹존 탐랑 자미 △△ 유
			거문 xx 술 록
묘			
인	칠살 염정 ◎◎ 축	천량 ◎ 자	천상 △ 해

9. 임간

해궁 녹존

자궁 천량화록

사궁 무곡화기

→ 사해궁 녹존·화기 마주봄

자미화권 차성

진궁은 화권·화기 협

인리산재

파군 무곡 X△ 록	태양 ◎	천부 ◎	태음 천기 △△
사	오	미	신
천동 △ 진	자미가 유궁에 있을 때		탐랑 자미 △△ 권 유
			거문 xx
묘			술
인	칠살 염정 ◎◎ 축	천량 ◎ 록 자	녹존 천상 △ 해

자미 유궁

10. 계간

자궁 녹존

사궁 파군화록

유궁 탐랑화기

→ 탐랑화기 차성

태음화과 차성

유궁 화권·화과 협

해궁 녹존·화권 협

축궁 녹존·화과 협

파군 무곡 X△ 록 사	태양 ◎ 오	천부 ◎ 미	태음 천기 △△ 과 신
천동 △ 진	자미가 유궁에 있을 때		탐랑 자미 △△ 기 유
묘			거문 xx 권 술
인	칠살 염정 ◎◎ 축	녹존 천량 ◎ 자	천상 △ 해

(1) 자궁 천량 - 해외 유학 직장인

蜚天破孤天天天陀破武 廉廚碎辰傷巫馬羅軍曲 　　　　　　平陷閑平	恩天祿文太 光喜存曲陽 　　　旺陷廟	紅天天天年鳳龍擎天 艷使壽解閣池羊府 　　　　　　　廟廟	金流月解大台文天太 輿霞德神耗輔昌陰機 　　　　　　旺平閑 　　　　　　　祿科
官歲喪　53~62　　39乙 府驛門【奴僕】　病巳	博息貫　63~72　　40丙 士神索【遷移】　死午	力華官　73~82　　41丁 士蓋符【疾厄】　基未	青劫小　83~92　　42戊 龍煞耗【財帛】　絶申
天封天左天 空詰貴輔同 　　　廟平 　　　　權	성명 : , 陰女 陽曆 1987年 □ 21日 4:59 陰曆 丁卯年 □ 24日 寅時		天天地貪紫 虛刑空狼微 　　　廟廟平平
伏攀晦　43~52　　38甲 兵鞍氣【身官祿】袞辰	命局 : 木三局, 桑자木 命主 : 貪狼　　身主 : 天同		小災歲　93~　　　43己 耗煞破【子女】　胎酉
截天天三 空才哭台	《命式》　庚辛　丁 　　　　　寅丑　卯　(甲木司令)		天右巨 月弼門 　　廟旺 　　　忌
大將太　33~42　　37癸 耗星歲【田宅】　旺卯	《大運》 74 64 54 44 34 24 14 04 　　　　 庚 己 戊 丁 丙 乙 甲 癸 　　　　 戌 酉 申 未 午 巳 辰 卯 02-2249-5630 대유학당		將天龍　　　　　44庚 軍煞德【夫妻】　衰戌
天陰 官煞	寡天地七廉 宿姚劫殺貞 　　　陷廟旺	紅鈴天 鸞星梁 　　陷廟	旬天八火天天 空福座星魁相 　　　　平旺平
病亡病　23~32　　48壬 符神符【福德】　冠寅	喜月弔　13~22　　47癸 神煞客【父母】　帶丑	飛咸天　3~12　　　46壬 廉池德【命】　　浴子	奏指白　　　　　　45辛 書背虎【兄弟】　生亥

20대에 해외에 유학을 갔다 와서 직장을 다니고 있는 명입니다. 아동관련 학과를 전공해서 유치원에 근무했으나 건강문제로 오래 다니지 못하고, 현재는 다른 일을 하고 있습니다.

선천명반 자궁의 천량이 영성과 함께 있습니다. 태양이 오궁에 있어서 명반 전체가 밝아지는데, 태양은 태음·천량·거문·천부·천상의 별에 영향을 줍니다. 천량은 음덕의 별인데, 밝은 태양을 만나니 청렴하고 원칙에 입각하여 행동하고, 남을 도와주는 성향이 잘 드러나게 됩니다. 양량 조합은 공익성이 많은 조합이라 원칙적이고 공적인 일에 적합합니다.

　삼방에서 태양과 태음, 쌍록과 창곡, 좌보, 천동화권 등을 보니 길성의 도움이 많은 명입니다. 록·권·과를 다 보니 삼기가회격도 되어 명예도 높아지고 재물도 풍부할 것으로 보입니다. 괴월은 부처궁으로 들어갑니다. 살성으로는 영성과 부처궁에 화기만 보고 있으니 자신의 의지대고 하고 싶은 일을 할 것입니다.

　실제 성격은 어른을 공경할 줄 알고, 일도 똑부러지게 잘합니다. 감정적으로는 좀 예민한 편이지만, 어떤 사안에 대해 대범하게 추진하기도 합니다.

영성과 화성　영성은 명궁에, 화성은 형제궁에 있으므로 가족과 떨어져 지내는 시간이 많습니다. 명천선이 양량 조합으로 '이별·떨어져 지냄'을 의미하는데다가, 영성도 가지고 있기 때문입니다. 어렸을 때 아버지는 외국에 오래 계셨고, 20대에는 이 명이 해외에 있었으며, 한국에 돌아와서도 빨리 독립을 하였습니다. 대학을 갈 때도 재수를 하면서 기숙학원에 있어서 떨어져 지내는 시간이 많았다고 할 수 있습니다.

몸신궁　신궁은 관록궁과 동궁하는데 천동화권과 좌보가 있습니다. 관록궁 입장에서 관록궁에는* 태음화록과 천기화과가 있으므로

---

* 북파에서는 어느 궁 입장에서의 12사항궁을 보아 길흉을 판단하기도 합니다. 관록

일을 하는 데 있어서는 돈도 잘 벌고 계획도 잘 세웁니다. 다만 대궁의 거문화기가 자신을 어둡게 하는 것이 문제가 됩니다. 천동은 아이와 같은 별인데, 거문이 그 천진난만함을 가리기 때문에 감정적인 상처를 입게 되는 것입니다. 거문이 육친궁에 있는 것은 불리한데, 시비나 구설이 많기 때문입니다.

부처궁에는 거문화기가 우필, 천월(天月)과 함께 있습니다. 부관선에 거문화기 외에 다른 살성은 없으나 부처궁을 좋다고는 할 수 없습니다. 천량명은 부처궁에 거문이 있어 자신을 외롭게 만드는데, 거기에 화기는 자신을 가장 힘들게 하는 것이 배우자임을 의미합니다. 31세(정유년)에 결혼하려고 하였으나, 상대에게 문제가 생겨 파혼하였습니다. 부처궁 거문화기는 형제궁 천상에게 영향을 주는데, 이 명의 어머니가 결혼에 대해 탐탁지 않게 생각했다고 합니다.

20대 유학 이 명은 임인대한(23~32세) 내내 호주와 뉴질랜드에서 공부했습니다. 처음 2년은 언어를 마스터했고, 그 뒤로 대학을 다닌 셈입니다.
유학을 가는 것이 좋은지 물어보시는 분들이 있습니다. 선천의 천이궁이 좋고, 대한의 천이궁도 좋다면 유학을 권장할 만합니다. 이곳에 있는 것보다 자리를 바꾸는 것이 더 유리하기 때문입니다.

궁의 관록궁은 재백궁이 됩니다.

輩天破孤天天 天陀 破武 廉廚碎辰傷巫 馬羅 軍曲 大 平陷閑平 鉞 忌	恩天祿文太 光喜存曲陽 旺陷廟	紅天天年鳳龍 擎天 艷使壽解閣池 羊府 廟廟	大金流月解大台文太 馬興霞德神耗輔昌陰機 旺平閑 祿科
官歲喪 53~62　27乙 府驛門【奴僕】　病巳 【大田】	博息貫 63~72　28丙 士神索【遷移】　死午 【大官】	力華官 73~82　29丁 士蓋符【疾厄】　墓未 【大奴】	青劫小 83~92　30戊 龍煞耗【財帛】　絶申 【大遷】
天封天 左天 空詰貴 輔同 廟平 權 科	성명 :　　,陰女 陽曆　1987年　　21日 4:59 陰曆　丁卯年　　24日 寅時		天 天地天 貪紫 虛 刑空鉞 狼微 廟廟 平平 權
伏攀晦 43~52　26甲 兵鞍氣【身官祿】 衰辰 【大福】	命局：木三局 , 桑柘木 命主：貪狼　　　身主：天同		小災歲 93~　31己 耗煞破【子女】 胎酉 【大疾】
大截天天三 魁空才哭台	《命式》　庚辛 □ 丁　(甲木司令) 　　　　 寅丑　 卯		大天右巨 陀月弼門 廟旺 忌
大將太 33~42　25癸 耗星歲【田宅】 旺卯 【大父】	《大運》　74 64 54 44 34 24 14 04 　　　　 庚 己 戊 丁 丙 乙 甲 癸 　　　　 戌 酉 申 未 午 巳 辰 卯 02-2249-5630 대유학당		將天龍　　　32庚 軍煞德【夫妻】 養戌 【大財】
大天陰 大官煞 昌官煞	寡天地七廉 宿姚劫殺貞 　　陷廟旺	大大紅鈴天 曲羊鸞星梁 　　　陷廟 祿	大旬天八火天天 祿空福座星魁相 　　　　平旺平
病亡病 23~32　24壬 符神符【福德】 冠寅 【大命】	喜月弔 13~22　23癸 神煞客【父母】 帶丑 【大兄】	飛咸天 3~12　34壬 廉池德【 命 】 浴子 【大夫】	奏指白　　　33辛 書背虎【兄弟】 生亥 【大子】

　임인대한(23~32세)은 정성이 없으면서 음살과 천관만 있으며, 쌍병부가 보입니다. 이 궁이 선천의 복덕궁이니 정신적으로 아플 소지가 있습니다. 대한의 천이궁과 관록궁에 쌍록과 창곡을 보니 해외에 있는 것이 좋아 보입니다.

　발생은 자궁 천량화록입니다. 명천·부관이니 학교나 직장을 옮기게 됩니다. 2차 발생은 진술궁이 되는데, 이 궁선은 천동화권과 거문화기가 마주보고 있어서 온전히 좋다거나 나쁘다고 할 수 없습니다. 선천의 권과 기가 만나면 과강필절이라고 해서, 너무 고집대로 밀고 나가면 반드시 꺾인다는 의미가 있습니다. 여기서는 해외생활의 힘듦, 쪼들림, 공부하는 데 어려움 정도이며, 피부병도 생기고 스트레스로 인한 탈모도 있었다고 합니다.

결과는 사궁 무곡화기로 무파상 조합과 절족마를 결과화시킵니다. 형노·자전선이니 거처를 옮기는 것을 말합니다. 학위를 마치고 갑오년(29세)에 한국으로 돌아왔습니다.

계묘대한(33~42세)은 선천 전택궁운이며 정성이 없고 삼태, 천곡, 천재 등의 별이 있습니다. 자미·탐랑을 차성해 오는데, 천부와 천상도 들어오니 부상조원격이라고 부릅니다. 하지만 천부는 록을 보지 못하고 경양만 가지고 있으며, 천상은 영성을 가지고 있어 온전한 형태는 아닙니다.

하지만 협궁으로는 길한 부분이 많습니다. 대한 명궁으로는 천동화권과 태음화록·천기화과가 협을 해주니, 삼기가회의 협이 됩니다. 또 대한 관록궁으로는 쌍록이 협을 합니다. 천부에게 가장 필요한 별이 록인데, 협을 해주니 창고를 채워주는 역할을 할 것이고, 동궁한 경양도 제화시켜 쓸 수 있게 만들어줍니다.

삼방사정에서 괴월만 제대로 보고, 창곡은 대한관록궁을 협해 줍니다. 양타와 공겁, 화성을 보니 살성의 방해가 많습니다.

이 대한의 발생은 사궁 파군화록입니다. 무파상의 파조파가와 절족마, 전마의 일이 생깁니다. 형노·재복선이니 돈이 끊임없이 드나드는 모양입니다. 선천거문화기가 술궁에 있으므로 이미 거상연동이 된 것이므로, 사궁에 파군화록이 붙게 되면 진술궁도 움직인 것으로 봅니다.

결과는 유궁 탐랑화기로 자전·명천선에 떨어집니다.

경자년에 전세로 살던 오피스텔을 구매했습니다. 가격이 많이 올라 있었으나 산 이후에도 꽤 올랐다고 합니다. 코인과 주식투자로 어느 정도 벌었으며, 번 돈으로 부모님이 필요한 것을 사 드리거나 형제를 위해 쓰기도 합니다.

자탐 조합에 대하여 자미·탐랑은 붙어 다니면서 묘궁과 유궁에서 모두 작용을 합니다. 이 성계는 풍류를 아는 별로, 차도화인 염정도 보니 문화·예술·음악·게임·도박을 즐깁니다. 이 대한에는 지공·지겁·순공·절공 등의 공망성을 보므로 탈속적인 생활을 즐깁니다. 탈속적이어서 돈에 그렇게 구애받지 않는다는 의미입니다. 그래서 오히려 욕심을 덜 부리고 하는 코인과 주식에서 성과가 나는지도 모릅니다. 앞에서 200억 주식 부자가 된 미궁의 염정·칠살 명도 자미·탐랑 운에서 주식으로 돈을 벌었습니다. 다만 이 명은 살성을 많이 보므로 기복이 더 있을 것으로 보입니다.

참고명반 『자미두수전서』 291, 320쪽

(2) 축궁 염정·칠살 - 명리의 대가, 종교인

金旬天火破武 輿空馬星軍曲 　　平旺閒平	天天鈴太 廚傷星陽 　　　廟廟	截天地天 空月劫府 　　平廟	天孤天天天紅天天 福辰使才空鸞姚鉞 紅 艶	太天 陰機 廟平閒 忌祿
伏歳弔　86~95　71辛 兵驛客【身官祿】絶巳	大息病　76~85　72壬 耗神符【奴僕】墓午	病華太　66~75　73癸 符蓋歳【遷移】死未	喜劫晦　56~65　74甲 神煞氣【疾厄】病申	
天寡天擎天 官宿刑羊同 　　廟廟平	성명 : 　 , 陰男 陽曆 1955年 9月 16日 16:59 陰曆 乙未年 8月 1日 申時		貪紫 狼微 平平 科	
官攀天　96~　70庚 府鞍德【田宅】胎辰	命局 : 火六局 , 霹靂火 命主 : 巨門　　　身主 : 天相		飛災喪　46~55　75乙 廉煞門【財帛】衰酉	
輩年鳳八祿地右 廉解閣座存空弼 　　　　旺平陷	《命式》 甲 庚 乙 乙　(庚金司令) 　　　　申 辰 酉 未 《大運》 73 63 53 43 33 23 13 03 　　　　丁 戊 己 庚 辛 壬 癸 甲 　　　　丑 寅 卯 辰 巳 午 未 申		流封巨 霞詰門 　　旺	
博將白　　　69己 士星虎【福德】養卯	02-2249-5630 대유학당		奏天貫　36~45　76丙 書煞索【子女】旺戌	
解台天陀文 神輔喜羅昌 　　　陷陷	破天恩七廉 碎虛光殺貞 　　　廟旺	月天大陰天文天 德壽耗煞魁曲梁 　　　　旺廟廟 　　　　　　權	天龍天三天左天 哭池貴台巫輔相 　　　　　閒平	
力亡龍　　　80戊 士神德【父母】生寅	青月歳　6~15　79己 龍煞破【命】浴丑	小咸小　16~25　78戊 耗池耗【兄弟】帶子	將指官　26~35　77丁 軍背符【夫妻】冠亥	

생애 이 분은 명리학의 대가로 이름을 떨치고 계신 백민 선생님의 명반으로, 자미두수로 분석해 보도록 하겠습니다.

백민(白民)은 아호이고, 본명은 양종(梁種)입니다. 백민은 '백우민락(白友民樂)'의 준말로 참되고 소박한 벗으로서 민중들과 더불어 고락(苦樂)을 함께 한다는 뜻입니다. 동국대학교 철학박사로 사회교육원의 붐을 일으키신 분이라고 할 수 있습니다. 백민 교수님의 첫 제자가 낭월 박주현 스님이라고 하며, 이외에도 수많은 제자를 길러내셨습니다. 1990년대 우리나라 역학계를 주름잡던 〈하이텔역학 동호회〉에서 맹활약하셨고, 저서로 『백민의 명리학개론』 등이 있습니다.

역술의 경우, 가르치는 능력과 저술하는 능력과 점 보는 능력, 상담하는 능력까지 모두 가진 분은 드뭅니다. 이 분은 이 네 가지를 모두 갖춘 분이라는 평가를 받습니다. 상담할 때 전문적인데도 이해하기 쉽게 찬찬히 자상하고 논리적으로 설명을 해주신다고 합니다.

선천명반 관리력과 개창력이 뛰어나다는 축궁의 염정·칠살이 명궁입니다. 은광이 동궁하니 인물이 좋습니다. 협으로 창곡이 들어오고, 천이궁에서는 보필을 봅니다. 천이궁은 묘왕지의 천부인데 지겁과 함께 있어서 드러난 창고가 됩니다. 물론 녹존과 보필을 보아 재물을 채우기는 하지만 많은 지출도 하게 됩니다.

길성을 적게 보는가 했더니 신궁에서 기월을 차성할 수 있습니다. 차성하면 명궁으로 록·권, 괴월과 창곡이 협을 합니다. 천이궁에서 보필을 보고, 명궁에서 협으로 길성을 모두 봅니다. 물론 화기도 들어오니 화권·화기의 과강필절도 됩니다.

몸신궁은 사궁으로 관록궁과 동궁합니다. 일하는 것을 중요하게 여긴다는 의미입니다. 무곡·파군이 화성·천마와 함께 있습니다. 무파상 조합은 파조파가 한다고 했는데, 사주명리로 새로운 학맥을 만드는 일로 드러났다고 할 수 있습니다. 화성·천마이니 전쟁터의 말처럼 아주 바쁘게 일을 한 것입니다.

복덕궁 복덕궁 입장에서 보면 자탐공망 탈속승 조합이 됩니다.

그것도 보필과 화과 녹존을 가진 상태로요. 함께 보는 용지·봉각, 삼태·팔좌는 역량을 더 높여줍니다. 그러니까 역학이나 종교인으로 최고가 될 수 있는 것입니다. 이 일로 돈이 되기는 하지만 공겁으로 크게 재물을 추구하지 않는다는 의미도 들어 있습니다.

사화 을년생으로 선천화록과 화기가 질액궁에 있습니다. 보통 록과 기가 함께 있으면 록을 잘 쓸 수 없다고 하는데, 그 이유는 시작이 좋아도 결과가 나빠질 수 있기 때문입니다. 하지만 록은 록대로 발현됩니다. 천기화록은 계획이나 설계를 잘하며 변화가 많아 큰 부자가 될 수는 없지만 장기적인 계획을 세워 실천하는 데는 능합니다.

태음화기는 투자착오라고 하는데, 시비나 좌절 판단착오가 생기게 됩니다. 12운성의 병(病)지에 해당하며 질액궁에 있고, 대궁에서 지연을 뜻하는 타라도 보니 질병이 오래가거나 예전부터 있었던 질병일 수 있습니다. 자주 검진하고 건강을 늘 신경써야 할 것 같습니다.

천량화권은 형제궁에 있습니다. 명궁 칠살이나 천량이나 모두 외로운 별이어서 서로 살갑지는 않지만, 암합이 되어 있고 문곡·천괴의 길성을 가지고 있으므로 대인관계에서 도움을 받을 수는 있습니다.

재백궁에 자미화과가 있습니다. 자미는 재물과는 크게 연관성이 있지는 않은데, 다행히 녹존·천마를 보고 있어 어느 정도 보완이 되며, 보필도 보아 다양한 방법으로 재물을 얻을 수 있습니다. 자탐 조합이 공겁을 보아 탈속승 조합이면서 재예의 성인 용지·봉각·천재도 있으므로 종교나 역학 방면에서 최고가 될 수 있는 것입니다.

명리를 공부한 이유 이분은 어린 시절 교육자가 되고 싶었으나 어렵게 들어간 대학의 학업마저도 제대로 마무리하지 못하고, 가족의 든든한 버팀목이자 친구 같았던 아버지마저 돌아가시자 방황하게 됩니다.

군 복무를 마친 후 고시공부를 위해 호남 모악산(전북 김제 소재)의 작은 암자에서 열심히 준비했지만 개인 사정으로 시험도 치지 못하고 암자로 돌아와야만 했습니다.

그러던 어느 날 그곳에 요양차 와 있던 어떤 분에게 '관운이 부족하다'는 말을 듣게 됩니다. 그는 젊은 양종에게 "몸과 마음이 병들어 있는 사람들을 제도하는 활인업(活人業)의 정신적인 지도자가 될 것"을 권유받고는 그때부터 역학의 길로 접어들었습니다.*

---

* 2011.03.17.일자 천지일보와의 인터뷰를 요약한 글입니다.

무자대한의 상황을 자미두수로 살펴보겠습니다.

大金旬天火破武 祿輿空馬星軍曲 　　　平旺閒平 伏歲弔　86~95　23辛 兵驛客【身官祿】絶巳 　　　【大奴】	大大天天鈴太 曲羊廚傷星陽 　　　　廟廟 大息病　76~85　24壬 耗神符【奴僕】墓午 　　　【大遷】	大截天地天 鉞空月劫府 　　　平廟 病華太　66~75　25癸 符蓋歲【遷移】死未 　　　【大疾】	天孤天天天紅天天太天 福辰使才空鸞姚鉞陰機 紅大　　　　　廟平閒 艷昌　　　　　　　忌祿 　　　　　　　　　權 喜劫晦　56~65　26甲 神煞氣【疾厄】病申 　　　【大財】
大天寡天擎天 陀官宿刑羊同 　　　　廟平 官攀天　96~　22庚 府鞍德【田宅】胎辰 　　　【大官】	성명 :　, 陰男 陽曆　1955年　9月 16日 16:59 陰曆　乙未年　8月　1日　申時 命局：火六局, 霹靂火 命主：巨門　　　　身主：天相		貪紫 狼微 平平 　科 　祿 飛災喪　46~55　27乙 廉煞門【財帛】衰酉 　　　【大子】
蜚年鳳八祿右 廉解閣座存弼 　　　　旺平陷 　　　　　　科 博將白　　　　21己 士星虎【福德】養卯 　　　【大田】	《命式》　甲 庚 乙 乙　（庚金司令） 　　　　申 辰 酉 未 《大運》　73 63 53 43 33 23 13 03 　　　　丁 戊 己 庚 辛 壬 癸 甲 　　　　丑 寅 卯 辰 巳 午 未 申 02-2249-5630 대유학당		流封巨 霞詰門 　　旺 奏天貫　36~45　16丙 書煞索【子女】旺戌 　　　【大夫】
大解台天陀文廉 馬神輔喜羅昌貞 　　　　陷陷廟 力亡龍　　　　20戊 士神德【父母】生寅 　　　【大福】	大破天恩七廉 魁碎虛光殺貞 　　　　廟旺 青月歲　6~15　19己 龍煞破【　命　】浴丑 　　　【大父】	月天大陰天文天 德壽耗煞魁曲梁 　　　　　旺廟廟 　　　　　　　權 小咸小　16~25　18戊 耗池耗【兄弟】帶子 　　　【大命】	天龍天三天左天 哭池貴台巫輔相 　　　　　閒平 將指官　26~35　17丁 軍背符【夫妻】冠亥 　　　【大兄】

자미 酉宮　정살一명리대가　백민

　　무자대한(16~25세, 1970~1979)　대한 명궁에 천량화권과 문곡
천괴가 있습니다. 학교를 다닐 시기로 공부도 잘 했고, 문학에도 꽤
소질이 있었다고 합니다. 군산교육대학교에 진학하여 2년을 마쳤으
나, 제적을 당해 수료만 했고 곧바로 군대에 가게 되었습니다.
　　양량대한이면서 영성을 보아 가족간에 헤어지는 일이 생기는데,
양령형기격도 형성되어 좌절의 암시도 있습니다. 영성·경양·천형도

걸리는데, 선천의 태음화기를 대한 천기화기로 결과화하니 이 대한은 자신의 역량과는 상관없이 힘든 대한이 될 소지가 많습니다. 집안이 몰락하고 아버지는 병환에 시달렸다고 합니다.

무자대한 발생은 유궁의 탐랑화록으로 자전·재복선이며, 상문과 백호가 있습니다. 대한재복선이 움직이니 신궁의 선천재복선의 태음화기도 공명합니다.

결과는 신궁의 천기화기로 부질·재복선과 홍란·천희를 움직입니다. 부질·자전·재복선이 움직였으니 형노선에 오거나 형노선을 건드리면 부모님이 돌아가실 수 있습니다. 이미 형제궁에 와 있는 상태이기 때문에 이 대한은 문제를 가지고 시작한다고 할 수 있습니다.

병진년(1976년, 22세), 정사년(1977년, 23세)이 위험합니다. 물론 부모님의 사주를 보아야 더 정확하지만요. 또 기미년도 좋지 않은데 월에서도 움직이는 궁선에 따라 그 일이 있을지 아닐지 볼 수 있습니다.

역학에 입문한 시기   무자대한 말에 역학에 입문했습니다. 역학을 하겠다고 마음먹는다고 해도, 성향이 맞지 않으면 이렇게 오랜 세월을 할 수는 없습니다. 배울 때는 스승을 잘 만나야 하고, 도반도 있어야 하고, 성숙해진 후에 상담가로, 가르치는 사람으로 남기 위해서는 주변인들과도 잘 지내야 하니까요.

공부를 본격적으로 했던 정해대한은 천상이 명궁이면서 대한 거문화기의 협을 받고 있습니다. 천이궁은 화성·천마로 바쁘게 고시

공부를 해도 성과가 없었고, 삼방에서 만나는 자탐·공겁으로 역학으로 마음이 기울었을 것으로 보입니다.

백민 선생님은 역학이 조선 시대 과거시험 제도에서도 반드시 치렀던 교육과정이었음을 알고, 음지에 있던 역학을 양지에서 꽃피우겠다는 뜻을 품게 됩니다. 그것을 실현하게 된 것은 병술대한이 되고요.

종교와의 연관성   기독교 가정에서 자랐고, 대학 시절에도 독실한 기독교인으로 살아오다가 고시 공부를 위해 들어간 암자에서 역학을 배우게 됩니다. 그곳에서 민족종교인 '대종교'에 대해 듣게 되었는데, 훗날 대종교 종무원장까지 하게 됩니다. 사단법인 겨레얼 살리기 국민운동본부 이사를 맡기도 하고요.

종교는 "마음의 병을 치유하고 하늘의 뜻을 이 땅에 펼치는 것"이며 "자신의 종단을 돋보이게 하려고 세력을 확장하거나 대형교회·사찰 등과 같이 외형적인 면을 키우려고 하는 것은 종교의 역할이라 볼 수 없다."며 세속화된 일부 종교 단체의 형태를 안타까워했습니다.

강의 스타일   염정·칠살 명답게 체계적이고 단계를 밟아 가는 것을 중요하게 여기시고, 전시간에 배운 것을 콕 집어 반복도 해 주십니다. 명리 공부도 순서대로 해야 쓸 때도 잘 쓸 수 있습니다. 수업 시에는 꼭 질문할 수 있는 시간을 주고 대답을 해 주십니다. 교육에 뜻을 두었기 때문에 이런 스타일이 되었다고도 할 수 있겠죠. 그래서인지 이분의 제자분들 중에는 저술가와 강의를 하는 분들이 많이 배출되었습니다.

大金旬天火破武 祿輿空馬星軍曲 　　　　平旺閑平 伏歲弔　86~95　47辛 兵驛客【身官祿】絕巳 　　　【大疾】	大大天天鈴太 曲羊廚傷星陽 　　　　　廟廟 大息病　76~85　36壬 耗神符【奴僕】基午 　　　【大財】	截天地天 空月劫府 福辰使才空鸞 紅大大 艷昌馬 病華太　66~75　37癸 符蓋歲【遷移】死未 　　　【大子】	天孤天天天紅大天太天 　　　　　　姚鉞陰機 　　　　　　　廟平閑 　　　　　　　　忌祿 　　　　　　　　　權 喜劫晦　56~65　38甲 神煞氣【疾厄】病申 　　　【大夫】
大天寡天擎天 陀官宿刑羊同 　　　廟平 　　　　　祿 官攀天　96~　46庚 府鞍德【田宅】胎辰 　　　【大遷】	성명：　　,陰男 陽曆　1955年　9月　16日　16:59 陰曆　乙未年　8月　1日　申時 命局：火六局 ,霹靂火 命主：巨門　　　　　身主：天相		大貪紫 鉞狼微 　　平平 　　　科 飛災喪　46~55　39乙 廉煞門【財帛】衰酉 　　　【大兄】
蜚年鳳八祿地右 廉解閣座存空弼 　　　　旺平陷 博將白　　　45己 士星虎【福德】養卯 　　　【大奴】	《命式》　甲　庚　乙　乙　 　　　　申　辰　酉　未　（庚金司令） 《大運》　73　63　53　43　33　23　13　03 　　　　丁　戊　己　庚　辛　壬　癸　甲 　　　　丑　寅　卯　辰　巳　午　未　申 02-2249-5630 대유학당		流封巨 霞詰門 　　　旺 奏天貫　36~45　40丙 書煞索【子女】旺戌 　　　【大命】
解台天陀文 神輔喜羅昌 　　　陷陷 　　　　科 力亡龍　　　44戊 士神德【父母】生寅 　　　【大官】	破天恩七廉 碎虛光殺貞 　　　廟旺 　　　　忌 青月歲　6~15　43己 龍煞破【　命　】浴丑 　　　【大田】	月天大陰天文天 德壽耗煞魁曲梁 　　　　旺廟廟 　　　　　　　權 小咸小　16~25　42戊 耗池耗【兄弟】帶子 　　　【大福】	大天龍天三天左天 魁哭池貴台巫輔相 　　　　　　閑平 將指官　26~35　41丁 軍背符【夫妻】冠亥 　　　【大父】

　　　병술대한(36~45세, 1990~1999년)　거문이 왕지에 있는 대한입니다. 거동 조합으로 감정적인 일이 많은데, 천이궁에서 경양·천형, 삼방에서 영성과 타라, 신궁에서 차성해온 천기화록과 태음화기를 봅니다. 거문이 많은 살성에 화기까지 보므로 거화양종신액사격에 해당합니다.

　　대한 발생은 진궁의 천동화록으로 자전·명천선입니다. 집안이나 근무지를 옮깁니다. 신궁의 천기화록과 함께 자오궁과 묘유궁의 형노·재복선도 움직입니다.

결과는 축궁의 염정화기로 명천·자전선입니다. 선천의 화기를 건드리지는 않으므로 아주 나쁜 사건이 일어나지는 않습니다.

일어난 사건　1990년(경오, 36세) 세계 역술인대회에 한국대표로 참가하고, 1992년(임오, 38세) 학원에서 역학강의를 시작, 1997년(정축, 43세) 동국대학교 사회교육원에 출강하여 2006년까지 가르칩니다. 1998년(무인, 44세)부터 3년간 일요신문 주관운세를 집필했고, 문하 모임인 백민역학연구회 창립, 1999년(기묘, 45세)에 BAEKMIN.COM을 창립하였습니다.

1997년(정축, 43세) 동국대학교 사회교육원에 출강했던 때를 살펴보겠습니다. 동국대학교에서 사회교육원을 만든 초창기부터 활동한 것입니다. 정축년은 대한의 결과궁으로 선천 명궁이기도 합니다.
발생은 신궁의 태음화록으로 부질·부관선입니다. 대한 관록궁에 록을 주니 좋지만, 화기·타라도 움직여서 어려움도 많았을 것입니다. 2차 발생은 대한과 같이 자오, 묘유궁의 형노·재복선입니다. 어느 정도 수입도 들어오게 됩니다.
결과는 술궁 거문화기로 자전·명천선이며, 다시 자탐 조합(역술)과 무파상 조합(새롭게 시작)을 움직이니, 개인적으로 가르쳤던 것에서 학교로 무대를 옮기게 된 것입니다.
주위의 우려와는 달리 50명 수강을 목표했던 첫 강의에는 72명이나 되는 학생들이 수강 신청을 했습니다. 역술이나 점학 분야에 대해서 정식 강의가 이루어진 것은 이때가 처음이었다고 합니다. 이후 전국 대학에 역학 관련 강의 개설이 빠르게 진행됐다고 하고요.

1999년(기묘, 45세) BAEKMIN.COM을 창립하여 아직까지도 유지하고 있습니다. "언제나, 어디서나, 그리고 누구나" 교육을 받을 수 있고, 되도록 많은 사람들에게 필요로 하는 내용을 전달하겠다는 생각으로 사이버강좌를 마련한 것이라고 합니다.

기묘년은 대한의 2차 발생궁선입니다. 자탐이 공망성을 보고 있는 유년이고요. 공망성은 '보이지 않는 세계'라는 의미를 담고 있습니다. 발생은 사궁의 부관·부질선입니다. 97년 동국대에 출강할 때와 같은 궁선이 움직입니다. 묘궁의 녹존과 함께 진궁의 자전·명천도 움직입니다. 결과는 자궁의 문곡화기입니다. 신궁의 태음화기와 함께 진술궁과 축미궁도 움직입니다. 유년이 대한과 비슷하게 움직이고, 대한의 록·기를 모두 움직이는 유년입니다.

자녀궁 선천 자녀궁에 거문이 있습니다. 명궁은 고독한 칠살이고, 형제궁은 천량, 부처궁 천상도 모두 고독한 별이며, 자녀궁 거문도 초선종악의 의미를 가집니다. 그래서 칠살명을 고독하다고 하는데, 영성, 경양, 타라, 천형 등 살성을 많이 보므로 자녀가 없는가 봅니다.

金旬天火破武 輿空馬星軍曲 　　平旺閑平 伏歲弔　86~95　47辛 兵驛客【身官祿】絕巳 【大財】	大天天鈴太 昌廚傷星陽 　　　廟廟 大息病　76~85　48壬 耗神符【奴僕】墓午 【大子】	截天地天 空月劫府 　　平廟 病華太　66~75　49癸 符蓋歲【遷移】死未 【大夫】	天孤天天天紅天天太 福辰使才空鸞鉞姚陰機 　　　　　紅大大　廟平閑 　　　　　艷鉞曲　　忌祿 喜劫晦　56~65　50甲 神煞氣【疾厄】病申 【大兄】
大天寡天擎天 羊官宿刑羊同 　　　　廟平 官攀天　96~　46庚 府鞍德【田宅】胎辰 【大疾】	성명 :　　,陰男 陽曆 1955年 9月 16日 16:59 陰曆 乙未年 8月 1日 申時 命局 : 火六局 , 霹靂火 命主 : 巨門　　　身主 : 天相		貪紫 狼微 平平 　科 飛災喪　46~55　51乙 廉煞門【財帛】衰酉 【大命】
大輩年鳳八祿地右 祿廉解閣座存空弼 　　　　　旺平陷 博將白　　　57己 士星虎【福德】養卯 【大遷】	《命式》　甲 庚 乙 乙　 　　　　　申 辰 酉 未　（庚金司令） 《大運》 　　73 63 53 43 33 23 13 03 　　丁 戊 己 庚 辛 壬 癸 甲 　　丑 寅 卯 辰 巳 午 未 申 02-2249-5630 대유학당		流封巨 霞詰門 　　旺 奏天貫　36~45　52丙 書煞索【子女】旺戌 【大父】
大解台天陀文 陀神輔喜羅昌 　　　　陷陷 力亡龍　　　56戊 士神德【父母】生寅 【大奴】	破天恩七廉 碎虛光殺貞 　　　廟旺 青月歲　6~15　55己 龍煞破【　命　】浴丑 【大官】	大月天大陰天天天 魁德壽耗煞魁梁 　　　　　旺廟廟 　　　　　　　權 　　　　　　　權 小咸小　16~25　54戊 耗池耗【兄弟】帶子 【大田】	大天龍天三天左天 馬哭池貴台巫輔相 　　　　　　閑平 將指官　26~35　53丁 軍背符【夫妻】冠亥 【大福】

　　을유대한(46~55세, 2000~2009년)　지금도 유튜브 등을 통해 활발히 활동중이지만, 이 을유대한이 가장 전성기가 아니었을까 생각됩니다.

　　자미쌍화과가 보필을 보니 명성이 드러나고, 대한 관록궁으로 창곡이 협하면서, 신궁의 천기화록을 차성하면 록·권과 괴월도 협을 하기 때문입니다. 록마교치와 화탐격으로 재정적으로도 안정이 됩니다.

　　발생과 결과가 신궁입니다. 을년생인데 을유대한이니 선천과 대한의 사화가 같습니다. 부질·형노선이니 문서변동이나 질액이 생깁니다. 태음화기·홍란·천희·병지는 수술의 암시입니다.

일어난 사건 2000년(경진, 46세) 대한민국 신지식인에 선정되었고, 2004년(갑신, 50세) 행정자치부 장관으로부터 표창도 받았습니다. 그 외에 많은 공로패도 받았으며, 2008년(무자, 54세) 제20회 서울국제역학대회 조직위원장도 맡았습니다.

이 시기에 고려사이버대학교를 졸업하고 동국대학교에 들어가서 석사, 철학박사 과정도 밟습니다. "아무리 나이가 많아도 '지금도 늦지 않은 나이'라고 믿는다면 무엇이든 할 수 있다"라는 말을 남겼습니다.

백민 선생님이 거쳐간 곳(동국대학교, 역리학회, 한국역술인협회, 디지털대학교)에서 감사패와 표창을 받은 것은 자미화과의 영향일 것이며, 대학에서 공부를 한 것은 부질·형노선의 영향일 것입니다. 대개 창곡운에 공부를 하게 되는데, 이 분은 대한 관록궁을 창곡이 협하는 운에 학업에 매진합니다. 아주 바쁜 시기여서 시간을 쪼개 썼을 것입니다.

다음 대한 2011년(신묘, 57세) 2월 동국대 대학원에서 철학 박사 학위를 받았습니다. 이 명은 30대 후반부터 항상 10년 뒤의 모습을 그려보고 시간이 흐른 후 확인하곤 했다고 하는데, 그 생각이 10년 전 늦깎이 공부를 시작하게 한 원동력이라고 합니다.

大大金旬天火破武 馬鉞興空馬星軍曲 　　　　平旺閑平 　　　　　　祿 伏歲弔　86~95　71辛 兵驛客【身/官祿】絶巳 【大夫】	天天鈴太 廚傷星陽 　　廟廟 大息病　76~85　72壬 耗神符【奴僕】基午 【大兄】	截天地天 空月劫府 　　平廟 病華太　66~75　73癸 符蓋歲【遷移】死未 【大命】	天孤天天天紅天天太 福辰使才空鸞鉞姚陰 紅　　　　　廟平閑 艷　　　　　　忌祿 　　　　　　　　　科 喜劫晦　56~65　74甲 神煞氣【疾厄】病申 【大父】
天寡天擎天 官宿刑羊同 　　　廟平 官攀天　96~　70庚 府鞍德【田宅】胎辰 【大子】	성명：　　，陰男 陽曆　1955年 9月 16日 16:59 陰曆　乙未年 8月 1日 申時 命局：火六局，霹靂火 命主：巨門　　　　身主：天相		貪紫 狼微 平平 　　科 　　忌 飛災喪　46~55　75乙 廉煞門【財帛】衰酉 【大福】
大大輩년鳳八祿地右 昌魁廉解閣座存空弼 　　　　　　旺平陷 博將白　　　　69己 士星虎【福德】養卯 【大財】	《命式》　甲 庚 乙 乙　（庚金司令） 　　　　　申 辰 酉 未 《大運》　73 63 53 43 33 23 13 03 　　　　　丁 戊 己 庚 辛 壬 癸 甲 　　　　　丑 寅 卯 辰 巳 午 未 申 02-2249-5630 대유학당		流封巨 霞詰門 　　旺 　　權 奏天貫　36~45　76丙 書煞索【子女】旺戌 【大田】
解台天陀文 神輔喜羅昌 　　　陷陷 力亡龍　　　　68戊 士神德【父母】生寅 【大疾】	大破天恩七廉 　羊碎虛光殺貞 　　　　　廟旺 青月歲　6~15　67己 龍煞破【　命　】浴丑 　　　【大遷】	大月天大陰天文天 祿德壽耗煞魁曲梁 　　　　　旺廟廟 　　　　　　　　權 小咸小　16~25　66戊 耗池耗【兄弟】帶子 【大奴】	大大天龍天三天天 曲陀哭池貫台巫相 　　　　　　　閑平 將指官　26~35　77丁 軍背符【夫妻】冠亥 【大官】

계미대한(66~75세, 2020년~) 천부가 지겁, 천월, 병부와 함께 있는 대한입니다. 사화를 돌려보지 않더라도 건강을 조심해야 함을 알 수 있습니다. 보필, 삼태·팔좌의 보좌성과 녹존을 보고, 명천선에서 일월협, 록·권협, 창곡·괴월의 협을 보아 이 대한도 성세가 있을 것입니다.

계미대한 발생은 사궁의 파군화록으로 무파상 조합과 부관선·전마를 일으킵니다. 몸신궁을 움직이는데, 하는 일이 많다는 것입니다.

문제궁은 진궁의 자전선으로 거동 조합이면서 경양·천형의 수술 성계입니다.

결과는 유궁의 탐랑화기로 재복선과 상문·백호를 결과화 합니다.
선천 부질선은 움직이고 있지 않지만 대한의 태음화과가 붙으므로 묵은 질병이 드러날 수 있습니다. 질액궁에 화과가 있으면 병명이 밝혀집니다.

암 투병중이라고 알려져 있지만, 관리 잘하고 무리하지 않는다면 큰 지장은 없을 것으로 보입니다. 역학계의 좋은 스승으로, 상담가로 오래도록 남지 않을까 생각됩니다.

(3) 인궁 천기·태음 차성 – 명리 대가 박청화

天破台天祿**破武** 官碎輔貴存**軍曲** 　　　　　廟閒平 博亡病　33~42　60癸 士神符　【田宅】　病巳	解天三**擎太** 神壽台**羊陽** 　　　　平廟 力將太　43~52　61甲 士星歲　【官祿】　死午	金流天天**天** 輿霞傷空**府** 　　　　　廟 青攀晦　53~62　62乙 龍鞍氣　【奴僕】　墓未	孤天八**天天太天** 辰才座**刑馬陰機** 　　　　旺平閒 　　　　　　　權 小歲喪　63~72　63丙 耗驛門　【遷移】　絶申
截寡年鳳陰**陀天** 空宿解閤煞**羅同** 　　　　　廟平 　　　　　祿 官月弔　23~32　59壬 府煞客　【福德】　衰辰	성명 : 박청화 ,陽男 陽曆　1967年 1月 26日 22:34 陰曆　丙午年 12月 16日 亥時 命局 : 木三局 , 松栢木 命主 : 祿存　　身主 : 火星		天紅天**貪紫** 使鸞鉞**狼微** 　　　　廟平平 將息貫　73~82　64丁 軍神索　【疾厄】　胎酉
天文左 　　　　喜曲輔 　　　　　旺陷 伏咸天　13~22　58辛 兵池德　【父母】　旺卯	《命式》　丁 庚 辛 丙 　　　　亥 寅 丑 午　(己土司令) 《大運》　73 63 53 43 33 23 13 03 　　　　己 戊 丁 丙 乙 甲 癸 壬 　　　　酉 申 未 午 巳 辰 卯 寅 02-2249-5630 대유학당		龍**地巨** 池**劫門** 　　平旺 奏華官　83~92　65戊 書蓋符　【財帛】　養戌
紅旬蜚**鈴** 艷空廉月**星** 　　　　廟 大指白　3~12　57庚 耗背虎　【命】　冠寅	大封恩**七廉** 耗詰光**殺貞** 　　　　廟旺 　　　　　忌 病天龍　　　68辛 符煞德　【兄弟】　帶丑	天天天天**天地火天** 廚福虛哭**姚空星梁** 　　　　平平廟 喜災歲　　　67庚 神煞破　【身夫妻】　浴子	月天**天文右天** 德巫**魁昌弼相** 　　　旺旺閒平 　　　　　　科 飛劫小　93~　66己 廉煞耗　【子女】　生亥

부산에서 사주로 이름을 날리고, 역학을 음지에서 양지로 끌어 올려 홍익TV를 만든 박청화 님의 명반입니다. 자신의 저서에 사주를 적어 놓았으니 생시가 정확합니다. 자미두수로는 어떤 명일지 살펴 보도록 하겠습니다.

생애　1966년 전남 벌교에서 태어났지만 아버지의 직장을 따라

돌 전에 부산으로 갔으며, 1983년 부산동고를 자퇴하고, 1985년(20세) 부산 장전동에서 철학관을 시작했습니다. 1994년 부산대 사학과를 10년 만에 졸업하고, 1999년 청화학술원㈜ 설립, 2002년 동양학 동영상 강좌 사이트 '홍익서당'(현재 홍익TV) 서비스를 시작합니다.

2005년 춘하추동 신사주학 춘(春)편 출간, 2008년 동방대학원대학교 외래교수로 재직하고, 대전대 부설 동양문화연구소 책임연구원이 되었습니다. 2010년대에 부산대 사학과 석사와 박사를 수료하고, 사주풀이 Z엔진(상·중·하)을 출간하였습니다.

선천명반 명궁은 인궁으로 정성이 없는 채로 영성과 천월(天月), 순공 등을 봅니다. 공궁이어서 영성의 영향이 큰데, 묘왕지라면 복으로 논하기도 합니다. 협으로 염정·칠살과 차성한 자미·탐랑을 보는데, 형제궁의 염정화기의 영향도 받는 것이어서 어린 시절이 편안하지 못합니다.

대궁의 천기와 태음을 끌어오는데 천마까지 있어서 변동이 많습니다. 몸신궁은 자궁의 천량인데 역시 살성을 많이 봅니다.

이 명의 특징은 선천명에서 6살을 다 보고, 6길성을 하나도 보지 않는다는 것입니다. 길성이라고는 재백궁을 괴월이 협하는 것이 전부입니다. 명반이 이렇게 생겼는데 사회적 지위가 높다면 특수격으로 보아야 합니다.*

---

* 『자미심전2』 63쪽에 보면, 육살특수격의 조건을 아래와 같이 설명하였습니다. "명·신궁 삼방사정에서 천형과 육살성을 모두 보고 육길성은 보지 않는다. 이렇게 되면 록존이 사해궁에 좌하는 병무임년생만 해당된다." 이 명은 딱 그 예에 해당합니다. 육살특수격인 경우로 국회의원, 다산 정약용, 영의정 서종태, 송강 정철, 학역

특수격 조건이 형성되면 검사, 변호사, 교수, 의사 등 사회에서 선호하는 직업을 가지고 살아가지만, 반대로 어려서의 성장 환경도 좋지 않고 커서도 근근히 먹고 사는 정도의 매우 열악한 인생을 살게 됩니다. 천형과 공겁을 보니 육친과 이별하고, 경제적으로 어려운 것은 사실입니다. 이 명은 어려서의 생활은 매우 힘들었지만 사주명리를 통해 부를 이루고 명성도 생긴 경우입니다.

천기·태음을 차성하는 명이 6살성을 보니, 인리산재, 십악격, 조유형극만견고의 격국을 이루어 고생스러운 젊은 시절을 보냈을 것입니다.

사화 삼방에서 사화 중 천기화권과 천동화록을 보는 것은 길하게 작용합니다. 문창화과와 염정화기가 몸신궁을 협하는데, 그것이 명성을 날리는 계기가 된 듯합니다. 천이궁의 천마는 복덕궁에서 천동화록을 만나 록마교치가 되므로 멀리 나가 돈을 버는 데는 유리합니다.

어린 시절 그의 인터뷰를 통해 어린 시절을 보겠습니다. "어릴 때도 점치는 걸 좋아했어요. 손바닥에 침을 뱉어 어디로 갈지 점쳐보기도 하고요. … 3형제 중 제가 장남인데, 집안 형편이 썩 넉넉하진 않았어요. 그런데 당감동 집 인근에 화장터와 선암사가 있었어요. 그 나이에 저 사람들은 왜 저렇게 살다 갈까 생각했어요. 인생에 큰 회의감과 의심을 가지게 된 배경이 됐어요. 고등학교 때 쇼펜하우어의 인생론을 통틀어 열일곱 번을 읽었더라고요.

재 정인지 등을 들고 있습니다.

고등학교를 자퇴했어요. 학교에서 의롭지 않은 모습들을 많이 보았어요. 1984년 고3 나이에 검정고시를 서울에서 준비했어요. 학원을 다니다가 한강둔치 벤치에서 두 시간씩 앉아 있다가 어느 한의사 분이 사주팔자라는 걸 한번 공부해보라고 권하셨어요. 그 길로 동대문 헌책방 골목에 가서 책을 사서 닥치는 대로 읽기 시작했어요. 몇 년간 제 운이 좋지 않았는데, 뒤늦게 아버지께서 뇌암으로 투병 중이시란 걸 알았어요. 더더욱 운명학에 관심을 두게 됐지요.

부산대 사학과에 입학한 그해 여름에 아버지가 돌아가셨어요. 두 동생과 어머니까지 제가 생계를 책임져야 했고, 학교도 다녀야했어요. 부산대 정문 근처 작은 상가 2층 쪽방에 전전세를 냈어요. 간판은 '총각도사'였지요. 손님이 있으면 학교 수업을 못 갔으니, 친구들이 다 알게 됐어요.

당시에는 책에 나온 내용이 절대적이었어요. 당장 먹고살아야 하는데 어쩝니까. 어떻게든 잘해 보려고 대가들을 찾아 점을 보면서 공부했어요. 정성을 다했더니 제법 잘되었어요. 한 달에 200만 원 벌이는 한 것 같아요. 그걸로 동생들 학교도 보냈는데, 전 돈을 벌어야 하니까 휴학과 복학을 되풀이해서 10년 만에 대학을 졸업했어요."

신묘대한(12~22세) 특수격이 2번째 대한에 오게 되면 길성을 모두 보게 되지만, 환경이 갑자기 좋아지는 것은 아닙니다. 첫 대한이 나빴기 때문에 성장하면서 겪은 일들이 원동력이 되어주기는 합니다. 외적으로는 부상조원격도 되고, 녹존과 길성도 도와주므로 대한 후반기에는 조금 나아집니다.

신묘대한 발생은 술궁 거문화록으로 재복·부질선을 움직입니다.

신묘대한 결과는 해궁의 자전·재복선입니다. 무파상 조합이면서 녹존까지 있는데 화기가 되므로, 집안에 여러 번에 걸쳐 무슨 일이 생기게 됩니다.

선천의 염정화기와 함께 자궁이 2차 결과가 되는데 양량 조합이면서 경양·화성·지공 등을 보므로 별리의 일이 생기는 것입니다. 18세(계해년, 1983)에 학교를 그만두었고, 20세(을축년, 1985)에 부친이 사망하였고, 일찍부터 돈을 벌어야 할 상황이 되었습니다.

임진대한(23~32세) [량자보무] 이 시기는 대학교를 다니면서 결혼도 한 시기이며, 본격적으로 철학관을 열어 활동했습니다.

대한 명궁은 천동화록이며 타라와 동궁합니다. 타라가 왕지에 있으므로 끈기가 있다는 정도로 보면 좋겠지만, 삼방에서 살성을 너무 많이 보므로, 좋게만 읽을 수는 없습니다. 음살과 공겁은 영감을 더 일으키는 작용을 합니다. 천이궁까지 함께 보면 거동 조합이 되는데 감정고충은 있지만 말로 먹고 사는 일에 종사하게 됩니다. 박청화 님은 언론인이 되려고 했지만, 면접에서 자꾸 떨어졌다고 합니다. 월급쟁이나 조직에 속하지 못하다 보니 다시 역술업으로 돌아오게 되었다고요.

임진대한 발생은 자궁 천량화록으로 대한 재백궁에서의 화록이므로 의외의 재물이 들어오게 됩니다. 관록궁에서 천마도 보고 천기화권이 있으므로 뛰어난 생각을 발현하는 데 좋은 대한입니다. 또한 몸신궁·부관·재복선이니 부처와의 연애감정이 생기기도 합니다. 이 대한에는 태음과 태양이 내궁이 되니 대중들로부터 인기를 얻습니다. 2차 발생은 선천 천동화록과 함께 신궁을 움직이는데, 이 궁선 역시 부관선입니다.

임진대한 결과는 사궁 무곡화기로 자전·부질선입니다. 2차 결과는 묘궁으로 부질·형노선이며 홍란과 천희가 있습니다. 발생과 결과로 결혼의 상관궁과 상관성을 모두 움직였습니다.

임신년(27세, 1992년) 결혼 1989년부터 관상을 한창 공부하고 있었고 부산지하철에서 친구와 관상 이야기를 나누고 있었습니다. 친구와 한 여자의 관상을 놓고 선생님인지 아닌지 시비가 붙었고, 결국 서면역에서 따라 내려서 직접 물었더니 속셈학원 선생이라고 하였습니다. 그렇게 인연이 시작됐고, 동갑인 그 여인과 스물일곱 살에 학생 신분으로 결혼했습니다. 아내가 보습학원을 하고 있어서, 거의 '마누라 장학금'으로 학교를 마친 셈이라고 말합니다. 임신년은 대한과 사화가 똑같이 돌아가므로 결혼과 관련된 일이 있게 됩니다.

갑술년(29세, 1994년) 딸 출생과 철학원 개업 과외도 하고, 아내가 하는 학원에서 강의도 해서 살아갔지만, 94년에는 딸이 태어나고, 다시 가족을 먹여 살려야 하는 상황이 왔습니다. 그래서 장모님께 돈을 빌려 다시 철학관을 열었습니다.

을해년(30세, 1995년) 1995년 6월 27일에 우리나라에 첫 지방선거가 있었습니다. 다들 떨어진다고 한 후보가 있었는데, 박청화 님은 당선된다고 했었죠. 박청화 님이 본 대로 그 분이 당선되니까 입소문이 났고, 상담을 받기 위해 문 앞에 줄을 섰습니다. 돈도 많이 벌었고요.

을해년은 대한의 외궁이기는 하지만 상황이 좋습니다. 발생은 신궁의 명천·부관이며, 기월이 바쁘게 움직이게 됩니다. 2차 발생이 축미궁과 진술궁의 선천화록과 대한화록을 움직이는데, 모두 재복선이므로 경제적인 면에 유리합니다. 벌기도 많이 벌지만 나가는 돈도 만만치 않았을 것입니다. 앞서 자궁의 천량이 선천화과와 선천화기의 협을 보므로 악사위천리로 소문이 멀리 퍼진다고 했는데, 그때가 이 시기인 것 같습니다.

大天破台天祿 破武 鉞官碎輔貴存 軍曲 　　　　　　　廟閑平 　　　　　　　　　祿 博亡病 33~42 　36癸 士神符【田宅】　病巳 【大命】	解天三 擎太 神壽台 羊陽 　　　　平廟 力將太 43~52 　37甲 士星歲【官祿】　死午 　　　【大父】	金流天天天 輿霞傷空府 　　　　　廟 青攀晦 53~62 　38乙 龍鞍氣【奴僕】　基未 　　　【大福】	孤天八 天天太 辰才座 刑馬陰機 　　　　旺平閑 　　　　　　權 　　　　　　科 小歲喪 63~72 　39丙 耗驛門【遷移】　絶申 　　　【大田】
截寡年鳳陰 陀天 空宿解閣煞 羅同 　　　　　　廟平 　　　　　　　祿 官月弔 23~32 　35壬 府煞客【福德】　衰辰 【大兄】	성명 : 박철화 ,陽男 陽曆　1967年　1月　26日　22:34 陰曆　丙午年　12月　16日　亥時 命局 : 木三局 , 松栢木 命主 : 祿存　　　身主 : 火星		天紅 天貪紫 使鸞 鉞狼微 　　　廟平平 　　　　　忌 將息貫 73~82 　40丁 軍神索【疾厄】　胎酉 　　　【大官】
大大天文左 昌魁喜曲輔 　　　旺陷 伏咸天 13~22 　34辛 兵池德【父母】　旺卯 　　　【大夫】	《命式》　丁 庚 辛 丙 　　　　亥 寅 丑 午　　(己土司令) 《大運》　73 63 53 43 33 23 13 03 　　　　己 戊 丁 丙 乙 甲 癸 壬 　　　　酉 申 未 午 巳 辰 卯 寅 02-2249-5630 대유학당		龍 地巨 池 劫門 　　平旺 　　　權 奏華官 83~92 　41戊 書蓋符【財帛】　義戌 　　　【大奴】
紅旬蜚天 鈴 艷空廉月 星 　　　　　廟 大指白 3~12 　33庚 耗背虎【 命 】　冠寅 　　　【大子】	大大封恩 七廉 羊耗詰光 殺貞 　　　　　廟旺 　　　　　　忌 病天龍 44辛 符煞德【兄弟】　帶丑 　　　【大財】	大天天天天 天地火天 祿廚福虛哭 姚空星梁 　　　　　　 平平廟 喜災歲 43庚 神煞破【身夫妻】　浴子 　　　【大疾】	大大大月天文右天 馬曲陀德巫魁弼相 　　　　　旺旺閑平 　　　　　　　　科 飛劫小　93~　 42己 廉煞耗【子女】　生亥 　　　【大遷】

　　계사대한(33~42세) [파거음탐]　무곡·파군과 녹존이 있는 대한입니다. 삼방사정에 길성만 보고 살성은 선천염정화기 하나만 봅니다. 당연히 환경이 좋아졌다고 할 수 있습니다.

　　대한의 발생은 사궁 파군화록으로 많은 일들을 벌이게 됩니다. 자전·명천이니 근거지의 확장이 됩니다. 결과는 유궁 탐랑화기로 부질·부관선인데 문곡을 보므로 때로는 탐곡악격이 되어 하는 일에 장애가 생기기도 합니다. 하지만 대한 자체가 살성이 없어 깨끗하므로 그다지 나쁜 역할을 하지 않습니다. 2차 결과는 축궁 염정화기와 함께 다시 사궁이 됩니다. 이 대한에서의 성장세가 눈에 띕니다.

실제로 1999년(기묘년, 34세) 청화학술원㈜ 설립하였고, 2002년(임오년, 37세) 동양학 동영상 강좌 사이트 '홍익서당'(현재 홍익TV) 서비스를 시작합니다. 2005년(을유년, 40세) 춘하추동 신사주학 춘(春)편 출간합니다. 1995년부터 2001년까지 부산방송(PSB)의 '신년 국운해설'을 인터뷰하기도 했고, 1998년부터 2002년까지 부산일보에 '내일의 운세'를 연재, 2004년부터 2007년까지 월간 '운과 명'에 자신의 생각을 담은 박청화 칼럼을 연재했습니다. 박청화 님은 역학인으로는 드물게 이른 나이부터 명성을 떨쳤습니다. 창곡을 비롯한 6길성의 활약, 파군화록으로 상당히 많은 일을 해낸 것이라고 볼 수 있겠죠.

1999년(기묘년, 34세) 청화학술원㈜을 설립합니다. 묘궁은 대한 화기가 떨어진 궁선에 와 있으며, 좌보·우필로 도와주는 세력이 만들어지고, 창곡으로 공부하는 학술단체를 만들고, 괴월로 기회가 생기는 것입니다. 기묘년은 대한 화록이 있는 사궁에 무곡화록을 주기 때문에 추진하는 동력이 생기는 것입니다. 2018년 부산일보와의 인터뷰에서 "제 목표는 사주명리학의 자리매김과 세계화입니다."라고 했는데, 이런 마음이 있으니 역술로 주식회사를 만든 것이 아닌가 합니다.

2002년(임오년, 37세) 동양학 동영상 강좌 사이트를 엽니다. 요새는 영상강의가 많지만 20년 전에 이것을 계획하고 홍보하여 역술공부를 하게 한 것은 획기적인 것이었습니다. 이 대한은 부관·부질.

자전·명천선이 주로 움직이는데, 임오년에 다시 그 궁선들을 동하게 합니다.

　임오년은 밝은 태양이 경양과 함께 있습니다. 발생 천량화록은 인신궁의 기월을 움직이게 하고, 결과 무곡화기는 축미궁의 정부살 조합을 움직입니다. 다시 한번 변화하는 해가 됩니다.

大祿 破 台 天 祿 破 武 昌 官 碎 輔 貴 存 軍 曲 　　　　　廟 閒 平 　　　　　　權 科 博 亡 病　33~42　48癸 士 神 符【田宅】　病巳 　　　【大兄】	解 天 三 擎 太 神 壽 台 羊 陽 　　　平 廟 　　　　　忌 力 將 太　43~52　49甲 士 星 歲【官祿】　死午 　　　【大命】	大 金 流 天 天 天 鉞 輿 霞 傷 空 府 　　　　　廟 青 攀 晦　53~62　50乙 龍 鞍 氣【奴僕】　基未 　　　【大父】	大 孤 天 八 天 天 太 太 馬 辰 才 座 刑 馬 陰 機 　　　　　　旺 平 閒 　　　　　　　　　權 小 歲 喪　63~72　51丙 耗 驛 門【遷移】　絶申 　　　【大福】
截 寡 年 鳳 陰 陀 天 空 宿 解 閣 煞 羅 同 　　　　　廟 平 　　　　　　　祿 官 月 弔　23~32　47壬 府 煞 客【福德】　衰辰 　　　【大夫】	성명 : 박청화 , 陽男 陽曆　1967年 1月 26日 22:34 陰曆　丙午年 12月 16日 亥時 命局 : 木三局 , 松柏木 命主 : 祿存　　　身主 : 火星		大 天 紅 天 貪 紫 曲 使 鸞 鉞 狼 微 　　　　廟 平 平 將 息 貫　73~82　52丁 軍 神 索【疾厄】　胎酉 　　　【大田】
大 天 文 左 羊 喜 曲 輔 旺 陷 伏 咸 天　13~22　46辛 兵 池 德【父母】　旺卯 　　　【大子】	《命式》 丁 庚 辛 丙 　　　　亥 寅 丑 午　(己土司令) 《大運》 　　　73 63 53 43 33 23 13 03 　　　己 戊 丁 丙 乙 甲 癸 壬 　　　酉 申 未 午 巳 辰 卯 寅 02-2249-5630 대유학당		龍 地 巨 池 劫 門 　　平 旺 奏 華 官　83~92　53戊 書 蓋 符【財帛】　養戌 　　　【大官】
大 紅 旬 蜚 天 鈴 祿 艷 空 廉 月 星 　　　　　廟 大 指 白　3~12　45庚 耗 背 虎【　命　】　冠寅 　　　【大財】	大 大 大 封 恩 七 廉 魁 陀 耗 詰 光 殺 貞 　　　　　廟 旺 　　　　　　忌 　　　　　　祿 病 天 龍　　　　44辛 符 煞 德【兄弟】　帶丑 　　　【大疾】	天 天 天 天 天 地 火 天 廚 福 虛 哭 姚 空 星 梁 　　　　　平 平 廟 喜 災 歲　　　　43庚 神 煞 破【身夫妻】　浴子 　　　【大遷】	月 天 天 文 右 天 德 巫 魁 昌 弼 相 　　　　旺 閒 平 　　　　　　　科 飛 劫 小　93~　54己 廉 煞 耗【子女】　生亥 　　　【大奴】

갑오대한(43~52세) [염파무양]　이 대한은 이미 어느 정도 자리를 잡은 상태입니다. 다시 6살성의 간섭을 많이 봅니다만, 새로운 일을

벌이지 않는다면 그렇게 큰 타격은 없습니다. 게다가 갑오대한 발생이 축궁에 떨어지면서 정부살 조합 노상매시의 일이 발생됩니다. 록기전도입니다. 문제궁은 묘유궁의 자탐 조합이 됩니다. 결과는 오궁 태양화기로 부관선의 별리 조합이어서 자신을 비롯한 남성육친에게는 별로 좋지 않은 대한입니다.

2008년(무자년, 43세) 동방대학원대학교 외래교수로 재직하고, 대전대 부설 동양문화연구소 책임연구원이 되었습니다. 2010년대에 부산대 사학과 석사와 박사를 수료하고, 사주풀이 Z엔진(상·중·하)을 출간하였습니다. 2010년~2011년에는 김해뉴스에 '관상시리즈'를 연재했습니다. 이 대한에는 여러 곳에서 강의를 하고 후학을 양성하며, 대학원에 가서 사학 관련 석사와 박사를 합니다. 재정적으로 어땠는지 확실히 알 수는 없지만, 내실이 튼튼해 보이지는 않습니다.

을미대한(53~62세) [기량자월] 천부대한입니다. 천부는 공겁을 싫어하며 녹을 보아야 합니다. 보필이 있으면 좋고요. 록은 사궁에서만 보는데 직접적으로 볼 수 없고 천이궁에서만 만납니다. 대한 관록궁을 공겁이 협을 하고, 대한 천이궁은 화령이 협을 합니다. 대한 천이궁은 선천화기가 있으므로 건드리게 되면 노상매시의 일이 생길 수 있습니다. 염정화록이 되는 갑년이나 천량화록이 되는 임년은 화기를 직접적으로 움직이게 하니 밖에서의 사고 등을 조심해야 합니다. 그래도 차성하면 쌍권이 협을 하고 있어 권세가 꺾이지는 않습니다.

2018년 『신살론(상하)』, 2019년 『박청화의 명리학마스터(상하)』,

2020년 『무엇이든 물어보세요(1~6)』, 2021년 『운의 해석(춘하추동)』, 2022년 『청화비전(상하)』 등을 출간했습니다. 물론 해왔던 강의를 바탕으로 홍익TV에서 엮은 것도 있지만 왕성한 저작활동인 것은 확실합니다.

大祿 天破台天祿破武 馬官碎輔貫存軍曲 廟閑平 博亡病 33~42 60癸 士神符【田宅】 病巳 【大夫】	大 解天三擎太 昌神壽台羊陽 平廟 力將太 43~52 61甲 士星歲【官祿】 死午 【大兄】	金流天天天 輿霞傷空府 廟 青攀晦 53~62 62乙 龍鞍氣【奴僕】 墓未 【大命】	大大孤天八天天太太 曲鉞辰才座刑馬陰機 旺平閑 權 忌祿 小歲喪 63~72 63丙 耗驛門【遷移】 絶申 【大父】
大截寡年鳳陰陀天 羊空宿解閤煞羅同 廟平 祿 官月弔 23~32 59壬 府煞客【福德】 衰辰 【大子】	성명 : 박청화, 陽男 陽曆 1967년 1월 26일 22:34 陰曆 丙午年 12월 16일 亥時 命局 : 木三局, 松栢木 命主 : 祿存 身主 : 火星		天紅天貪紫 使鸞鉞狼微 廟平平 科 將息貫 73~82 64丁 軍神索【疾厄】 胎酉 【大福】

大天文左
祿喜曲輔
旺陷
 	
伏咸天 13~22 58辛
兵池德【父母】 旺卯
【大財】
	《命式》 丁 庚 辛 丙
	       亥 寅 丑 午 (己土司令)
	
	《大運》 73 63 53 43 33 23 13 03
	       己 戊 丁 丙 乙 甲 癸 壬
	       酉 申 未 午 巳 辰 卯 寅
	
	02-2249-5630
	대유학당
			龍地巨
			池劫門
			平旺
			
			奏華官 83~92 53戊
			書蓋符【財帛】 養戌
			【大田】

大紅旬輩天鈴 陀艶空廉月星 廟 大指白 3~12 57庚 耗背虎【命】 冠寅 【大疾】	大封恩七廉 耗誥光殺貞 廟旺 忌 病天龍 56辛 符煞德【兄弟】 帶丑 【大遷】	大天天天天 天地火天 魁廚福虚哭姚空梁 平平廟 權 喜災歲 55庚 神煞破【身夫妻】 浴子 【大奴】	月天天文右天 德巫魁昌弼相 旺旺閑平 科 飛劫小 93~ 54己 廉煞耗【子女】 生亥 【大官】

을미대한 발생은 신궁 천기화록으로 명천·부질선입니다. 천마·천월, 상문·백호가 움직이니 질병이나 사고를 좀 걱정해야 하는 시기입니다. 2차 발생은 선천 천동화록과 함께 자궁 부관·형노선의 별

리 조합을 움직입니다. 직장의 변동, 혹은 배우자와 좀 떨어져 있는 일이 생길 수 있습니다. 신궁의 천기화록을 차성하면 묘궁의 자탐 조합도 움직입니다. 길성과 홍란·천희를 보니 문서적인 부분, 혹은 부모님의 수명과 관련된 일이 생깁니다.

을미대한 결과는 신궁 태음화기입니다. 2차는 없습니다. 부질선이 자주 동하는 것으로 보아 부모님의 질액, 자신의 질액도 생길 수 있습니다.

2022년 임인년은 발생과 결과로 볼 때 그다지 좋아보이지는 않습니다. 다만 하던 일을 꾸준히 하고 있다면 어떤 문제라도 헤쳐 나갈 것으로 보입니다.

박청화 님의 평소 생각을 담은 인터뷰 1*　사람의 운을 예측하는 원리에 대해 묻자 "생년월일시는 기본이고 큰일을 할 사람인가 따지려면 어떤 산천의 영기를 지니고 태어났는지, 조상은 무엇을 했는지 참고합니다. 사람마다 타고난 골기(骨氣)가 다르기 때문이죠. 사주간시는 우주에 뿌려진 파장인데, 한날 한시에 태어나 같은 파장을 받아도 사람마다 운명은 다른 겁니다."

박청화 님의 평소 생각을 담은 인터뷰 2 정말 좋지 않은 운을 타고 났거나 딱한 사람을 우연히 발견한다면? "타인의 업보에는 관여하지 않습니다. 또 다른 업을 만들기 때문이에요. 현생이든 전생이든

---

* 아래의 내용은 부산일보와의 몇 번에 걸친 인터뷰 중 이 분의 생각이 담긴 것들을 추린 것입니다.

이유가 있는 겁니다. 고객의 경우 정말 큰 손재수가 있다면 기부를 권하죠. 어차피 나갈 돈이면 사기 당하는 것보다 착한 일 하는 게 낫지요. 우주의 기운은 늘 들고 나는 것인데, 늘 삼키려고만 해요. 그러다가 한꺼번에 내놓기 때문에 고통스러운 겁니다."

박청화 님의 평소 생각을 담은 인터뷰 3 "점을 본다는 것은 거울을 쳐다보는 것"이라며 "다른 시선으로 자신을 살펴보고 스스로 가다듬는 마음을 갖는다면 그렇게 하지 않는 사람보다 좀 더 발전하는 것이 자명한 이치"라고 말했다. "거울을 보고 옷단장을 하는 것처럼 활용해야 합니다. 거울이 옷을 입혀주지는 않습니다."

박청화 님의 평소 생각을 담은 인터뷰 4 사람들이 사주를 보는 심리에 대해 "계획대로 일이 잘 안 풀려 오는 분이 대부분이죠. 상담을 받고 나면 현재 상태를 받아들이고 합리화할 근거가 생기기 때문에 심리적 위안을 받으시는 것 같습니다."

박청화 님의 평소 생각을 담은 인터뷰 5 운이 좋지 않을 때는 어떻게 해야 하는지에 대한 질문에 "최악의 운일 경우에는 죽은 모양새로 살아야 합니다. 일반적 수준의 나쁜 운이라면 부잣집 마당을 쓸어주라는 얘기를 하고 싶어요. 왜 하필 부잣집 마당인가 물으실 겁니다. 가난한 집 마당이야 쓸어줘 봐야 얻을 게 없지요. 말하자면 기회를 잡을 수 없다는 이야기입니다."

생각은 복덕궁을 본다 사실 그냥 이 명을 보고 복이 있다고 보기는 어렵습니다. 6살성을 모두 보고 길성은 모두 피해갔으니까요. 병년생이므로 특수격으로 넣기는 했는데, 삶이 편했다고는 결코 이야기할 수 없을 것입니다. 정말 많이 노력했고 오랫동안 사유한 결과로 이뤄낸 것으로 보입니다.

이렇게 살성을 다 보는데 복덕궁에는 복을 관장하는 천동화록이 있습니다. 복덕궁 입장에서 관록궁에는 천기화권이 있고요. 천동화록은 복성이고, 천진난만한 별이어서 힘들다 생각하지 않고 끈기(타라)를 가지고 노력했는가 봅니다.

음살은 정신적인 영감을 불러일으키고, 절공과 함께 보는 공겁, 고신·과수 등은 세속적인 일에 욕심을 덜 가지는 쪽으로 작용했습니다. 이 별들은 오히려 시대의 흐름을 역행하는, 창조성이 필요한 일에 힘을 쓴 것 같습니다. 물론 겁공을 잘 쓰려면 행동력이 따라주어야 하는데 기월동량 조합보다는 자부염부상+살파랑 조합이 유리하기 때문에 4번째 대한(계사대한)에 성장을 한 것으로 생각됩니다.

참고명반 『자미두수전서』 896쪽

(4) 묘궁 자미·탐랑 차성 - 한학자 대산 김석진 선생님

선천명반 1990년대 주역을 대중들에게 알린 한학자 대산 김석진 선생님의 명반입니다. 명궁에는 문창이 있는데, 문곡도 보니 학문과 연관된 명이라는 것을 알 수 있습니다. 관록궁은 태양과 태음이 협을 하니 대중과 관계된 일을 하는 것이 잘 맞는다는 생각도 듭니다.

천이궁에는 자미와 탐랑화록 그리고 화성이 동궁하여, 화탐격을 이룹니다. 그리고 실제로 62~71세 대한이 학자로서도 전성기였다고 할 수 있습니다. 전국 곳곳에서 주역(周易)을 강의하여 제자도 많아지고, 저서도 출간되어 유명해졌으니까요. 대산 선생님은 한학계통으로는 만능 엔터테이너라고 할 수 있는데, 사서삼경 등 한문만 잘 하신 것이 아닙니다. 어려운 주역(周易)을 대중들의 눈높이로 설명도 해 주시고, 제자들과 주변 사람들에게 호를 지어 주고, 이름이나 상호도 의미를 두어 지어주고, 사주도 잘 보시고, 그에 맞는 약 처방도 하고, 기도를 하여 복도 빌어 주시니 인기가 있을 수밖에요.

정사대한(22~31세) 명반으로만 보면 진궁, 사궁, 오궁을 지날 때 살성을 많이 봅니다. 특히 몸신궁이 있는 사궁은 무곡·파군과 영성 녹존이 있습니다. 녹존이 있는 궁에 살성(영성)이 있으면 양 옆에서 양타가 들어옵니다. 뿐만 아니라 이 명반에는 공겁도 협하기 때문에 돈은 없어지고, 건강도 상하는 일이 생기게 됩니다.

대한의 초기는 1950(23세)~1953(26세)년으로 한국전쟁 시기였는데, 이때 야산 선사를 따라 다니면서 주역을 공부했고, 학생들을 가르치기도 했습니다. 30세(정유년)에 모친상을 당하였고, 31세(무술년)에 부친상을 당하고 야산 선사까지 돌아가셔서 꽤나 힘든 대한이었을 겁니다.

기미대한(42~51세) 관록궁 대한이면서 육길성을 다 보는 대한이 됩니다. 괴월은 좌귀향귀로 보고, 창곡은 삼방에서, 보필은 부처궁의 협으로 들어옵니다. 선천 녹존과 탐랑화록, 대한화록까지 내궁에 있어 길성은 많이 보고 살성은 좀 적게 보는 대한에 옵니다.

대산 선생님의 연보*를 보면 이 대한에 여러 가지 일을 하셨음을 알 수 있습니다. 운명감정, 기 치료소 운영, 여인숙 운영, 식당 운영 등 다양한 일을 했고, 무려 6번이나 이사를 했습니다. 부관선 운에 와서 신궁·부관선에 대한의 록·기가 떨어지니 다양한 일을 한 것은 이해가 됩니다.

이사를 자주 한 이유는 유궁의 탐랑화록을 묘궁으로 차성하면 대한 무곡화록과 함께 진궁의 자전·부질선을 움직이게 하기 때문입니다. 집안의 문서가 자주 바뀌는데 거동 조합으로 마음 고충이 있고, 타라와 지공을 보아 돈이 나가는데 만족스러운 곳에 살게 되지는 못한다는 의미가 됩니다.

경신대한(52~61세) 천기화기와 태음화권이 있는 운에 옵니다. 천기와 태음은 변화에 민감한 별인데, 대궁에서 천마도 보아 불안정한 성질은 커지지만, 우필화과도 있어서 조력해주는 사람들도 생깁니다. 물론 내궁에서 양타와 공겁을 보니 형편이 확실히 좋아졌다고는 할 수 없습니다. 기월 조합은 협으로 자미와 천부가 있게 되는데, 귀인들의 도움을 받아 발전한다고 합니다. 대한 부질선은 화탐격이 되고, 대한 형노선은 천부가 괴월을 가지고 오니, 괴로움은 있더라도 어느 정도 발복을 하게 되는 것입니다.

57세(갑자년)에 갑자기 숨이 차고 수족이 마비되어 병원에 입원하였습니다.

58세(을축년)에 서울 함장사에서 처음 대학과 주역강의를 시작하고, 대전에서도 강의를 시작했으며, 59세(병인년)부터는 흥사단에서

---

* 『대산석과』 419쪽 참조.

주역강의, 60세(정묘년)에는 청주에서도 강의를 하여 이름을 알리기 시작했습니다. 61세에는 첫 책인 『주역과 세계』도 출간했었습니다.

신유대한(62~71세) 이 대한은 앞에서도 길한 시기라고 했었죠. 화성·영성을 보지만 길성이 많으니 아무래도 편안한 대한이라고 할 수 있을 겁니다. 자미는 화령을 싫어해도 탐랑에게는 화령이 크게 길한 역할을 하니까요. 이 대한에는 대산 선생님을 알린 대표작*도 많이 출간되고, 좋은 곳으로 이사도 했으며, 유명해져서 언론과의 인터뷰도 많았습니다. 선생님 말씀대로 주역이 빛을 보게 된 것이죠.

첨언 대산 선생님을 30여 년간 지켜본 제자로서 선생님의 명을 분석하자니 조심스러운 마음이 듭니다. 『대산석과』에 자세히 선생님의 인생이 기록되어 있는데요, 인생 전반기는 주역을 공부했지만 펼칠 곳도 없고 찾는 이도 없었는데, 57세에 마비까지 오면서 이제 아무것도 이루지 못하고 끝인가 보다 하셨다고 하죠. 다행히 살아나셔서 그 이후부터 주역을 이 땅에 펼치셨으니, 선생님의 인생도 참으로 극적입니다. 몸이 건강한 편이 아니었는데도, 꾸준히 강의를 할 수 있었고, 선생님을 찾는 곳이라면 전국 각지를 다니면서 후학을 길러내신 정성에 존경심을 표합니다.

---

* 『주역정음』, 『명과 호송』, 『대산주역강해』, 『대산주역점해』, 『주역전의대전역해』, 『가정의례와 생활역학』

流孤天天天天禄鈴破武 霞辰空巫喜刑存星軍曲 大　　　　　廟旺閑平 昌 　　　　　　　權科 博劫晦　22~31　98丁 士煞氣【身福德】絶巳	蜚天年鳳恩地擎太 廉廚解閣光劫羊陽 　　　　　廟平廟 　　　　　　忌 力災喪　32~41　99戊 士煞門【田宅】胎午	大金天天 鉞輿才鉞府 　　　旺廟 青天貫　42~51　100己 龍煞索【官祿】養未	天龍　太天 傷池　陰機 　　　平閑 　　　權忌 小指官　52~61　10庚 耗背符【奴僕】生申
紅解三地陀天 艷神台空羅同 　　　陷廟平 官華太　12~21　97丙 府蓋歲【父母】　基辰 　　　【大官】	성명 : 대산, 陽男 陽曆　1928年 10月 30日 14:30 陰曆　戊辰年 9月 17日 未時 命局：水二局，大溪水 命主：文曲　　　身主：文昌		大月天封火貪紫 曲德壽詰星狼微 　　　　　陷平平 　　　　　　祿 將咸小　62~71　10辛 軍池耗【遷移】浴酉 　　　【大子】
大天天文 羊福官昌 　　　平 伏息病　2~11　96乙 兵神符【命】死卯 　　　【大田】	《命式》 己 癸 壬 戊 　　　　未 卯 戌 辰　(戊土司令) 《大運》 73 63 53 43 33 23 13 03 　　　　庚 己 戊 丁 丙 乙 甲 癸 　　　　午 巳 辰 卯 寅 丑 子 亥 02-2249-5630 대유학당		旬天天陰巨 空使虛座煞門 　　　　　旺 奏月歲　72~81　10壬 書煞破【疾厄】帶戌 　　　【大夫】
大大天天天右 馬祿月哭貴馬弼 　　　　　旺廟 　　　　　　科 大歲弔　　　95甲 耗驛客【兄弟】病寅 【大福】	大大破寡台天七廉 魁陀碎宿輔魁殺貞 　　　　　　旺廟旺 　　　　　　　祿 病攀天　　　94乙 符鞍德【夫妻】衰丑 　　　【大父】	截左天 空輔梁 　　旺廟 喜將白　92~　93甲 神星虎【子女】旺子 【大命】	大紅文天 耗鸞曲相 　　　旺平 飛亡龍　82~91　92癸 廉神德【財帛】冠亥 　　　【大兄】

　　　이 원고를 다 쓸 무렵 선생님께서 돌아가셨습니다. 자미두수로는 갑자대한(92~101)입니다. 대한 명궁을 깨끗하나 삼방사정으로 선천화기, 대한화기, 살성을 많이 보아 대한 시작 때부터 건강이 걱정이 되었습니다. 나이가 들어서 보는 살성은 모두 건강에는 치명적인데, 양타와 공겁, 화기까지 진기로 들어오니 불리합니다. 게다가 자신을 지켜줄 선천화록과 록존은 외궁에 가 있습니다. 천량이 태양과 양타를 보는 대한이니 '조유형극 만견고'인데다 상문·백호도 보입니다.

발생은 축궁 염정화록이니 부관·부질선입니다. 2차발생이 사해궁으로 형노·재복이며, 문제궁은 묘유궁의 자전·형노입니다. 자전·명천, 형노·재복선을 움직입니다. 사해궁이 움직이면서 신(申)궁은 선천 천기화기가 있으므로, 대한 형노·선천 형노선으로 공명합니다. 이 인신궁의 형노·재복선은 선천 화권, 화과, 화기와 천마까지 모두 있습니다. 게다가 천월의 질병성과 병지까지 있으니 질병으로 인해 과강필절, 악사위천리, 기마교치가 이루어집니다.

대한 결과는 천이궁의 태양화기로 자전·명천선입니다. 자신을 포함한 남성육친에 변고가 생깁니다.

사실 대한 초기부터 불안했었습니다. 2019년(기해, 92세) 초에는 작은 교통사고로 넘어지셔서 코뼈가 부러져서 병원에 입원을 하셨고, 『새로 쓴 대산주역강의』도 출간하느라 신경을 많이 쓰셨습니다.

2020년(경자, 93세)에는 대전에서 서울의 아들집으로 이사를 오셨으나, 코로나 19로 많은 활동이 제약을 받았고, 2022년(임인, 95세) 운동을 나갔다가 집에 돌아오는 길에 넘어지신 후 밖으로의 거동을 못하게 되었습니다. 2023년(96세, 계묘) 음력 1월 25일(갑인월 갑진일)에 돌아가셨습니다.

점차 마르시고 목소리도 잘 안 나오지만 총기만은 여전하시더니 중앙일보와의 인터뷰와 학회회원들을 상대로 새해 인사까지 모두 마치고 돌아가셨습니다. 동지부터 입춘까지의 기도를 마친 경원부도 다 나누어 주시고요. 선생님은 남은 기력을 모두 쓰고 가신 듯합니다.

참고명반 『자미두수전서』 861쪽 자고의 명.

(5) 진궁 천동 - 주부, 민화 작가

선천명반 진궁의 천동명입니다. 명궁에 지겁과 천형이 동궁합니다. 천동은 복성이고 성격이 느긋한 편이라 적당한 살성을 보는 것이 좋습니다. 지공·지겁과 화성, 천형을 보는 셈이니 강하지 않은 살성으로 어느 정도 자극을 주는 것으로 보입니다. 천형은 규율을 주관하는데, 명궁에 있어서 자기 절제가 뛰어나지만 가족과는 좀 떨어져서 사는 경우가 많습니다.

천동이 대궁에서 거문을 보므로 천동·거문 조합입니다. 거동 조합은 보통 감정고충이 있다고 하는데, 거문이 묘왕지의 태양을 보니 밝은 성격입니다. 또 풍부한 감정을 바탕으로 디자인이나 예술 방면으로 나가는 것이 좋습니다.

기년생 특수격 『자미심전2』 66쪽에 보면 기년생 특수격이 나옵니다. 기년생이면서 명·신궁·삼방사정에서 천형과 공겁을 보고, 길성 중에서는 괴월을 보는 형태입니다. 이 명은 첫 대한부터 지겁·천형→타라→지공→경양→화성→문곡화기의 순으로 살성을 연달아 보고 있습니다. 6~7개 이하의 이웃하는 궁들이 살성과 화기, 천형이 들어가 명반의 어느 한 쪽으로 쏠려 있는 것을 심곡 선생님은 '함몰격'이라고 이름하였습니다.

특수격이 아니라면 사회적 지위의 성취 여부와는 무관하게 인생이 고단하거나 부모님과 인연이 적거나 평생 관재에 시달렸을 것이라고 합니다. 친정 부모님과 시부모님이 모두 살아계신데 아픈 곳 없이 다들 건강하시다고 합니다. 아픈 곳 없으니 이것도 복이라고 할 수 있습니다. 불본 자신도 아픈 적 없이 건강하고요. 그러니 이 명을 기년생 특수격으로 보아야 합니다.

길성과 살성 괴월을 삼방에서 보니 기회가 많고 캐스팅이 잘됩니다. 보필과 창곡은 자전선으로 들어가므로, 자녀가 공부를 잘 하거나 전택과 관련하여 유리한 면이 많습니다. 녹존이 복덕궁에 있으므로 양타는 부모궁에 전택궁에 들어갑니다. 공겁은 명궁과 복덕궁에 있어서 이상주의적인 성향을 띠게 합니다.

사화 부모궁에 무곡화록이니 부모님이 행동으로 돈을 버는 분이시고, 화과는 재백궁에 있으며 천괴와 동궁하니 재적으로는 문제가 없어 보입니다.

화권과 화기는 노복궁에 있어서 '과강필절'과 '탐곡격'도 되지만 삼방에서 들어오는 별로 영탐격도 형성됩니다. 자탐 조합이 문곡을 만난 것이니 문화 예술 계통으로 마음이 가게 됩니다. 형제궁이 어머니와 형제도 의미하는데, 어머니는 무용을 하셨다고 합니다.

무진대한(1~12세) 이 명은 아버지의 사업으로 인해 베트남에서 출생했으며, 3살 때 한국으로 돌아왔고 한국에서 대학까지 나왔습니다. 1979년(기미, 11세) 부친이 콘도사업을 시작해서 어느 정도 성공을 하셨다고 합니다.

1979년(기미, 11세) 부친이 콘도 사업을 시작했다고 하는데, 선천 부모궁의 화록을 일으킵니다.

기사대한(12~22세) 대한 명궁은 무곡·파군이 있지만, 협으로 공겁이 들어오고, 대한 관록궁에서 자탐 조합이 절공과 순공을 보아 탈속적인 성향도 보입니다. 실제로도 종교(특히 불교)에 귀의하고 싶다는 생각이 들었다고 합니다. 이 대한이 지나고 1991년 말 인도에 가서 40일 정도 머무른 적이 있었습니다. 같이 간 사람들은 인도가 지저분해서 싫다고 했는데, 이 분은 치유를 받는 느낌이었다고 합니다.

10대 사춘기를 겪으면서 '사람은 어디에서 와서 어디로 가는가?' 등 삶에 대한 원초적인 고민 등을 많이 했습니다. 미래에 일어날 일이라든가 사건 등을 꿈에서 보거나 가끔은 누군가를 보면 스치듯이 생각이 나기도 했다고 합니다. 꿈을 꿀 때 칼라로 꾸거나 냄새 등도 느낀다고 하는데 이것도 타고난 능력이겠죠.

破陀文破武 碎羅昌軍曲 陷廟閑平 祿 權 官指白　13-22　33己 府背虎【父母】病巳 　　　【大兄】	流紅祿地太 霞鸞存空陽 　　旺廟廟 祿 博咸天　23-32　34庚 士池德【福德】死午 　　　【大命】	大大天寡封天擎天 鉞陀月宿詰貴羊府 　　　　　廟廟 力月弔　33-42　23辛 士煞客【田宅】基未 　　　【大父】	大大金天天火天太 馬祿輿廚姚星鉞陰機 　　　　陷廟平閑 科 青亡病　43-52　24壬 龍神符【官祿】絶申 　　　【大福】
紅八天地天 艷座刑劫同 　　　陷平 忌 伏天龍　3-12　32戊 兵煞德【命】襄辰 　　　【大夫】	성명 : ,陰女 陽曆 1969年　10:18 陰曆 己酉年　巳時 命局: 木三局, 大林木 命主: 廉貞　身主: 天同		大截天天文貪紫 羊空官傷哭曲狼微 　　　　廟平平 忌權 小將太　53-62　25癸 耗星歲【奴僕】胎酉 　　　【大田】
大旬天恩鈴右 曲空虛光星弼 　　　　廟陷 大災歲　31丁 耗煞破【兄弟】旺卯 　　　【大子】	《命式》 丁　己 　　　　巳　酉 (辛金司令) 《大運》 71 61 51 41 31 21 11 01 辛庚己戊丁丙乙甲 巳辰卯寅丑子亥戌 02-2249-5630 대유학당		天三巨 空台門 　　旺 將攀晦　63-72　26甲 軍鞍氣【遷移】義戌 　　　【大官】
月解天大 德神福耗 病劫小　30丙 符煞耗【身夫妻】冠寅 　　　【大財】	大天年鳳龍七廉 魁才解閣池殺貞 　　　　廟旺 喜華官　93-　29丁 神蓋符【子女】帶丑 　　　【大疾】	陰天天天 煞喜魁梁 　　　旺廟 　　　科 飛息貫　83-92　28丙 廉神索【財帛】浴子 　　　【大遷】	大蜚孤天天台天天左天 昌廉辰使壽輔巫馬輔相 　　　　　　　平閑平 奏歲喪　73-82　27乙 書驛門【疾厄】生亥 　　　【大奴】

자미 유궁　　천동 - 주부　민화작가

　　경오대한(23~32세, 1991~2000년)　태양과 지공, 녹존이 있는 대한입니다. 여성에게 태양 대한은 강력한 도화인데, 홍란·천희·함지·욕(浴)·대모·천희의 도화성을 다 봅니다.
　　발생은 오궁의 태양화록이면서 녹존을 발생시키는데, 재복·명천이니 생각의 변화가 옵니다. 결과는 진궁의 천동화기로 명천·부관선의 거동 조합입니다. 이 대한은 공부하고, 결혼하고 아이를 낳고 키우면서 시간이 갔습니다.

일어난 일 대학을 마치고 1993년(계유, 25세) 회사를 들어갔다가 8개월 정도 근무하고, 1994년(갑술, 26세) 성균관대학교 미술대학원 입학해서 1996년 수료합니다.

남편은 1995년(을해, 27세) 9월에 처음 만났고, 1996년(병자, 28세) 8월에 결혼을 합니다. 1997년(정축, 29세) 하와이에 유학을 갔다가 9월 23일 아들을 출산하고, 12월에 한국으로 귀국했습니다.

2000년(경진, 32세) 5월 하와이에서 둘째 아들을 낳았으며, 6월에 한국으로 돌아와서 대전에서 살았습니다.

양량 조합은 '별리'라고 말하는데 가족과 떨어지는 일이 생기게 됩니다. 결혼을 하거나 유학을 가는 일도 많고요. 단순히 여행을 많이 하고 거주지를 옮기는 것도 해당됩니다. 상황이 좋지 않다면 이혼이나 사별이 될 수도 있는데, 녹존과 괴월을 보는 대한이므로 그렇게 보지는 않습니다. 이 대한에서 보는 도화성들은 미술대학원을 가게 하는 원동력이 됩니다. 대한 부관선에서 보는 용덕은 장학금의 의미가 있는데, 대학원에서 장학금도 받았습니다. 대학에서의 전공은 '사학'이었다고 합니다.

남편을 만난 1995년(을해, 27세)의 발생인 태음화록이 좌한 곳은 부질·형노선으로 화과가 있고, 화성·천요가 있어 상대에 대한 감정이 갑자기 싹틀 수 있습니다.

1996년(병자, 28세)　병자년은 대한 화록이 떨어진 궁선이며 홍란·천희·화과가 있고, 천동화록은 대한 결과궁을 발생시키며 부관선을 움직입니다. 결과는 축궁의 염정화기로 자전·부질선입니다. 2차결과는 사궁의 부질·형노로 상관궁선이 모두 동했으므로 결혼이 가능했습니다.

1997년(정축, 29세)　첫째 아들을 낳습니다. 정축년은 자전·부질선이니 자녀와 관련된 궁선입니다. 출산은 몸신궁이 걸려야 하는데 발생이 태음화록으로 몸신궁이 움직이고, 결과는 술궁 거문화기로 부관·명천선도 동합니다. 거상연동으로 해궁의 무파상 조합도 움직입니다.

신미대한(33~42세, 2001~2010년)　천부와 경양이 있는 대한입니다. 대한 명궁에서는 천부가 필요로 하는 보필을 보고, 천이궁에서는 창곡을 보며 협으로 괴월이, 삼방에서 무곡화록과 탐랑화권도 들어옵니다. 그러니 이 대한은 천이궁의 상황이 더 좋다고 할 수 있습니다.

대한 명궁에는 경양, 과수와 천월(天月)의 질병성이 있지만, 천이궁은 재예의 별인 용지, 봉각, 천재가 있으며, 괴월도 협을 하니 해외에서의 생활이 좋았을 것으로 보입니다. 2004년부터 2009년까지 해외에 거주했습니다.

大破陀文破武 馬碎羅昌軍曲 　陷廟閑平 　　　　祿 　　　　忌 官指白　13~22　33己 府背虎【父母】病巳 　　　【大夫】	大流紅祿地太 鉞霞鸞存空陽 　　　旺廟廟 　　　　權 博咸天　23~32　34庚 士池德【福德】死午 　　　【大兄】	天寡封天擎天 月宿詰貴羊府 　　　　廟廟 力月弔　33~42　35辛 士煞客【田宅】墓未 　　　【大命】	大金天天火天太 陀興廚姚星鉞陰機 　陷廟平閑 青亡病　43~52　36壬 龍神符【官祿】絶申 　　　【大父】
紅八天地天 艷座刑劫同 　　　　陷平 伏天龍　3~12　44戊 兵煞德【命】衰辰 　　　【大子】	성명：　，陰女 陽曆　1969年　　　10:18 陰曆　己酉年　　　　巳時 命局：木三局，大林木 命主：廉貞　　身主：天同		大截天天文貪紫 祿空官傷哭曲狼微 　　　　廟平平 　　　　　忌權 　　　　　　科 小將太　53~62　37癸 耗星歲【奴僕】胎酉 　　　【大福】
旬天恩鈴右 空虛光星弼 　　　廟陷 大災歲　　　43丁 耗煞破【兄弟】旺卯 　　　【大財】	《命式》　丁　　己　（辛金司令） 　　　　巳　　酉 《大運》　71 61 51 41 31 21 11 01 　　　　辛 庚 己 戊 丁 丙 乙 甲 　　　　巳 辰 卯 寅 丑 子 亥 戌 02-2249-5630 대유학당		大天三巨 羊空台門 　　　旺 　　　祿 將攀晦　63~72　38甲 軍鞍氣【遷移】養戌 　　　【大田】
大大月解天大 曲魁德神福耗 病劫小　　　42丙 符煞耗【身夫妻】冠寅 　　　【大疾】	天年鳳龍七廉 才解閣池殺貞 　　　　廟旺 喜華官　93~　　41丁 神蓋符【子女】帶丑 　　　【大遷】	大陰天天 昌煞喜魁梁 　　　旺廟 　　　　科 飛息貫　83~92　40丙 廉神索【財帛】浴子 　　　【大奴】	蜚孤天天台天天左天 廉辰使壽輔巫馬輔相 　　　　　　平閑平 奏歲喪　73~82　39乙 書驛門【疾厄】生亥 　　　【大官】

　　발생은 술궁 거문화록으로 명천·자전이니 거주지를 옮길 수 있으며, 인신궁과 사해궁의 부관·부질선도 움직이게 됩니다. 사해궁은 무파상 조합으로 파조파가도 되고, 절족마도 되어 있어 부모, 문서 배우자와의 일이 생깁니다.

　　결과도 사궁의 문창화기로 부관·부질선이며, 유궁의 문곡화기와 함께 축미궁의 정부살 조합(자전·명천)과 진술궁의 거동 조합(자전·명천)을 움직입니다.

일어난 일   2004년(갑신, 36세) 하와이에서 아이들을 초등학교와 유치원에 보냈고, 남편은 한국에서 직장생활을 했습니다. 2005년경(을유, 37세) 친정 아버지로부터 10억을 증여받았습니다. 2006~2008년에는 캐나다에 있었고, 2008년 미국 오마하에, 2009년에는 귀국해서 아이들을 대전 외국인 학교에 보냈습니다.

아이들을 뒷바라지하기 위해 외국에 있는 기간이 많았는데, 성격이 낙천적이라 그다지 힘들지 않았다고 합니다.

2004년(갑신, 36세)   갑신년은 부관·부질선으로 염정화록은 대한천이궁에서 발생합니다. 사궁의 무곡화록과 함께 유궁(형노·재복)이 2차 발생됩니다. 결과는 오궁(형노·재복)의 태양화기입니다.

2005년(을유, 37세)   친정 아버지로부터 증여를 받은 시기를 보겠습니다. 을유년은 형노·재복선에 와 있는데, 자탐 조합과 문곡이 있습니다. 발생이 천기화록입니다. 오궁의 녹존과 함께 축미궁과 진술궁(자전·명천)을 문제궁화합니다. 2차발생은 묘유궁, 차성2차발생은 오궁입니다. 천기화록 발생은 같은 부관·부질선인 사궁의 선천 무곡화록을 공명합니다. 결과는 신궁의 태음화기입니다. 이 명에게 부관·부질선은 부모의 질액보다는 부모에게 받는 현금이라고 할 수 있습니다. 해궁에는 내려 받는 의미인 천무(天巫)도 있는데, 이 궁선이 공명되면서 유산을 받았습니다.

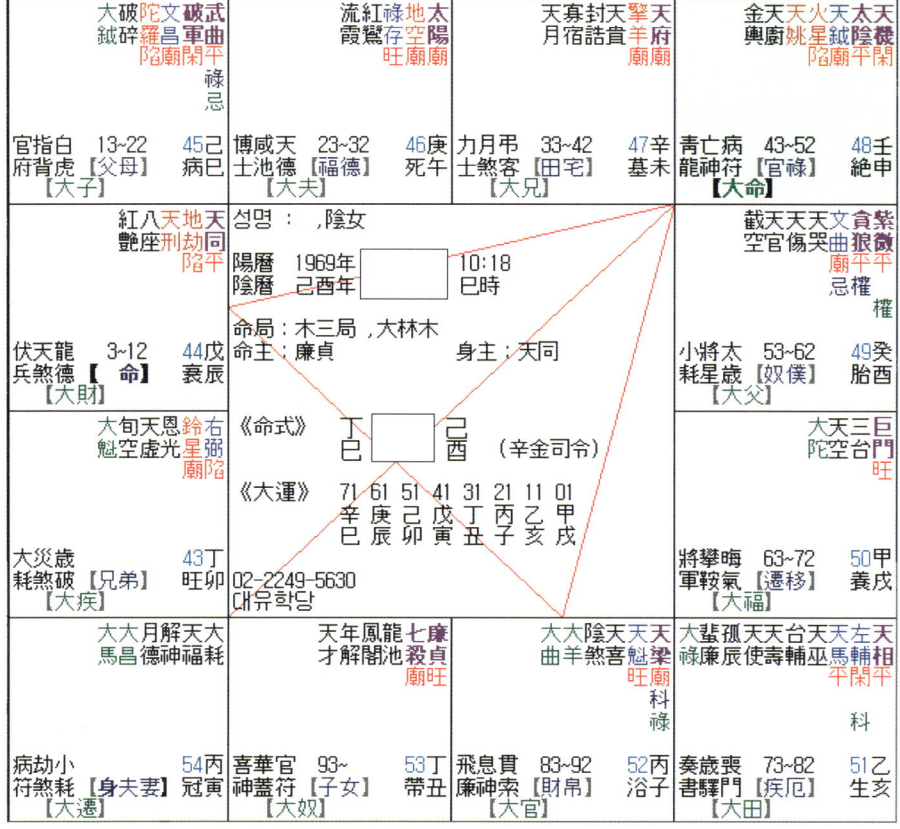

임신대한(43~52세, 2011~2020년) 천기·태음운이며 괴월과 화성, 지겁을 봅니다. 기월운은 변동이 많은 시기입니다.

발생은 자궁의 천량화록으로 재백궁에 떨어지는데, 자오궁선에서 지공을 보기는 하나 녹존과 화과가 있어 길한 궁선입니다. 결과는 사궁의 부질·자전선입니다. 집문서의 변화가 있겠네요.

일어난 사건 2011~2014년은 아이들이 외국으로 유학을 갔었고, 2017년(정유, 49세) 하남으로 이사했습니다. 2019년(기해, 51세) 10월

역사박물관에 취업했고, 2020년(경자, 52세) 4월에는 자미두수 공부를 시작했습니다.

아이들은 각자의 명반으로 보아야 정확하겠지만, 이 명의 자녀궁으로 보면 염정·칠살이니 관리력이 뛰어나고, 재예의 성을 가지고 있으며, 자녀궁의 관록궁으로 무곡화록이 있으니 직장생활(학교 다닐 때는 학교생활)을 잘 할 것입니다.

2017년(정유, 49세)은 태음화록으로 오궁의 녹존과 함께 미궁이 문제궁(자전·형노)이 됩니다. 태음화록을 차성하면 진술궁(명천·재복)도 문제궁이 됩니다. 결과는 거문화기이니 거상연동으로 사해궁의 무파상(부질·자전) 조합을 움직여서 대전에서 하남으로 이사를 합니다. 집안의 문서 변동이 일어나는 것입니다.

2020년(경자, 52세) 4월 자미두수 공부를 시작합니다. 대학교를 다닐 때 잠시 명리에 관심을 갖고 동아리를 한 적이 있었는데, 그곳에서 들었던 자미두수라는 이름이 떠올라 경자년부터 공부를 시작했습니다. 유년 명궁이자 선천 재백궁에 있는 천량에는 화과가 붙어 있어 세세하게 감찰하고 따지는 것에 유리하므로 자미두수라는 학문이 잘 맞습니다. 대궁에서 묘왕지의 태양을 보고 공겁을 만나므로 옛 것을 공부하기에 좋은 해입니다.

大破陀文破武 鉞碎羅昌軍曲 陷廟閑平 祿 祿 官指白　13~22　57己 府背虎【父母】　病巳 　　　【大財】	流紅祿地太 霞鸞存空陽 　　　旺廟廟 博咸天　23~32　58庚 士池德【福德】死午 　　　【大子】	天寡封天擎天 月宿詰貴羊府 　　　廟廟 力月弔　33~42　59辛 士煞客【田宅】基未 　　　【大夫】	金天天火天太天 輿廟姚星鉞陰機 　　陷廟平閑 　　　科 青亡病　43~52　60壬 龍神符【官祿】絶申 　　　【大兄】
紅八天地天 艷座刑劫同 　　　陷平 伏天龍　3~12　56戊 兵煞德【命】衰辰 　　　【大疾】	姓名：　　　陰女 陽曆 1969年　　10:18 陰曆 己酉年　　　巳時 命局：木三局, 大林木 命主：廉貞　　身主：天同		截天天天文貪紫 空官傷哭曲狼微 　　　　廟平平 　　　　忌權 小將太　53~62　61癸 耗星歲【奴僕】胎酉 　　　【大命】
大大旬天恩鈴右 昌魁空虛光星弼 　　　　廟陷 大災歲　　　 55丁 耗煞破【兄弟】旺卯 　　　【大遷】	《命式》 丁　　己 　　　 巳　　酉　（辛金司令） 《大運》 71 61 51 41 31 21 11 01 辛 庚 己 戊 丁 丙 乙 甲 巳 辰 卯 寅 丑 子 亥 戌 02-2249-5630 대유학당		天三巨 空台門 　　旺 　　權 將攀晦　63~72　62甲 軍鞍氣【遷移】養戌 　　　【大父】
月解天大 德神福耗 病劫小　　　 54丙 符煞耗【身夫妻】冠寅 　　　【大奴】	大天年鳳龍七廉 羊才解閣池殺貞 　　　　　廟旺 喜華官　93~　　53丁 神蓋符【子女】帶丑 　　　【大官】	大陰天天 祿煞喜魁梁 　　　旺廟 　　　　科 飛息貫　83~92　64丙 廉神索【財帛】浴子 　　　【大田】	大蜚孤天天台天天左天 陀廉辰使壽輔巫馬輔相 大大　　　　　　平閑平 曲馬 奏歲喪　73~82　63乙 書驛門【疾厄】生亥 　　　【大福】

　　계유대한(53~62세, 2021~2030년)　자미·탐랑 대한이면서 창곡과 우필을 봅니다. 타라와 영성을 직접적으로 보기도 하고요. 대한 명궁에 탐랑화권과 문곡화기가 동궁하니 탐곡격과 과강필절이 되고, 삼방에서는 영성과 록을 보아 격발을 하는 영탐격도 됩니다. 또한 무곡과 영성을 보니 과수격도 되고요. 이렇게 찾은 격들은 이 궁선이 움직일 때 영향을 끼칩니다.

　　탐랑화권이 대한 명궁에 있으니 아무래도 다양한 취미활동을 하게 되겠죠. 도화성과 공망성을 동시에 보니, 예술성향과 탈속의 경향도 갖게 되고요. 화권이니 지위가 높아지고 리더쉽도 발휘하게 됩니다. 문곡화기는 문서적인 착오나 행동상 착오가 되는 것이니 조금 더 신중하면 좋겠습니다. 이 분의 성향이 그다지 가볍지 않으므로 큰 문제가 되지는 않겠지만 풀리지 않는 일은 내려놓는 것이 필요합니다.

계유대한 발생은 사궁의 파군화록입니다. 선천 무곡화록이 있는데, 파군화록으로 발생을 시키니 아주 많은 일이 일어납니다. 결과는 대한명궁인 유궁에 떨어집니다. 선천 록·기(부질·재복)가 있는 궁을 대한 록·기(형노·명천)로 그대로 받고 있습니다. 이렇게 록·기가 2차를 만들지 않는 경우는 대한의 권·과도 한 번씩 짚어 보아야 합니다. 대한화권은 부질·명천선의 거동 조합이고, 대한화과는 부관·형노선의 기월 조합이 됩니다. 대한 명궁을 권·과로 협을 해줍니다.

그래서 대한 명궁에 선천 문곡화기가 있고, 대한의 탐랑화기를 보는데도 아주 나쁘게 읽지 않아도 됩니다. 발생에 의한 결과가 되는 것이고, 선천화기를 일으킨 것은 아니니까요. 그래도 무년(戊年)이 와서 탐랑화록을 일으키면 타격은 좀 있을 것입니다.

2021년(신축, 53세) 9월 미술대전에 민화로 입상을 합니다. 12월에는 남편이 거제도로 이사를 갔습니다.

신축년의 명궁인 축궁은 재예의 별을 모두 가지고 있고 괴월까지 협으로 들어옵니다. 재능을 발휘하고 캐스팅도 되는 것이어서 미술대전에 출품하고 수상도 합니다. 발생은 술궁의 거문화록이 되는데, 거상연동으로 사해궁을 움직이는 것이 더 주효합니다. 쌍화록과 좌보·문창·천마를 움직이기 때문입니다. 결과도 문창화기로 사궁에 떨어지고, 축궁은 2차결과궁이 됩니다.

　이렇게 록·기가 움직인다고 해도 모두 같은 방식으로 드러나지는 않습니다. 상을 받았을 때 이 분의 어머니가 가장 기뻐하셨다고 합니다. 친구를 좋아하던 이 명은 오랫동안 앉아서 그림을 그리는 것보다는 즐겁게 노는 것을 더 좋아해서 대학을 갈 때도 다른 전공을 선택했다고 합니다. 아이들이 다 크고 각자의 역할을 하게 되니 다시 하고 싶은 것을 해 보는 기회를 만들었습니다.

　남편은 좀 쉬고 싶다며 거제도로 이사를 갔는데, 앉아있는 궁선이 부관·자전이니 자녀, 전택, 배우자, 직장의 일이 있는 해로 남편의 전택(집)으로 볼 수도 있습니다. 대한에서 무곡과 영성을 보아 과수격이 된다고 했는데, 사궁에 록을 주어서 자신은 더 바빠지고 절족마도 되니 남편이 이사를 가는 것입니다. 12월을 음력 11월로 보면 경자월이고 유궁이 명궁이 됩니다. 경자월 결과는 천동화기로 대한 명궁을 공명합니다. 각자의 쉼이 필요한 때라면 이런 결정도 괜찮을 듯합니다.

　2022년(임인, 54세)　임인년은 대모, 천복, 해신, 월덕의 별이 있어 무언가 풀어주고 소모하는 해입니다. 염정·탐랑의 도화성도 협하고, 차성하는 기월 조합도 도화성을 많이 봅니다.

　임인년 발생은 자궁의 천량화록인데 같은 재복선인 사궁을 공명하고, 결과도 사궁의 무곡화기로 계속 사해궁을 움직입니다. 이 해는 주민자치회 간사, 문화관광 해설사, 예산위원, 미술대전 부문 수상 등으로 일이 아주 많았다고 합니다.

　여명 천동이 복이 많다고 하는데, 괴월만 보는 기년생 특수격으로 하고 싶은 것을 하면서 사는 명이라는 생각이 들었습니다.

(6) 사궁 무곡·파군 - 주부, 화가

이 명은 열심히 농사 짓고 사시는 부모 밑에서 둘째 딸로 태어나, 서른 살에 시집 가서 아이 낳고 살아가는 보통의 주부입니다. 특이한 부분은 30대 중반부터 대학원에 가서 공부를 했고, 현재는 그림을 그린다는 것입니다. 무파상 조합은 보통 인생에 큰 굴곡이 있음을 의미하는데, 록존이 동궁하여 파군의 파동성을 잡아주어 생각보다는 평탄한 삶을 살고 있습니다.* 어떤 일이든 크게 문제 삼지 않는 유순한 성격도 한몫합니다.

선천명반 명궁은 사궁의 무곡·파군 명이며, 몸신궁은 유궁의 자미·탐랑입니다. 명궁에 녹존이 있어 보수적인 성향이 있는데, 탐랑화록을 보니 쌍록을 가진 명이 되어, 무파상 조합을 안정시킵니다. 내궁에서 천괴·천월과 좌보·우필을 봅니다. 재백궁의 협으로 창곡이 들어오니 재백궁은 6길성을 보는 가장 좋은 구조입니다.

내궁으로 공겁만 보고 다른 살성을 보지 않습니다. 다만 명궁에 녹존이 있기 때문에 양타와 영성이 협을 하고 있으므로 무곡이 화기가 될 때는 위험할 수 있습니다. 화성과 영성은 자녀궁으로 들어가므로 자녀와는 떨어져 지낼 수 있습니다.

재복선 앞서 재백궁이 6길성을 보아 길하다고 했는데, 복덕궁 천부 입장에서는 가장 싫어하는 공겁을 보며, 차성해서 탐랑화록을 봅니다. 게다가 천이궁 천상도 우필화과와 동궁하면서 인감도장이 노출된 형태*가 됩니다. 인감도장이 노출되었다는 것은 남에게 빼앗기기 쉬운 구조가 된다는 뜻입니다. 그래서 좋아 보이는 재복선이지만 내 뜻대로 되지 않는다는 단점도 있습니다. 우필화과는 천이궁에

---

* 『자미심전 2』 123쪽, "선천 명반이 좋지 않은데, 대한 명궁 관록궁 등의 상황이 좋다면 좋은 대학, 좋은 직장을 갈까? 선천이 안 좋으면 대한에서도 크게 좋을 수 없다는 바탕을 깔고 보아야 한다. 마찬가지로 선천 명반이 좋으면, 대한이 안 좋더라도 제3자가 보기에 좋은 대학과 직장에 합격할 수 있다. 물론 당사자에게는 불만족스러울 수 있다."고 하여 선천명의 중요성을 강조하고 있다.
* 『자미심전 1』 150쪽, 천상이 화과와 동궁하거나 삼방사정이나 협에서 화과·화기를 본다면 천상이라는 열쇠가 만천하에 드러나게 되어 금고인 천부가 위축되고, 상황이 안 좋으면 털리는데, 이를 인감노출격이라 이름 붙였다.

있으므로 밖에 나가면 사람들로부터의 조력이 있습니다.

탐랑화록이 신·관록궁에 있으니 직장이나 배우자에 관심이 갑니다. 탐랑화록이어서 무언가 일을 벌이거나 배우는 것을 좋아하여, 취미가 다양합니다. 몸신궁인 자탐 조합이 공겁을 보고, 천공과 동궁하니 탈속적인 성향도 가지고 있습니다. 어려서부터 그림 그리기와 한문 공부하는 것이 좋았다고 합니다.

화권과 화기는 전택궁에 있습니다. 태음화권, 천기화기이니 과강필절의 조합이기도 합니다. 태음화권은 부동산성이니 부동산과 인연이 있으며, 계획착오의 별 천기화기가 동궁하니 집이나 부동산에 관한 일이 생각한대로 되지 않습니다. 결혼할 때 시할아버지와 시할머니도 살아 계셨는데, 한 건물에 살았으며, 돌아가시고 이사할 때도 시부모님, 동서식구들과 함께 옮기게 됩니다. 조부모님과 아이들이 있었으니 4대가 부대끼며 산 것인데, 요새는 정말 드문 가족 구성입니다. 선천화권, 화기가 전택궁에 몰려 있으니 가족과 관련된 일이 많은 것입니다.

이제 대한을 살펴보도록 하겠습니다.

大流天祿破武 馬霞壽存軍曲 　　　　廟閑平	大解天三鈴擎太 昌神廚台星羊陽 　　　　廟平廟	金寡紅地天天 輿宿鸞劫鉞府 　　　平旺廟	大大八天太 曲鉞座陰機 　　　平閑 權忌 忌祿
博劫天　5~14　34丁 士煞德【命】　　冠巳 　　　【大福】	官災弔　　　35戊 府煞客【父母】　浴午 　　　【大田】	伏天病　　　36己 兵煞符【福德】　浴未 　　　【大官】	大指太　95~　25庚 耗背歲【田宅】　生申 　　　【大奴】
大紅蜚恩陰陀天 羊艷廉光煞羅同 　廟　　　　廟平	성명：　　，陽女 陽曆　1969年　　　16:44 陰曆　戊申年　　　申時		破天貪紫 碎空狼微 　　平平 　　祿 　　科
力華白　15~24　33丙 士蓋虎【兄弟】　　旺辰 　　　【大父】	命局：土五局，沙中土 命主：武曲　　　身主：天梁		病咸晦　85~94　26辛 符池氣【身官祿】養酉 　　　【大遷】
大天天大地左 祿福官耗空輔 　　　　平陷	《命式》　甲　　己　（丙火司令） 　　　　 申　　酉 《大運》　76 66 56 46 36 26 16 06 　　　　 甲 癸 壬 辛 庚 己 戊 丁 　　　　 戌 酉 申 未 午 巳 辰 卯 02-2249-5630 대유학당		天天封火巨 傷哭誥星門 　　　廟旺
青息龍　25~34　32乙 龍神德【夫妻】　　衰卯 　　　【大命】			喜月喪　75~84　27壬 神煞門【奴僕】　胎戌 　　　【大疾】
大旬天天年台鳳天天 陀空月虛解輔閣貴馬昌 　　　　　　　　旺陷	月天天天七廉 德才喜魁殺貞 　　　　旺廟旺	大截天龍天文天 魁空使池曲姚梁 　　　　廟廟 　　　　　　權	孤天右天 辰巫弼相 　　　閑平 　　　科
小歲歲　35~44　31甲 耗驛破【子女】　　病寅 　　　【大兄】	將攀小　45~54　30乙 軍鞍耗【財帛】　死丑 　　　【大夫】	奏將官　55~64　29甲 書星符【疾厄】　墓子 　　　【大子】	飛亡貫　65~74　28癸 廉神索【遷移】　絶亥 　　　【大財】

을묘대한(25~34세)　을묘대한은 자미와 탐랑을 끌어오는 부처궁 대한입니다. 나이로도 결혼을 할 수 있는 시기이며, 자탐은 연애나 결혼과 관련된 별이고, 홍란, 함지, 대모의 도화성도 봅니다.

　차성한 자탐이 천부와 천상을 보아 부상조원격이 되어 있으며, 보필과 괴월도 보고, 녹존이 내궁이니 대한의 상황이 좋습니다.

을묘대한 발생은 신궁의 천기화록으로 선천 천기화기를 일으키니 록기전도가 되어 이 자전·형노선이 최종 결과입니다. 2차는 없습니다.

을묘대한 결과는 태음화기로 발생 결과가 모두 신궁이 됩니다. 어떤 집안의 변동일지는 별들로 살핍니다. 천기와 태음의 조합에 천마가 있으니 변동이 심한데, 천형도 있어서 가족에게 사고가 생길 수 있습니다. 대궁에서 천월의 질병성과 병(病)지, 연해, 천허, 순공 등이 있어 가족이 아플 것으로 보입니다.

일어난 사건 이 대한에는 대학을 졸업하고 관리직을 하는 직장에 다니고 있었는데, 1996년(병자, 29세) 가을에 아버지가 돌아가실 뻔한 사고가 생깁니다. 결혼하지 않을 생각이었으나 부모님의 뜻에 따라 이모의 소개로 지금의 남편을 만나 1997년(정축, 30세) 6월 28일 결혼합니다.

1998년(무인, 31세) 1월 10일 첫째 아들을 낳았고, 그해 7월 2일 친정 엄마가 돌아가십니다. 2000년(경진, 33세) 4월 10일 둘째 아들을 낳았습니다.

1996년(병자, 29세) 병자년은 부질·자전선에 와 있으며 양량의 별리 조합이면서 경양·영성의 살성을 보아, 집안·부모의 질액을 의심해 볼 수 있습니다. 발생이 천동화록으로 형노·부질선이 되니 대한의 발생결과선을 공명합니다. 2차는 자오궁과 묘유궁이 됩니다. 계속 부질선과 자전선, 상문·백호를 움직입니다. 다행히 치료가 되기는 했지만, 이 명에게는 충격이어서 부모님이 돌아가시기 전에 결혼을 해야겠다고 생각을 합니다. 원래 무곡명은 화성과 영성을 보지 않아도 '과수격'이라고 하는데, 그만큼 독립적인 성향을 띱니다. 혼자서도 잘 해나갈 수 있다는 자부심을 가지고 있죠.

1997년(정축, 30세) 재복·부관선이며 홍란·천희를 봅니다. 여기의 괴월은 중매를 해 주신 분이겠군요. 발생은 신궁의 기월 조합이고, 결과는 술궁의 거문화기로 형노·부질선이 됩니다. 2차결과가 묘유궁의 자탐 조합이며, 차성하면 자오궁의 자전·부질도 움직입니다. 남편을 따라 집을 떠나 결혼하여 문서의 변동이 생깁니다. 1998년생 아들을 낳았는데, 양력 1월이므로 같은 해로 보아야 합니다.

1998년(무인, 31세) 무인년은 그냥 보기에도 궁선이 좋지 않습니다. 대한에서 록·기로 찍은 해이기도 하고요. 화성·영성·경양·천형을 다 보는 유년으로 육친과 멀어질 수도 있습니다.

발생은 신궁 탐랑화록으로 몸신궁을 움직입니다. 사궁의 녹존과 함께 축궁을 문제궁으로 만들고, 진궁의 거동 조합도 문제궁이 됩니다. 이 궁선은 형노·부질(어머니의 질액)이면서 상문·백호도 있습니다. 결과는 천기화기로 다시 인신궁의 자전·부질선을 움직입니다.

돌아가신 7월 2일은 음력 윤5월(무오월) 9일로 묘궁이 유월의 명궁입니다. 유년으로 부모궁이면서 대한과 사화가 같이 돌아갑니다.

신궁의 형노·자전선이 어머니의 질액으로 드러납니다.

2000년(경진, 33세) 둘째 아들을 낳습니다. 발생은 오궁 부질·자전선이고, 2차는 미궁의 부관·재복(홍란·천희)과 진술궁의 형노·부질선입니다. 결과는 천동화기로 진술궁의 형노·자전선을 움직이고, 자오궁은 2차결과, 묘유궁은 차성2차결과가 됩니다. 상관궁은 자전·부관·부질선으로 모두 동하였습니다.

자녀와의 인연   첫째는 정축년생이고, 둘째는 경진년생입니다.

정축년생은 '정'간으로 사화를 돌려보면 나의 전택궁에 화기를 일으키고, 거문화기는 거상연동으로 나의 천이궁에 영향을 주므로 좀 힘들게 하는 자식이라고 할 수 있습니다. 하지만 축궁은 길성이 모여 있어 환경은 좋다고 보아야 합니다.

경진년생은 '경'간으로 사화를 돌려보면 부모궁에 록을 주고, 형제궁에 기를 줍니다. 나의 삼방사정에 큰 영향을 주지는 않습니다. 진궁은 거동 조합이 묘왕지의 화성과 타라를 보니 이과계통으로 나가면 좋겠습니다. 사실 진술궁은 감정고충의 성계라 그다지 좋지 않지만, 진궁은 쌍록이 협을 해주고, 술궁은 록·과가 협을 해주어 보완작용이 큽니다. 타라는 쌍록으로 제화가 되고, 화성은 탐랑화록을 만나 화탐격을 이루게 되니까요.

마음이 더 쓰이는 것은 첫째일 것이고, 아들 둘 다 커갈수록 든든한 힘이 되어 줄 것으로 생각됩니다.

大流天祿破武 昌霞壽存軍曲 廟閑平 權科 博劫天　5~14　46丁 士煞德【命】冠巳 　　　【大田】	解天三鈴擎太 神廚台星羊陽 廟平廟 忌 官災弔　　　　35戊 府煞客【父母】帶午 　　　【大官】	大金寡紅地天天 鉞興宿鸞劫鉞府 平旺廟 伏天病　　　　36己 兵煞符【福德】浴未 　　　【大奴】	大八天太天 馬座刑陰機 平閑 權忌 大指太　95~　37庚 耗背歲【田宅】生申 　　　【大遷】
紅輩恩陰陀天 艷廉光煞羅同 廟平 力華白　15~24　45丙 士蓋虎【兄弟】旺辰 　　　【大福】	성명：　　，陽女 陽曆　1969年　　　　16:44 陰曆　戊申年　　　　申時 命局：土五局，沙中土 命主：武曲　　　身主：天梁		大破天貪紫 曲碎空狼微 平平 祿 病咸晦　85~94　38辛 符池氣【身官祿】養酉 　　　【大疾】
大天天大左 羊福官耗輔 地 空 陷 平 青息龍　25~34　44乙 龍神德【夫妻】衰卯 　　　【大父】	《命式》　　甲　　　己 　　　　　申　　　　酉　（丙火司令） 《大運》　76 66 56 46 36 26 16 06 　　　　　甲 癸 壬 辛 庚 己 戊 丁 　　　　　戌 酉 申 未 午 巳 辰 卯 02-2249-5630 대유학당		天天封火巨 傷哭詰星門 廟旺 喜月喪　75~84　39壬 神煞門【奴僕】胎戌 　　　【大財】
大旬天天年台鳳天天 祿空月虛解輔閣貴馬昌 旺陷 小歲歲　35~44　43甲 耗驛破【子女】病寅 　　　【大命】	大大月天天天七廉 魁陀德才喜魁殺貞 旺廟旺 祿 將攀小　45~54　42乙 軍鞍耗【財帛】死丑 　　　【大兄】	截天龍天文天 空使池曲姚梁 廟廟 奏將官　55~64　41甲 書星符【疾厄】墓子 　　　【大夫】	孤天右天 辰巫弼相 閑平 科 飛亡貫　65~74　40癸 廉神索【遷移】絕亥 　　　【大子】

　　　갑인대한(35~44세)　문창과 천마가 동궁한 대한입니다. 정성이 없으면서 문창이나 문곡운이 오면 학교에 가거나 공부하는 일이 생깁니다. 천마가 있으니 분주히 움직이겠죠. 삼방사정에서 살성을 많이 봅니다.

　　　갑인대한 발생은 축궁의 염정화록으로 정부살 조합의 재복·형노선입니다. 사궁의 녹존과 함께 묘유궁의 부관·부질이 문제궁입니다. 탐랑화록을 묘궁으로 차성하면 인신궁 자전·명천선도 발생되면서 록기전도로 최종결과궁이 됩니다.

갑인대한 결과는 오궁의 태양화기로 부관·부질이며, 신궁의 천기화기와 함께 축미궁을 2차 결과화합니다. 천기화기를 차성하면 진술궁이 움직이고요.

일어난 사건   2006년(병술, 39세) 9월 성균관대 석사과정에 입학했고, 2011년(신묘, 44세) 3월 박사과정에 입학합니다. 이 대한의 부관·부질은 대학원에 들어가는 것으로 썼습니다. 만약 부부간에 사이가 좋지 않았다면 이 대한에 이혼을 할 확률도 높습니다. 이 명의 남편은 특별한 주장을 하는 편도 아니고, 까다롭지도 않으며 엄청 신경을 써주지는 않지만 그렇다고 제약을 하는 사람도 아니어서 '아스팔트 같은 사람'이라고 표현합니다.

시조부모 시부모와 함께 살면서 제사도 많고 일도 많았지만, 공부하러 가는 것에는 별로 이의를 달지 않았으므로 그 부분은 좋았다고 합니다.

삼방사정으로 보면 거화양종신액사격이 형성됩니다. 혹은 쌍화기를 직접 본다고도 할 수 있죠. 그리고 대한 외궁에는 록 3개를 봅니다. 만약 이 대한에 공부를 하지 않고 형노·재복선에 록이 있다고 해서 주도적으로 사업을 벌였다면 결과는 좋지 못했을 것입니다. 공부를 하러 다니면서 아이들 키우는 것으로 이 대한을 보낸 것은 잘한 선택인 것 같습니다.

流天祿破武 霞壽存軍曲 廟閑平	大解天三鈴擎太 昌神廚台星羊陽 廟平廟	金寡紅地天天 輿宿鸞劫鉞府 平旺廟	大大八天太 曲鉞座刑陰機 平閑 權忌 忌祿
博劫天　5~14　46丁 士煞德【　命　】冠巳 　　　　【大官】	官災弔　　47戊 府煞客【父母】浴午 　　　　【大奴】	伏天病　　48己 兵煞符【福德】浴未 　　　　【大遷】	大指太　95~　49庚 耗背歲【田宅】生申 　　　　【大疾】
大紅蜚恩陰陀天 羊艷廉光煞羅同 廟平	성명 :　　　陽女 陽曆 1969年　　16:44 陰曆 戊申年　　申時		破天貪紫 碎空狼微 　平平 　祿 　科
力華白　15~24　45丙 士蓋虎【兄弟】旺辰 　　　　【大田】	命局 : 土五局 , 沙中土 命主 : 武曲　　身主 : 天梁		病咸晦　85~94　50辛 符池氣【身官祿】養酉 　　　　【大財】
大天天大左 祿福官耗輔 　　　　平 　　　　陷	《命式》　甲　　己 　　　　申　　酉　(丙火司令) 《大運》 76 66 56 46 36 26 16 06 　　　　甲 癸 壬 辛 庚 己 戊 丁 　　　　戌 酉 申 未 午 巳 辰 卯		天天封巨 傷哭詰門 　　廟旺
青息龍　25~34　56乙 龍神德【夫妻】衰卯 　　　　【大福】	02-2249-5630 대유학당		喜月喪　75~84　51壬 神煞門【奴僕】胎戌 　　　　【大子】
大旬天天年台鳳天天文 陀空月虛解輔閣馬昌 旺陷	月天天天七廉 德才喜魁殺貞 　　　旺廟旺	大截天龍天文天 魁空使池姚曲梁 　　　　廟廟 　　　　權	大孤天右天 馬辰巫弼相 　　　閑平 　　　科
小歲歲　35~44　55甲 耗驛破【子女】病寅 　　　　【大父】	將攀小　45~54　54乙 軍鞍耗【財帛】死丑 　　　　【大命】	奏將官　55~64　53甲 書星符【疾厄】墓子 　　　　【大兄】	飛亡貫　65~74　52癸 廉神索【遷移】絶亥 　　　　【大夫】

을축대한(45~54) 재백궁 대한이면서 길성을 많이 보는 대한입니다. 재예의 성인 천재(天才)가 대한 명궁에 있고, 용지·봉각이 협으로 들어오므로 그림을 시작하겠다는 마음을 갖게 됩니다. 창곡협도 있어서 박사 논문을 마치고 싶었으나 뜻대로 되지는 않았습니다.

을축대한 발생과 결과는 지난 을묘대한과 똑같이 돌아갑니다. 앞의 을묘대한 발생과 결과를 참조하세요.

일어난 사건 2012년(임진, 45세) 초겨울 남편이 식당을 개업했으나 오래가지 않았고, 2014년(갑오, 47세) 9월 그림을 그리기 시작했습니다. 2020년(경자, 53세) 이사가 결정되었지만, 3월부터 인테리어 공사를 하는 바람에 2번이나 이사를 했습니다. 12월부터 피로 누적으로 인한 장염이 시작되어 1년간 살이 많이 빠지고 아팠습니다. 2021년(신축, 54세) 8월 친정아버지가 담낭암 수술을 받았습니다.

2014년(갑오, 47세) 갑오년에 우연히 지인으로부터 그림을 배우자는 제안이 들어왔는데, 어릴 때부터 그리기만 하면 상도 타고 재능이 있다고 여겼었던 그림을 시작합니다. 갑오년은 대한 명궁 염정에 화록을 주고, 선천 탐랑화록, 홍란·천희, 욕지 등을 움직여 예술적인 방면으로 시작하는 것은 길합니다.

2020년(경자, 53세) 이 해는 시댁의 조부모 때부터 살았던 집을 팔고 근처로 이사를 한 해입니다. 이 명도 시집와서 내내 25년을 이 집에서 살았고요. 정리할 물건도 것도 많고 시아버지를 모시고 서류 등을 처리하느라 내내 신경 쓸 일이 생겼다고 합니다. 겨울부터는 1년 이상 장염으로 고생했고요.

경자년 발생은 오궁 태양화록(계약, 주서)으로 부질·형노(문서변동)입니다. 2차는 미궁의 재복·명천(재가 들고 남, 지겁)이고, 신궁을 차성하면 진술궁의 형노·자전(집이사, 감정고충)도 움직입니다. 결과는 진궁 천동화기로 사해궁 무파상 조합(우필화과 2번 이사)도 동합니다.

경자년 장염 질병 쪽으로 살펴볼게요. 경자년은 선천 부질선에 와 있고, 대한 발생과 결과가 부질선이므로, 부질선 상에 있으면 문서와 질액 방면의 일이 생기게 됩니다. 50대에 들어섰으니 꼭 질액을 의심해 봐야 합니다. 이 해 내내 이사문제로 시끄러웠던 데다가 친정아버지가 알츠하이머로 형제 넷이 돌아가면서 돌보았다고 합니다. 그러니 하고 싶은 그림도, 논문도 포기하고 답답함이 가중되던 차에 50년 이상 산 집을 주도해서 정리하려니 힘들 수밖에요.

몸에 이상을 느낀 건 음력 11월(무자월)쯤인데, 유월의 명궁은 미궁입니다. 발생이 유궁 탐랑화록이어서 대한과 유년에서 동하지 않았던 몸신궁을 움직입니다. 결과는 신궁의 천기화기로 자전·부질선에 3개의 화기가 떨어집니다. 어머니가 돌아가셨을 때만큼(무인년) 힘든 시기가 온 것이죠. 마음에 안 드는 일을 지속적으로 보다가(천기화기의 계획착오, 태음화기의 투자착오) 복합적으로 몸의 기능이 떨어져 병이 난 것으로 보입니다.

장염은 1년 이상 지속되었고, 체중이 20kg이상 줄었지만 특별한 병명이 나온 것도 아니었다고 합니다. 회복이 되기는 했지만 손톱깨짐과 빈혈로 아직도 일상생활이 예전처럼 되지는 않는다고 해요. 인신궁을 보면 천월와 천마를 봅니다. 천월은 질병성이고 천마는 돌아다니는 것이어서, 유행성 질병이나 병명을 찾지 못하는 경우가 생깁니다. 여기저기 아프기는 한데 딱히 규정되지 않는 것도 포함됩니다.

건강체질로 아파본 적도 없고 무쇠처럼 일해도 푹 잘 자고나면 풀리는 형이라서 이때만큼 힘든 적이 없었다고 합니다.

大流天祿破武 昌霞壽存軍曲 廟閑平 權科 博劫天　5~14　58丁 士煞德【命】　冠巳 　　　【大奴】	解天三鈴擎太 神廚台星羊陽 廟平廟 忌 官災弔　　　59戊 府煞客【父母】帶午 　　　【大遷】	大金寡紅地天天 鉞興宿鸞劫鉞府 平旺廟 伏天病　　　60己 兵煞符【福德】浴未 　　　【大疾】	八天太天 座刑陰機 平閑 權忌 大指太　95~　61庚 耗背歲【田宅】生申 　　　【大財】
紅蜚恩陰陀天 艷廉光煞羅同 廟平 力華白　15~24　57丙 士蓋虎【兄弟】旺辰 　　　【大官】	성명：　　,陽女 陽曆　1969年 陰曆　戊申年　　16:44 　　　　　　　　申時		大破天貪紫 曲碎空狼微 平平 祿 病咸晦　85~94　62辛 符池氣【身官祿】養酉 　　　　【大子】
大天天大地左 羊福官耗空輔 平陷 青息龍　25~34　56乙 龍神德【夫妻】衰卯 　　　【大田】	命局：土五局 ,沙中土 命主：武曲　　　　身主：天梁 《命式》甲　　己 　　　　申　　酉　(丙火司令) 《大運》 　　76 66 56 46 36 26 16 06 　　甲 癸 壬 辛 庚 己 戊 丁 　　戌 酉 申 未 午 巳 辰 卯 02-2249-5630 대유학당		天天封火巨 傷哭誥星門 廟旺 喜月喪　75~84　63壬 神煞門【奴僕】胎戌 　　　　【大夫】
大旬天天年台鳳天天文 祿空月虛解輔閣貴馬昌 大馬 旺陷 小歲歲　35~44　55甲 耗驛破【子女】病寅 　　　【大福】	大大月天天天七廉 魁陀德才喜魁殺貞 旺廟旺 祿 將攀小　45~54　66乙 軍鞍耗【財帛】死丑 　　　【大父】	截天龍天文天 空使池姚曲梁 廟廟 奏將官　55~64　65甲 書星符【疾厄】墓子 　　　【大命】	孤天右天 辰巫弼相 閑平 科 飛亡貫　65~74　64癸 廉神索【遷移】絕亥 　　　【大兄】

갑자대한(55~64세) 이 명은 인생의 중요한 시기로 갑대한 2번, 을대한 2번을 보내게 되네요. 사주명리로는 양력 기준이며 입춘이 지나 태어났으므로 기유년 생으로 보고, 자미두수는 음력 12월 28일생이어서 무신년으로 봅니다. 갑병무경임년 생이므로 양녀가 되니 대한이 역행합니다. 무신년의 1월은 갑인이 되고, 시계방향으로 순행하면 을묘, 병진, …, 계해, 이후에 다시 갑자, 을축이 되므로 갑대한과 을대한이 2번 오는 것입니다.

이렇게 갑자대한이 왔으나 발생과 결과도 앞의 내용을 참조하세요.

임인년부터 대한이 바뀌었다고는 하나, 생일이 12월 말이므로 실제 바뀌는 것은 계묘년부터 봐야 합니다.

갑자대한은 천량이 좌하면서 삼방에서 태양, 경양, 타라, 영성을 봅니다. 발생과 결과를 보니 집안 어른들의 상망이 예상됩니다. 부질선을 건드려서 돌아가시고 나면 유산도 물려받을 것이고, 또 자녀에게 전해주겠죠.

이 명은 박사학위 마무리와 그림을 그리는 것 중 어떤 것을 먼저 할지 고민입니다. 이 대한 중에는 화과가 모두 외궁에 있어서 학위를 따는 것이 쉽지는 않을 것 같고, 다음 대한(65~74세)에 가면 그림으로 이름이 나지 않을까 생각됩니다. 물론 꾸준히 자기의 그림을 완성하는 것을 포기하지 않아야 하는 것이 전제되어야겠죠.

전성기가 지났을까? 사람마다 전성기가 다릅니다. 이 명은 내궁이 좋고 외궁에 살을 많이 보기 때문에 1, 3, 5, 7, 9대한이 좋다고 볼 수 있습니다. 여기에 선천화기를 건드리지 않아야 큰일이 없으므로 그 조건도 갖추어야 하고요. 또 직장을 다닌다면 직장생활이 전성기일 테고, 아이돌이나 체육인이라면 10대~30대가 전성기이고, 예술로 승화시켜 그림이나 글로 작품을 남기는 사람이라면 무르익은 나이가 전성기일 것입니다. 이 명은 그림으로 자신의 세계를 구축하고 싶다고 했고 운도 좋아지니 계해대한이 되면 이름이 나지 않을까 합니다.

참고명반 『자미두수전서』 1011쪽

(7) 오궁 태양 - 아이돌 가수

月天破三天祿破武 德官碎台巫存軍曲 　　　　　　廟閑平 博劫小　14~23　30癸 士煞耗　【兄弟】　生巳	天天天天台恩陰擎右太 壽才虛哭輔光煞羊弼陽 　　　　　　　平旺廟 官災歲　4~13　31甲 府煞破【身 命】養午	金流天大天 輿霞月耗府 　　　　廟 伏天龍　　　32乙 兵煞德【父母】胎未	旬輩左太天 空廉輔陰機 　　　平平閑 　　　　　權 大指白　　　33丙 耗背虎【福德】絶申
截龍陀文天 空池羅曲同 　　廟廟平 　　　　祿 力華官　24~33　29壬 士蓋符【夫妻】沐辰 　　　　　紅 　　　　　鸞	성명 : , 陽女 陽曆 1996年 □ 7日 0:15 陰曆 丙子年 □ 22日 子時 命局 : 金四局 , 沙中金 命主 : 破軍　身主 : 火星 《命式》 丙 乙 □ 丙　(丁火司令) 　　　　子 巳 □ 子 《大運》 80 70 60 50 40 30 20 10 　　　　丙 丁 戊 己 庚 辛 壬 癸 　　　　戌 亥 子 丑 寅 卯 辰 巳		八天貪紫 座喜狼微 　　廟平平 病咸天　94~　34丁 符池德【田宅】墓酉 寡年鳳鈴文巨 宿解閣星昌門 　　　廟陷旺 　　　　　科 喜月弔　84~93　35戊 神煞客【官祿】死戌
青息貫　34~43　28辛 龍神索【子女】帶卯	02-2249-5630 대유학당		
紅孤封天火 艶辰詰馬星 　　　旺廟 小歲喪　44~53　39庚 耗驛門【財帛】冠寅	天天天七廉 使空刑殺貞 　　廟旺廟 　　　　忌 將攀晦　54~63　38辛 軍鞍氣【疾厄】旺丑	解天天天天 神廚福貫梁 　　　　廟 奏將太　64~73　37庚 書星歲【遷移】衰子	天地地天天 傷劫空魁相 　　旺陷旺平 飛亡病　74~83　36己 廉神符【奴僕】病亥

밝은 에너지를 가진 아이돌 가수로 여러 그룹에서 활동했으며, 그룹이 해체되면서 가수와 배우로 활동 중입니다.

선천명반 오궁의 태양이며, 명궁과 신궁이 동궁합니다. 우필과 경양이 있는데, 기월 조합을 차성하면 보필을 보며, 관록궁에서 문창을 보고 협으로 괴월을 봅니다. 육길성을 보기는 하지만 짝으로 완벽하게 보지는 못합니다. 태양도 주성이 되려면 보필을 보아야 하고, 낮에 태어나는 것이 좋은데, 밤에 태어나서 생각만큼 빛을 발하지는 못하는 것 같습니다. 은광·천귀, 태보·봉고의 귀인성도 봅니다. 오궁의 태양은 빛을 소모하고 받지 않기 때문에 실속이 적다고 하는데, 직접적인 록이 없고 부처궁운에 가서 보게 되니, 20대 중반 이후 좀더 안정적인 삶을 삽니다. 밖으로 보이는 모습은 밝고 명랑하지만, 복덕궁에 태음과 천기가 있어서 까탈스러운 면도 있을 것입니다.

살성은 명궁에서 경양을 가지고 있는데, 록으로 제화가 된 것은 아니어서 어린 시절이 그렇게 편안했을 것 같지는 않습니다. 오궁의 태양이 경양과 타라, 화성·영성도 보므로 인리산재라고까지 할 수는 없지만, 사람들을 자주 만나고 흩어지는 경향이 많다고 볼 수 있습니다. 동궁한 우필은 여성들의 조력을 뜻하고요.

사화 부처궁에서 천동화록을 보고, 관록궁에서 문창화과를 보니, 부관선이 길합니다. 창곡과 용지·봉각도 마주 보고요, 타라와 영성도 보는데 묘왕지에 있으면서 다른 살성을 보지 않으므로 격발할 수 있는 격국으로 봅니다. 그러므로 24~33세 대한이 전성기가 될 것으로 보입니다.

천기화권은 복덕궁에 있으므로 부처궁에서는 삼기가회격도 됩니다.

화기는 질액궁의 염정화기로 부질선이 노상매시 조합이 되는데, 관재를 뜻하는 천형, 천월의 질병성, 알코올을 의미하는 유하 등이 있어서 부모궁과의 암합은 이 태양명에게는 부담이 될 수밖에 없습니다. 꼭 부모가 아니더라도, 소속사나 그룹이 노상매시의 어려움을 안겨 줄 수 있기 때문입니다.

갑오대한(1~13세) 첫 대한 발생이 축궁의 염정화록으로 질액궁의 선천화기를 일으킵니다. 록기전도가 되었으며, 묘유궁의 자전선이 문제궁이 되고, 결과는 대한 명·신궁에 떨어지므로 부모의 질액이든 집안문제, 혹은 이 명이 아팠을 수도 있었을 것으로 보입니다. 어떤 일이 있었는지 구체적으로 밝혀지지 않았지만, 첫 대한이 녹록치 않았을 것입니다. 물론 부모님은 모두 살아계시고, 외동딸이라고 합니다.

첫 대한의 경우는 거의 부모님의 영향권에 있으므로 길흉이 크게 드러나지 않을 때도 있습니다.

大月天破三天天破武 祿官碎台巫**軍曲** 鉞存　　　　姚**廟平** 　廟閑平 　　　　　　　　祿 博劫小　14~23　18癸 士煞耗【兄弟】　　生巳 【大命】	天天天天台恩陰擊 壽才虛哭輔光煞**羊** 　　　　　　　　平旺廟 官災歲　4~13　19甲 府煞破【身　命】養午 　　　【大父】	右太 弼陽 伏天龍　　　　20乙 兵煞德【父母】胎未 　　　【大福】	金流天大天 輿霞月耗府 　　　　　廟 大指白　　　　21丙 耗背虎【福德】絕申 　　　【大田】 旬輩左太天 空廉輔陰機 　　　平平閑 　　　　　權 　　　　　科
截龍陀文天 空池羅曲同 　廟廟廟平 　　　　祿 力華官　24~33　17壬 士蓋符【夫妻】　　浴辰 【大兄】	성명 :　陽女 陽曆　1996年　　7日　0:15 陰曆　丙子年　　22日　子時 命局 : 金四局, 沙中金 命主 : 破軍　　身主 : 火星		八天天貪紫 座喜鉞**狼微** 　　廟平平 　　　　忌 病咸天　94~　　22丁 符池德【田宅】基酉 　　　【大官】
大大紅 昌魁鸞 青息貫　34~43　16辛 龍神索【子女】帶卯 【大夫】	《命式》　丙乙□丙 　　　　子巳　子　　(丁火司令) 《大運》　80 70 60 50 40 30 20 10 　　　　丙 丁 戊 己 庚 辛 壬 癸 　　　　戌 亥 子 丑 寅 卯 辰 巳 02-2249-5630 대유학당		寡年鳳鈴文巨 宿解閣**星昌門** 　　廟陷旺 　　　　科 　　　　權 喜月弔　84~93　23戊 神煞客【官祿】死戌 　　　【大奴】
紅孤封天火 艷辰詰**馬星** 　　　旺廟 小歲喪　44~53　15庚 耗驛門【財帛】冠寅 【大子】	大天天七廉 羊使空**殺貞** 　　　廟旺 　　　　忌 將攀晦　54~63　14辛 軍鞍氣【疾厄】旺丑 　　　【大財】	大解天天天 祿神廚福貴梁 　　　　　廟 奏將太　64~73　25庚 書星歲【遷移】衰子 　　　【大疾】	大大大天地地天天 馬曲陀傷**劫空魁相** 　　　旺陷旺平 飛亡病　74~83　24己 廉神符【奴僕】病亥 　　　【大遷】

　　계사대한(14~23세) 무곡과 파군이 녹존과 함께 있는 대한입니다. 명궁에는 살성이 없지만 협으로 양타가 들어오고 천이궁에서 공겁을 보므로, 파군화록으로 많은 일을 하는 것에 비하면 큰 소득은 없어 보입니다. 괴월을 보니 캐스팅은 잘 됩니다. 오히려 대한 재백궁에 염정화기를 보아 재여수구격이 형성되고, 대한 관록궁에 대한 탐랑화기가 떨어지므로, 쌍기가 선천 녹존을 깨트리는 형국이 되기도

합니다.

일어난 일 2011년부터 CF활동을 했고, 2012년(17세, 임진년) 그룹으로 데뷔했으나 활동이 거의 없이 접었으므로 오히려 빚이 생겼고, 2016년(21세, 병진년) 다시 그룹으로 활동을 시작합니다. 경연대회에 참여했고, 최종 11인 안에 들지는 못했지만 인지도를 높이기는 했습니다.

아쉬움 당연히 아이돌이니 외모도 뛰어나고 노래도 잘하고 배우를 하려고 하니 연기력도 있습니다. 그런데 피나는 노력과는 별개로 2%정도 부족함을 느낍니다. 그룹 간에도 격차가 있고, 한 팀에 소속되어 있어도 순위가 있듯이 맑고 깨끗한 느낌은 있는데 결정적으로 확 끌리는 것은 아니어서 최고가 되지 않는가 봅니다. 명반에도 그런 아쉬움이 있습니다. 길성을 확실하게 보았더라면, 아니면 도화성을 더 보든가, 재성을 확실히 잡고 있던가 해야 하는데 집중이 덜 되어 있는 것이 좀 아쉽습니다.

大月天破三天祿破武 鉞德官碎台巫姚存軍曲 　　　　　廟閑平 　　　　　　　忌	天天天台恩陰擎右太 壽才虛哭輔光煞羊弼陽 　　　　　　平旺廟	金流天大天 輿霞月耗府 　　　　廟	旬輩左太天 空廉輔陰機 　　　平平閑 　　　　　權 　　　　　科
博劫小　14～23　30癸 士煞耗【兄弟】　生巳	官災歲　4～13　31甲 府煞破【身　命】養午 　　　　【大福】	伏天龍　　　　32乙 兵煞德【父母】胎未 　　　【大田】	大指白　　　　33丙 耗背虎【福德】絕申 　　　【大官】
截龍陀文天 空池羅曲同 廟廟廟平 　　　祿	성명：　，陽女 陽曆　1996年　□　7日 0:15 陰曆　丙子年　　22日 子時 命局：金四局，沙中金 命主：破軍　　　身主：火星		八天天貪紫 座鉞喜狼微 廟平平 　　　權
力華官　24～33　29壬 士蓋符【夫妻】浴辰 【大命】			病咸天　94～　34丁 符池德【田宅】基酉 　　　【大奴】
	《命式》　丙 乙 □ 丙 　　　　　子 巳 　 子　（丁火司令） 《大運》　80 70 60 50 40 30 20 10 　　　　　丙 丁 戊 己 庚 辛 壬 癸 　　　　　戌 亥 子 丑 寅 卯 辰 巳		大寡年鳳鈴文巨 陀宿解閣星昌門 　　　　廟陷旺 　　　　　　科
青息貫　34～43　28辛 龍神索【子女】帶卯 　　　【大兄】	02-2249-5630 대유학당		喜月弔　84～93　35戊 神煞客【官祿】死戌 　　　【大遷】
大大紅孤封天 馬昌艷辰詰星 　　　　　旺廟	天天天七廉 使空刑殺貞 　　　廟旺 　　　　忌	大大解天天天 曲羊神廚福貫梁 　　　　　　廟 　　　　　　祿	大天地地天天 祿傷劫空魁相 　　　旺陷旺平
小歲喪　44～53　27庚 耗驛門【財帛】冠寅 　　　【大夫】	將攀晦　54～63　26辛 軍鞍氣【疾厄】旺丑 　　　【大子】	奏將太　64～73　25庚 書星歲【遷移】衰子 　　　【大財】	飛亡病　74～83　24己 廉神符【奴僕】病亥 　　　【大疾】

임진대한(24~33세)　선천 천동화록이 있는 대한입니다. 타라로 일이 좀 지연되기는 하지만 재적으로도 안정적이 대한이 됩니다. 삼길화를 다 보기도 하고요. 선천 명궁에서 천재, 대한에서 용지·봉각을 보니 재능을 인정받는 대한입니다.

임진대한 발생은 자궁의 천량화록으로 대한 재백궁입니다. 재백궁의 천량화록이니 의외의 재물도 기대해 볼 수 있습니다. 진궁의 천동화록과 함께 신궁을 2차 발생시키고요. 결과는 사궁의 무곡화기로 형노·부질선인데, 선천 염정화기와 함께 묘유궁도 2차 결과화하지만, 축궁을 암동하기도 해서 자전·부질의 일도 생깁니다. 길하면 집을 사서 이사를 갈 수도 있는 운입니다.

대한의 첫해인 2019년은 에너지 소모가 많았을 것이고, 2020년은 좀 안정되는 때이며, 2021년은 시작은 좋았으나 결과는 만족스럽지 못합니다.

참고명반 『자미두수전서』 164쪽, 엄자릉

(8) 미궁 천부 – 도서 편집인

天大天紅破武 才耗巫鸞車曲 　　　　閑平 　　　　　權 小亡龍　23~32　44辛 耗神德　【夫妻】　病巳	截天地太 空福劫陽 　　廟廟 　　　祿 青將白　13~22　45壬 龍星虎　【兄弟】　衰午	寡天陀天天 宿壽羅鉞府 　　廟旺廟 力攀天　3~12　46癸 士鞍德　【命】　旺未	解天祿天火太天 神哭存馬星陰機 　　廟旺陷平閑 　　　　　　　科 博歲弔　　　47甲 士驛客　【父母】冠申
流天地左天 霞虛空輔同 　陷廟平 　　　　忌 將月歲　33~42　43庚 軍煞破　【子女】　死辰	성명 : 중전, 陽女 陽曆　1970年 3月 1日 14:30 陰曆　庚戌年 1月 24日 未時 命局 : 木三局, 楊柳木 命主 : 武曲　　　　身主 : 文昌		封天　　　擎貪紫 誥貴　　　刑狼微 　　　　　　陷平平 官息病　　　48乙 府神符　【身福德】帶酉
月三文 德台昌 　　平 奏咸小　43~52　54己 書池耗　【財帛】　墓卯	《命式》　癸　庚　戊　庚 　　　　未　辰　寅　戌　（甲木司令） 《大運》　78 68 58 48 38 28 18 08 　　　　庚 辛 壬 癸 甲 乙 丙 丁 　　　　午 未 申 酉 戌 亥 子 丑 02-2249-5630 대유학당		金紅天鈴右巨 輿艷月星弼門 　　　廟廟旺 伏華太　93~　49丙 兵蓋歲　【田宅】　浴戌
旬天天龍陰 空廚使池煞 飛指官　53~62　53戊 廉背符　【疾厄】　絕寅	破台恩天天七廉 碎輔光姚魁殺貞 　　　　旺廟旺 喜天貫　63~72　52己 神煞索　【遷移】　胎丑	蜚天年鳳天 廉傷解閣梁 　　　　廟 病災喪　73~82　51戊 符煞門　【奴僕】　養子	天孤天八天文天 官辰空座喜曲相 　　　　　旺平 大劫晦　83~92　50丁 耗煞氣　【官祿】　生亥

저자의 명반입니다. 가장 잘 알기에 가감 없이 쓸 수 있을 것이라 생각하여 선택한 것입니다.

생시는 오후 3시인데, 처음 공부했을 때는 신시로 보아도 되지 않을까 하여 10여 년을 두 개의 명반을 가지고 고민해 보았습니다. 살아온 인생을 보아서는 미시가 맞으며, 균시차를 적용하니 오후 3시 41분까지 미시가 됩니다.

사실 공부를 할 때 가장 중요한 것은 자신의 명을 확실히 아는 것입니다. 자신의 명이 맞지 않는다면 이 학문은 신뢰할 수도 없고, 자신도 확신이 없는데 다른 사람을 봐줄 수는 없는 것이니까요. 그래서 자신의 명부터 분석해가는 것이 가장 좋은 공부 방법 같습니다.

선천명궁 미궁의 천부입니다. 일월이 협하는 경우가 2가지 있는데, 하나는 미궁의 천부이며, 다른 하나는 축궁의 무곡·탐랑입니다. 미궁의 천부는 묘왕지의 태양과 평지의 태음의 협을 받아 군중들 속에 있는 모양이 됩니다. 그러니까 군중·대중과 관계된 일을 하게 됩니다.

축궁의 무곡·탐랑은 왕지의 태양과 묘왕지의 태음이 협하기 때문에 같은 일월을 보더라도 미궁의 천부보다 더 협궁의 힘이 좋습니다.

천부는 재물창고이기에 필요로 하는 별이 두 가지가 있는데, 첫 번째는 록이고, 두 번째는 보필입니다. 록이 있으면 재물이 있는 것이니 가득 찬 창고가 될 것이고, 보필이 있으면 천부는 주성이 되어 격이 높아집니다. 이 명은 록을 삼방사정에서 직접적으로 보지 못합니다. 단지 협으로 볼 뿐이죠. 협으로라도 보면 안 보는 것보다는 낫지만, 스스로 만드는 재물이 아니라 주변의 환경으로 인해 만들어지는 재물로 볼 수 있습니다.

명궁에 있는 별 명궁에는 천월(天鉞)이 있는데 명리에서 말하는 천을귀인과 같은 별입니다. 천이궁에서 천괴(天魁)도 보므로 짝성이 마주보고 있어서, 괴월이 의미하는 기회나 발탁, 캐스팅에 유리합니다.

타라도 함께 있는데, 타라는 어떤 일을 지연시키거나 방해하는 역할을 합니다. 단 묘왕지에 있고, 삼방에서 직접적으로 다른 살을 보지 않으므로 지속하는 힘, 끈기로도 읽습니다. 길성이 모이면 힘이 세지고, 살성도 모이면 힘에 세지는데, 길성과 살성이 같이 있다면 두 가지 작용이 다 일어납니다. 살아온 나날을 보니 실제로 발탁의 기회도 많았고, 도와주는 사람도 많았으며, 30년간 도서 편집 일을 꾸준히 한 것은 타라의 영향 같습니다.

천수(天壽)는 오래 사는 별인데, 오래 사는 천부와 함께 있으니, 건강이 좋은 편은 아니지만 어느 정도 오래 살 것으로 보입니다.

과수(寡宿)는 과부를 과수댁이라고 부르는 것처럼, 배우자가 없어져서 혼자 사는 별입니다. 과수와 짝성은 고신(孤辰)인데, 관록궁에 있습니다. 고신과 과수를 명궁과 관록궁에서 보므로 배우자를 잃는다고 볼 수도 있고, 직장에서 혼자 일한다고도 볼 수 있습니다. 하나로 단정 짓지 않는 이유는 사람마다 상황이 다르기 때문입니다. 관록궁은 부처궁과 마주보는데, 배우자가 없는 사람은 관록에 더 힘을 쓰게 되고, 그 길흉도 관록으로 더 드러나기 마련입니다.

몸신궁·복덕궁 유궁이며 자미와 탐랑이 경양·천형과 함께 있습니다. 유궁의 자미와 탐랑은 둘 다 별이 밝지는 않습니다. 복덕궁과 몸신궁이 동궁하므로 정신적인 충격이 몸에 영향을 많이 줍니다. 경양이 함지에 있으므로 마음을 많이 쓰고 힘을 얻지 못합니다.

자미의 오행은 기토이고 탐랑의 오행은 갑목입니다. 탐랑 목이 자미 토를 극하는 형세입니다. 자미가 다칠 확률이 높습니다. 갑자기 오행을 이야기 한 이유는 몸신궁이기 때문입니다. 자신의 몸이 있는 궁에서 목극토를 받으므로 토에 해당하는 장기인 위장·비장이 약해집니다. 거기에 경양과 천형이 동궁하기 때문에 언젠가는 토에 해당하는 장기를 수술하는 것이죠. 경양과 천형이 이렇게 한 궁에 있으면서, 몸신궁이라면 반드시 그렇게 읽을 수 있습니다. 만약 경양과 천형이 마주 보거나 삼방에서 만나는데 다른 별들도 흉하다면 그렇게 보아야 합니다.

그렇다면 자미에게도 지원군이 있어야 하는데, 자미가 필요로 하는 보필을 직접적으로 보지 못합니다. 직접적으로 보지 못한다는 것은 만날 때만 어쩌다 도와줄 수 있는 것이어서 조력이 없다고 봐야 합니다.

신궁에 있는 경양과 천형이 있는데, 관부(官府)와 삼방에서 관삭(貫索)을 보므로 일생 중 커다란 관재가 생길 수 있는데, 2010년 관재가 3건 있었습니다.

천이궁 천이궁에는 염정과 칠살이라는 별이 있으면서 천괴(天魁)와 천요를 봅니다. 염정과 칠살은 관리 능력이 뛰어난 별인데 두 별 다 밖에 있는 날이 많으며 밖에서 돈을 법니다. 괴월을 마주보고 있으므로 기회와 캐스팅에 유리하고, 동궁한 천요는 사람을 잘 사귀며 밖에 나가서 예쁨을 받는 의미가 있습니다. 천요는 도화성으로 염정과 만났으므로 도화의 의미가 증폭되는데 갑자기 사랑에 빠지는 일이 있습니다. 다만 축미궁은 천요가 함지여서 길한 작용보다는 도화로 인한 고생이 있습니다.

재백궁 재백궁에는 문창이 있으며, 비슷한 성향의 주서(奏書)가 있습니다. 관록궁에서 문곡도 보므로 문서와 관련된 일로 돈을 벌거나 직업을 삼을 수 있습니다. 복덕궁에서 차성하는 자미와 탐랑은 재백궁에 맞는 별이 아니어서 재물 쪽으로 튼튼하다고 볼 수는 없습니다. 자미가 보필이라도 본다면 좋겠지만 경양과 천형만 가지고 있으니 화려해 보이지만 실질은 그렇지도 못합니다. 재백궁에는 재(財)와 관련된 별이 있어야 하는데, 얼마나 있는지 보겠습니다. 일단 재백궁의 관록궁인 선천 명궁을 보면 천부가 있는데 쌍록이 협을 하기는 하지만 직접적으로 보지 못하고 있으니까 록을 보지 못한다고 보아야 합니다.

단 문창을 기준으로 록마교치가 된 궁*과 좌보**가 협을 해주고, 화과와 화기가 협을 함으로 인해서 문예적인 부분으로는 어느 정도 성공을 거둘 수 있습니다.

관록궁 관록궁에는 천상이라는 관록의 별이 있습니다. 그리고 문곡이라는 별도 있고요. 천희가 있어서 대궁에서 홍란을 보게 되는데 홍란·천희는 길사의 의미가 있고, 문서의 의미도 존재합니다. 명궁 입장에서 천상, 문창, 문곡, 주서를 보므로 '문서와 관련된 일을 많이 하겠구나'라고 추론할 수 있습니다. 말이나 글과 관련된 일이 이 사람의 주요 업무가 되어 30년간 도서 편집을 했습니다.

부모궁 부모궁 천기와 태음이 있으며 화성과 록마교치가 되어 있습니다. 일단 록마교치가 되어 있는 것으로 보아 부모님은 멀리 나가서 돈을 잘 버셨을 것으로 보입니다. 태음에 화과가 있으므로 부동산도 좀 있고 재력도 어느 정도 있습니다. 하지만 화성도 옆에 있

---

* 신궁에서 인궁으로 차성
** 자녀궁

기 때문에 화성·천마 전마의 역할도 합니다. 전쟁터의 말처럼 바쁘겠죠. 정성으로는 천기와 태음이 있는데 두 별 모두 변동이 많은 별이어서 부모님의 자리가 튼튼하게 보이지는 않습니다. 태음과 화성이 만나면 십악격이라고 해서 나쁜 일이 열 가지가 생긴다고 하고, 천기가 화성을 만나면 정밀한 기계에 먼지가 끼어 오작동을 일으킨다고 하죠. 게다가 녹존과 함께 있으니 양타가 협해서 들어오게 됩니다.

부모궁 기월의 영향을 받고 자라기 때문에 미궁 천부가 마음이 유약한 부분도 존재합니다.

형제궁 형제궁에는 태양화록과 지겁이 있습니다. 오궁의 태양이기 때문에 지나치게 발산을 하므로 화록이라고 해도 재적으로 큰 도움이 되지는 않습니다. 게다가 지겁도 함께 있어서 재적인 도움보다는 창조적인 일이나 명예를 추구할 가능성이 높습니다. 형제궁에 있는 태양은 형제가 셋 이상으로 많다고 표현합니다. 실제로 이복형제도 있기 때문에 형제뿐만 아니라 어머니도 많다고 보아야 합니다.

형제궁에는 태양과 청룡·백호가 동궁합니다. 『심곡비결』에 보면 "일월이 청룡·백호와 묘왕지에서 동궁하면 신·명·관·천·복·재백궁을 막론하고 모두 10가지가 모두 완전한 격[十全大格]이다. 청룡·백호를 만나면 용이 구름을 얻은 것과 같고 호랑이가 날개를 단 것과 같다."라고 극찬하고 있는데, 형제궁에 있고 지겁이 동궁하며 명궁과 암합만 하고 있어서인지 그렇게까지 뛰어난 형제가 있는 것은 아니고, 안정을 줄 만한 형제들이 있습니다.

내궁에서 보는 길성 길성은 괴월을 보고, 삼방에서 창곡을 봅니다.

좌보·우필은 자전선에서 보고 있으니 자전선 운에 가야 만날 수 있습니다. 실제로 경진대한에는 자녀들의 도움을 조금 받았습니다. 조금이라고 한 이유는 좌보가 있는 궁에 천동화기와 지공, 천허도 있다보니 온전하지 못한 도움이 되고, 우필이 있는 궁도 거문과 영성 천월의 질병성이 있어서 깔끔한 도움이 되지 않습니다.

살성 살성은 명궁에서 타라를 보고 복덕궁에서 경양을 보아 부모궁을 협합니다. 그리고 경양은 재백궁으로 차성이 되므로, 삼방에서 양타를 봅니다. 다행히 천부가 살성에 잘 버티고, 공겁을 보지 않는 것은 다행입니다. 양타를 보아 이과적인 성향도 가지고 있습니다.

지공과 지겁은 내궁에서 보지 않지만 부처궁을 협하고 있습니다. 부처궁에 소모를 의미하는 파군과 대모·소모의 별도 있기 때문에, 배우자가 소모를 많이 하거나 소모를 많이 시킨다는 의미도 가집니다. 이 소모는 물질적인 것뿐만 아니라 정신적인 부분도 포함합니다.

화성과 영성은 신궁·복덕궁을 협합니다. 복덕궁을 화령이 협하면 남들과는 다른 독특한 사고방식을 가지며, 화성이 부모궁에 있고 영성이 전택궁에 있으니 집안사람들과 동떨어진 생활방식을 가지기도 합니다. 화령이 협을 하면 탐랑에게는 좋을지 몰라도 자미에게는 고립을 안겨 줍니다. 화령의 협은 생각지도 못한 사이 강렬한 육친형극의 암시가 있으며, 실제로도 그러한 일이 있었습니다.

백관조공의 작용 보좌성 중에 천부에게 가장 필요한 별은 좌보와 우필이 될 것입니다. 좌보와 우필은 직접적인 조력의 역할을 하는데, 이 명은 보필을 보고 있지 못합니다. 그렇다면 다른 별들은 무엇이 있는지 한번 볼게요. 명궁에서는 삼태와 팔좌를 보고, 몸신궁에서는 은광·천귀, 태보·봉고를 짝성으로 봅니다. 용지·봉각은 천이궁을 협하고 있죠. 보필을 제외한 백관조공성을 모두 보고 있습니다.

삼태와 팔좌는 보필의 역량을 증대시키고, 재산과 사업에 명성을 주거나 안정시키며, 군중들의 지지를 받는다고 합니다. 태보와 봉고도 비슷한 역할을 합니다. 은광과 천귀는 괴월을 보좌하는 성으로 문장으로 발달하며 귀인의 접근이 많습니다. 신용이 있고 언행일치하며 덕망이 있다고 하죠. 용지와 봉각은 축미궁을 협하는 경우가 많은데, 총명하고 재예를 잘 학습합니다.

이렇게 백관조공성을 다 보고 있지만 좌보·우필을 보지 못하는 것은 아쉽습니다. 보필은 아버지가 좋은 직장에 다니면서 월급을 많이 받는 것이고, 다른 귀인성들은 아이들이 아르바이트로 벌어들이는 수입과 같습니다. 그러니 명반의 주인이 주성(자미·천부·태양·태음)일 경우 좌보와 우필을 보는지 꼭 살펴보세요.

부처궁 부처궁에는 무곡화권과 파군, 홍란, 천무, 대모, 천재의 별이 있습니다. 이 명의 배우자의 명궁에는 파군과 홍란, 천재라는 별이 있습니다. 이렇게 같은 별을 가지고 있는 경우에는 인연이 많다고 볼 수 있어요. 그리고 무곡에 화권이지만 파군이 있다 보니까 일을 많이 벌이는 성향을 가지고 있습니다.

사화 이제 사화를 한번 보도록 할게요. 사화는 봄·여름·가을·겨울로 비유할 수 있습니다. 이 명은 태양의 화록이 형제궁에 있고, 화권은 부처궁에, 화과는 부모궁에, 화기는 자녀궁에 있습니다.

결론적으로 삼방사정에서 사화 중 하나도 제대로 보고 있는 게 없어요. 그래도 좋은 걸 말하라고 한다면 형제궁과 부모궁에서 쌍록이 명궁을 협하는 것, 그 다음에 태양·태음이 협하는 것, 화록과 화과가 협하는 것, 쌍록마교치가 협을 해주는 걸 볼 수 있어요.

그리고 부처궁에는 여름과 같은 화권의 성세를 붙여 주었기 때문에 배우자가 권력을 행사하려고 합니다.

록·권·과·기만 가지고 성세를 논한다면, 13~22세의 임오대한은 봄에 해당하고, 23~32세의 신사대한은 여름이며, 33~42세는 겨울과 같습니다. 화기가 있는 대한을 지날 때는 누구든 많이 힘들다고 느낍니다. 하지만 이 시기를 잘 보내면 겨울에 씨앗을 보존해서 다시 움틀 수 있는 시간이 됩니다. 화기가 있는 대한에는 활동을 하기보다는 미래를 준비하는 시기라고 하죠. 물론 편하게 보내기는 어렵습니다. 겪어보니 알겠더라고요.

전택궁   천부가 명궁이면 명반배치상 전택궁에는 거문이 있게 됩니다. 자녀는 전택에서 키우는 것이므로, 어두운 거문이 전택궁에 있으면 집안환경(풍수)에 좀 신경을 써야 피해가 적다고 합니다. 거문 입장에서 보면 태양의 화록을 보기 때문에 거문의 암적인 요소가 해소되었다고 볼 수 있습니다. 우필이 있어서 조력이 좀 있고 좌보도 만나기 때문에 전택을 구매할 때 조력해주는 사람이 있을 것으로 보입니다. 또 영성이 있는데, 영성과 천월(天月)이 있으면 전택으로 인해서 알지 못하는 병이 생길 수 있다고도 읽습니다. 대궁에 천동화기를 보기 때문에 이 자전선이 길하다고만은 볼 수 없습니다.

다만 부모궁에서 질액궁으로 록마교치를 차성해 오면 전택궁에서 쌍록을 봅니다. 이것은 나름의 복이 될 텐데요, 전택궁은 이 사람의 집안이기도 하고, 자기의 집안 분위기라고도 합니다. 그런데 자녀궁에서 화기로 전택궁을 치고 있기 때문에 전택이 편안하지만은 않습니다.

자녀궁 자녀궁에는 천동화기와 좌보, 지공, 천허, 유하의 별이 있습니다. 딱 봐도 화기와 지공이 있으므로 12궁 중 가장 약해 보입니다. 천동이 자녀궁에 있으면 자녀와 유대관계가 좋지만 평지에 있고, 화기까지 되니 자녀로 인해 마음을 많이 쓰게 됩니다. 또 천동화기는 복을 복으로 느끼지 못하는 것이니 자녀에 만족하지 못한다는 뜻도 됩니다. 동궁한 지공은 정신적인 피해가 되니 자녀로 인한 정신적인 고통이 있다고 봅니다. 게다가 몸신궁·복덕궁과 암합도 하고 있으니 자녀문제로 몸이 아플 수도 있습니다. 이렇게 형성되었을 때 자녀가 없는 경우도 많습니다.

현대사회에서 자녀궁은 자녀 외에도 제자, 반려동물, 반려식물, 자신이 만들어낸 창조물을 포함합니다. 종교계·교육계라면 제자가 될 수 있고, 농원을 하는 분이라면 자신이 키워내는 식물도 자녀로 볼 수 있습니다. 자녀가 없다면 그러한 동물, 식물, 사물에 빗대어 생각해 보셨으면 합니다.

저에게는 아들 하나 딸 하나가 있는데, 키울 때 많이 애를 먹었습니다. 화기가 있다는 것은 온통 신경이 집중되지만, 뜻대로 할 수 없는 것을 말합니다. 또 책을 편집해서 출간하는 일을 하므로, 출판해낸 책도 자녀궁으로 봅니다. 물론 일에 관한 것은 관록궁을 중점적으로 봅니다. 30여년간 120종의 책을 냈는데, 다 돌봐주어야 하는 대상으로 정신적으로 육체적으로 늘 신경을 쓰게 됩니다. 또 책을 낼 때 기한을 정하고 만드는 것이 아니라, 완전해질 때까지 다듬고 고치는 일을 반복하므로 힘들었습니다. 책을 내는 일은 90점이면 되는 것이 아니라 100점을 목표로 하기 때문입니다.

선천명반은 이 정도로 보고, 질병에 한정해서 명반을 보도록 하겠습니다. 사람마다 혹은 명반마다 특징이 있는데, 누구는 사고가 많이 나고, 누구는 횡재수가 자주 있고, 누구는 사람으로 인해 자주 재산을 불리기도 합니다. 여기에서 '자주'라는 것은 패턴이 있다는 것이며, 선천 명반에서 원인을 찾을 수 있습니다. 이 명은 여러 번 질병에 걸렸다는 특징이 있습니다. 명반을 통해 대한마다 어떤 질병이 있었을지 찾는 것을 중심으로 서술하겠습니다.

계미대한(1~12)	8세(정사년) 폐렴 - 완치
	11세(경신년) 피곤, 간기능 이상
임오대한(13~22)	13세(임술년) 갑상선 항진증 초기 - 완치
기묘대한(43~52)	47세(병신년) 위암 초기 발병 - 수술 완치
	52세(신축년) 폐암 초기 발병 - 경과를 보는 중

어려서부터 꽤나 병약하던 아이였습니다. 기록하지는 않았지만 대운이 사궁과 진궁을 지날 때도 건강했다고 볼 수는 없었습니다. 다만 아이를 낳아 키우고 일을 하느라 건강에는 별로 신경을 쓰지 못했습니다.

大大大大天紅 破武 馬鉞才耗巫鸞 軍曲 　　　　　 閑平 　　　　　 權 　　　　　 祿 小亡龍　23~32　8辛 耗神德【夫妻】病巳 　　　【大夫】	截天 地太 空福 劫陽 　　 廟廟 　　 祿 青將白　13~22　9壬 龍星虎【兄弟】衰午 　　　【大兄】	寡天陀天天 宿壽羅鉞府 　　廟旺廟 力攀天　3~12　10癸 士鞍德【　命　】旺未 　　　【大命】	解天祿天火 太 神哭存馬星 陰機 　　廟旺陷 平閑 　　　　　 科 　　　　　 科 博歲弔　　　　11甲 士驛客【父母】冠申 　　　【大父】
流天地左天 霞虛空輔同 　　陷廟平 　　　　忌 將月歲　33~42　7庚 軍煞破【子女】死辰 　　　【大子】	성명 : 중전 , 陽女 陽曆　1970年 3月 1日 14:30 陰曆　庚戌年 1月 24日 未時 命局 : 木三局 , 楊柳木 命主 : 武曲　　　　身主 : 文昌		封天擎 貪紫 誥貴刑羊 狼微 　　　陷 平平 　　　　 忌 官息病　　　　12乙 府神符【身福德】帶酉 　　　【大福】
大大月三文 昌魁德台昌 　　　　平 奏咸小　43~52　6己 書池耗【財帛】基卯 　　　【大財】	《命式》 癸 庚 戊 庚 　　　　未 辰 寅 戌 （甲木司令） 《大運》　78 68 58 48 38 28 18 08 　　　　 庚 辛 壬 癸 甲 乙 丙 丁 　　　　 午 未 申 酉 戌 亥 子 丑 02-2249-5630 대유학당		金紅天鈴 右巨 輿艷月星 弼門 　　　廟 廟旺 　　　　 權 伏華太　93~　　13丙 兵蓋歲【田宅】浴戌 　　　【大田】
旬天天龍陰 空廚使池煞 飛指官　53~62　5戊 廉背符【疾厄】絶寅 　　　【大疾】	大破台恩天天 七廉 羊碎輔光姚魁 殺貞 　　　　　　 旺廟旺 喜天貫　63~72　4己 神煞索【遷移】胎丑 　　　【大遷】	大輩天年鳳 天 祿廉傷解閣 梁 　　　　　 廟 病災喪　73~82　3戊 符煞門【奴僕】義子 　　　【大奴】	大大天孤天八天 文天 曲陀官辰空座喜 曲相 　　　　　　　 旺平 大劫晦　83~92　14丁 耗煞氣【官祿】生亥 　　　【大官】

계미대한(1~12세) 첫 대한이며, 부처궁이 파군화록으로 발생입니다. 문제궁이나 2차 발생은 없습니다. 결과는 유궁 몸신궁·복덕궁에 탐랑화기입니다. 역시 2차는 없습니다. 탐랑화기로 재복선은 탐창격이 되며, 경양과 천형, 병부도 움직이게 합니다.

정사년(8세) 정사년은 대한의 발생궁이며, 정간 태음화록은 녹존과 부질선을 움직이게 합니다. 부질선에는 선천태음화과가 있으므로 질액의 발견이 빠릅니다. 화과는 가을에 해당하고 열매를 만드는 것이라 잘 드러나게 됩니다. 신궁의 별들을 인궁으로 차성하면 진궁의 천동화기를 차성 2차발생으로 인동시킵니다. 미궁도 2차발생이 되고요. 결과는 술궁 거문화기로 다시 진궁의 천동화기를 건드립니다. 거상연동으로 해궁을 움직이게 하고요.

종합하면 대한에서 부관선과 신·복덕궁이 움직인 상태에서, 정사년이 되니 부질선, 녹존, 자전선(화기)을 움직이게 해서 아프게 된 것이죠. 질병을 논할 때 질액·신궁을 빼 놓을 수 없거든요.

왜 폐렴일까? 대한 부처궁의 파군화록은 일이 많은 것이고, 대모, 소모도 보아 파군이 의미하는 소모가 심한 것입니다. 병(病)지에 있기도 하고, 어릴 때의 부관선은 학교에 해당합니다. 학교에 가서 먼지가 많은 곳의 청소를 아주 열심히 했다고 합니다.

대한 복덕궁 탐랑화기는 빼앗긴다는 의미인데, 천형은 규율이고 병부도 보고 있어 엄격하게 하다 보니 힘들었던 것 같습니다. 복덕궁의 자미는 길성을 보아야 복을 누리는데, 살성과 동궁하니 정신적으로 고단하고 모든 일을 자기가 직접 하려고 합니다.

정사년의 결과인 거문화기는 '통, 관'의 의미가 있어서, 기관지, 디스크 등의 질병에 걸리기 쉽습니다. 물론 유년의 거문화기로만 그렇게 판단하지 않습니다. 선천의 천동화기와 마주보고 있어 더 강력한 작용이 생겼다고 읽습니다. 그리고 거문이 있는 술궁은 우필과 영성*, 천월(天月)의 질병성도 있기 때문에 그렇습니다. 여러 가지 정황이 만들어져야 사건이 일어나듯이 자미두수는 여러 번 겹쳐진

---

* 우필, 영성은 음의 성질로, 좌보나 화성만큼 밖으로 드러나지 않으므로 천천히 잘 보이지 않게 작용합니다.

것으로 사건을 판단합니다.

경신년(11세) 경신년은 유년이 대한 부질선에 와 있습니다. 경신년이 되면 태양화록이 발생하는데, 신궁의 녹존이 인궁으로 차성되면 진궁의 선천 천동화기를 건드리게 됩니다. 그러니까 명반구조상 오궁이 발생하든, 신궁이 발생하든 차성을 하면 진궁(선천화기)을 움직이게 합니다. 또 미궁도 문제궁이 되는데 명천선이면서 정부살 조합의 타라를 움직여서 사고가 나거나 아프게 되는 것입니다.

결과는 다시 천동화기로 자전선을 움직입니다. 집안에서 질액으로 아픈 것이죠. 이때는 병원에 가지는 않았지만, 침을 맞으면서 10일 이상 결석을 했습니다. 빨리 지치는 것은 간이 안 좋아서라고만 했던 게 기억납니다.

大天大天紅破武 鉞才耗巫鸞軍曲 　　　　　閑平 　　　　　　權 　　　　　　忌 小亡龍　23~32　20辛 耗神德【夫妻】　病巳 　　【大兄】	截天地太 空福劫陽 　廟廟廟 　　　　祿 青將白　13~22　21壬 龍星虎【兄弟】　衰午 　　【大命】	寡天陀天天 宿壽羅鉞府 　　廟旺廟 力攀天　3~12　22癸 士鞍德【　命　】旺未 　　【大父】	大解天祿天火太 馬神哭存馬陰機 　　　廟旺陷平閑 　　　　　　　科 博歲弔　　　　23甲 士驛客【父母】　冠申 　　【大福】
流天地左天 霞虛空輔同 　　陷廟平 　　忌 　　　　　科 將月歲　33~42　19庚 軍煞破【子女】　死辰 　　【大夫】	성명 : 중전 , 陽女 陽曆　1970年 3月 1日 14:30 陰曆　庚戌年 1月 24日 未時 命局 : 木三局 , 楊柳木 命主 : 武曲　　　身主 : 文昌		封天擎貪紫 誥貴刑狼微 　　　陷平平 　　　　　權 官息病　　　　24乙 府神符【身福德】帶酉 　　【大田】
大月三文 魁德台昌 　　　平 奏咸小　43~52　18己 書池耗【財帛】　墓卯 　　【大子】	《命式》　癸　庚　戊　庚 　　　　　未　辰　寅　戌　（甲木司令） 《大運》　78 68 58 48 38 28 18 08 　　　　　庚 辛 壬 癸 甲 乙 丙 丁 　　　　　午 未 申 酉 戌 亥 子 丑 02-2249-5630 대유학당		大金紅天鈴右巨 陀輿艷月星弼門 　　　　廟廟旺 伏華太　93~　　13丙 兵蓋歲【田宅】　浴戌 　　【大官】
大旬天天龍陰 昌空廚使池煞 飛指官　53~62　17戊 廉背符【疾厄】　絕寅 　　【大財】	破台恩天天七廉 碎輔光姚魁殺貞 　　　　旺廟旺 喜天貫　63~72　16己 神煞索【遷移】　胎丑 　　【大疾】	大大蜚天年鳳天 曲羊廉傷解閣梁 　　　　　　廟 　　　　　　祿 病災喪　73~82　15戊 符煞門【奴僕】　養子 　　【大遷】	大天孤天八天文天 祿官辰空座喜曲相 　　　　　　旺平 大劫晦　83~92　14丁 耗煞氣【官祿】　生亥 　　【大奴】

　　임오대한(13~22세)　태양화록과 지겁이 있는 대한입니다. 명궁 천부가 필요로 하는 화록을 보는 운에 왔으므로 좋게 읽어줍니다. 다만 지겁도 있으므로 큰 횡재로 볼 수는 없고, 대한 초반에는 직접 돈을 벌 나이가 아니므로 그냥 형편이 좀 나아진 정도로 보면 됩니다. 신궁에서 인궁으로 차성하면 쌍록마 교치가 됩니다. 하지만 화성과 영성도 함께 보게 되죠. 그리고 대한 부관선에 선천 천동화기가 있습니다. 그러니까 이 대한 내궁에는 쌍록, 보필, 공겁, 화령을 봅니다.

발생은 대한 천이궁 자궁의 천량화록입니다. 양량 조합의 별리현상은 있지만, 재정적으로는 좋습니다.

건설업을 하는 아버지의 상황이 좋았기 때문에 생활하는데 불편함은 없었습니다. 하지만 천량화록의 발생은 신궁의 녹존과 함께 다시 진궁(천동화기)을 움직입니다. 이 진궁은 선천 자전선·대한 부관선으로 거동이 의미하는 감정고충이 집안일과 학교에서 나타납니다. 물론 중고등학생일 때는 딱히 돈을 벌지 않으므로 이때의 천량화록은 용돈을 많이 받는다든가 생각하지 못한 돈이 들어오는 정도, 공부를 잘하는 정도로만 읽어 줍니다. 록기전도가 되었으로 집안이나 학교의 변동이 최종 결과입니다.

그리고 녹존을 차성하면 축미궁의 선천 명천·대한 부질선도 움직입니다. 유의해야 할 것은 부질선이 움직였다는 것입니다.

임오대한 결과는 사궁의 무곡화기로 선천 부관선·대한 형노선으로 무파상 조합입니다. 선천의 무곡화권을 결과화하는 것까지는 좋지만 진궁을 공명시킵니다. 그렇다면 임오대한 형노·부관·자전선·부질선을 움직입니다.

임술년(13세) 임술년은 술궁이 유년 명궁으로 대한의 록·기가 모두 움직인 궁선이며, 선천화기를 마주보고 있습니다. 임술년은 임오대한과 사화가 똑같이 돌아갑니다. 대한에 암시되었던 일이 이 유년에 일어나게 됩니다. 학교를 7살에 들어갔으므로 중학교 1학년이었고, 머리가 자주 아프고 피곤해서 공부를 하기 힘들었습니다. 살이 많이 빠지고 코피를 자주 흘려 학교생활이 어려워 휴학을 생각하기도 했습니다. 친척의 소개로 병원에 가서 갑상선항진증 초기라는 진단을 받았습니다. 갑상선의 문제는 호르몬의 문제이니 목(木)병이라고 합니다.

　약을 먹고 완치가 되기는 했지만, 피로감, 추위를 타는 것 등은 평생을 가는 듯합니다. 대학을 들어가고부터는 전보다 시간을 자유롭게 조정할 수 있어서 훨씬 나아졌습니다.

　무진년(19세) 기사(20세) 경오(21세)　대학교 1~3학년 시기입니다. 차례로 유년 명궁에 선천화기, 대한화기, 대한화록이 있었지만 큰 사건은 없었습니다. 아마도 치열하게 학교를 다닌 게 아니었으므로 큰 문제가 없었을 것으로 보입니다. 유념할 것은 같은 화록과 화기 더라도 대한에 따라 의미하는 바가 달라지며, 앉아 있는 궁선이 어떤지에 따라서도 달라진다는 것입니다.

　신미년(22세) 미궁이 유년 명궁이면서 대한 부질선 상에 와 있습니다. 신간 거문화록은 술궁에 있으면서 진궁의 천동화기를 직접적으로 움직이게 합니다. 이 해에는 사건이 많았는데, 음력 3월에는 교생실습을 했고, 4월에는 언니가 시집을 갔고, 6월에는 아버지가 갑작스런 심장이상으로 병원에 오래 입원했고, 몇 달 후 퇴원을 하셨지만 요양차 지방으로 부모님이 모두 내려가셔서 장녀 역할을 해야 했습니다. 동생들 도시락도 싸 주고, 집안일도 하면서요.
　신미년의 결과 문창화기는 대한 무곡화기와 함께 선천의 천동화기를 결과화하므로 결론적으로는 가장 힘든 한 해였습니다.

大大大天大大紅 破武	大 截天 地太	大 寡天 陀 天天	大 解天 祿天火 太天
馬曲陀才耗巫鸞 軍曲	祿 空福 劫陽	羊 宿壽 羅 鉞府	鉞 神哭 存馬 星陰機
閑平	廟廟 廟	廟旺 廟	廟旺 陷平閑
權 祿	祿		科
小亡龍 23~32 44辛 耗神德【夫妻】 病巳 【大福】	青將白 13~22 45壬 龍星虎【兄弟】 衰午 【大田】	力攀天 3~12 46癸 士鞍德【 命 】 旺未 【大官】	博歲弔 47甲 士驛客【父母】 冠申 【大奴】
流天地左天 霞虛空輔同 陷廟平 忌	성명 : 중전 , 陽女 陽曆 1970年 3月 1日 14:30 陰曆 庚戌年 1月 24日 未時		大封天 天擎 貪紫 昌詰貴 刑羊 狼微 陷平平 權
將月歲 33~42 43庚 軍煞破【子女】 死辰 【大父】	命局 : 木三局 , 楊柳木 命主 : 武曲 身主 : 文昌		官息病 48乙 府神符【身福德】 帶酉 【大遷】
月三文 德台昌 平	《命式》 癸 庚 戊 庚 未 辰 寅 戌 (甲木司令) 《大運》 78 68 58 48 38 28 18 08 庚 辛 壬 癸 甲 乙 丙 丁 午 未 申 酉 戌 亥 子 丑		金紅天鈴 右巨 輿艷月星 弼門 廟廟旺
奏咸小 43~52 54己 書池耗【財帛】 基卯 【大命】	02-2249-5630 대유학당		伏華太 93~ 49丙 兵蓋歲【田宅】 浴戌 【大疾】
旬天天龍陰 空廚使池煞	破台恩 天天七廉 碎輔光 姚魁殺貞 旺廟旺	大蜚天年鳳天 魁廉傷解閣梁 廟 科	天孤天八文天 官辰空座曲相 旺平 忌
飛指官 53~62 53戊 廉背符【疾厄】 絶寅 【大兄】	喜天貫 63~72 52己 神煞索【遷移】 胎丑 【大夫】	病災喪 73~82 51戊 符煞門【奴僕】 養子 【大子】	大劫晦 83~92 50丁 耗煞氣【官祿】 生亥 【大財】

기묘대한(43~52세) 문창이 있는 대한이며 선천 재백궁운입니다. 재백궁운은 재백에 관한 일이 생기기 쉬운 대한이라는 뜻입니다. 문창이 문곡, 주서를 보므로 운이 바뀌는 첫 해인 43세에 대학원에 진학했습니다. 경양과 타라를 직접적으로 보는 대한이며, 몸신궁을 마주 보고 있으므로, 몸에 이상이 올 수 있습니다.

발생은 사궁 무곡화록입니다. 발생선에 선천 무곡화권이 있으며 대한의 내궁에서 일단은 길합니다. 무곡화권을 발생시킨 것이니 권세가 재물로 변한다고 읽습니다. 이 궁선은 선천 부관선·대한 재복선으로 무파상 조합의 성질인 파조파가의 일도 생깁니다. 물론 살성을 볼 때라고 한정짓지만, 여기서도 타라를 보며 대한화기도 봅니다. 타라를 보는 것을 좋아하는 별은 없습니다. 살을 제화시키려면 록이 필요하고, 살을 좀 견디는 별은 자미와 천부, 천동, 탐랑 정도입니다. 이 대한에서는 선천의 록을 하나도 보지 못합니다. 단지 대한 관록궁 천부의 협으로 보는 쌍록 밖에는 없습니다. 그러니까 직접적으로 보지는 못하는 것이죠.

결과는 해궁 문곡화기로, 이 대한은 사해궁이 중점적인 사건이 있는 궁선이 됩니다.

사해궁은 부관선·재복선이므로, 일어날 사건은 배우자와의 정신적인문제, 재적인 문제, 직장의 돈문제 등이 일어납니다.

전 대한(33~42세)이 선천화기가 있는 대한이고, 대한의 화기도 진궁에 있어 쌍화기를 안고 있던 대한이라, 이것을 벗어난 것만으로도 몸도 마음도 좀 가벼워졌습니다.

바로 전 대한이니 해마다 있었던 일을 기록해 보겠습니다. 이때부터는 매해 어떤 일이 있었는지 기록을 남기기도 했고, 자미·기문·명리로 제 명을 대조하기 시작했었습니다.

43세(임진년)~44세(계사년) 대학원에 가서 일이 아닌 공부로 행복했던 때입니다. 물론 외워서 쓰는 시험도 치고 일도 해야 하므로 더 바빠졌지만, 매우 우수한 성적으로 장학금도 계속 받았습니다. 아들이 고3이었지만, 그다지 신경 써주지 못했습니다. 아들은 수시로 9월에 합격했습니다.

이 대한에는 아들 딸 모두 대학에 입학했는데, 대한 자녀궁에 천량화과가 있으며, 대궁에 태양화록이 있어 자전선이 좋습니다. 학교에 진학하는 자녀가 있다면 대한 자녀궁으로 길흉을 보기도 합니다.

45세(갑오년) 필자는 석사 학위를 취득했고, 남편은 박사 학위를 받았습니다. 가끔 학위취득이 될지를 묻는 분이 계신데, 운보다 자신의 노력이 먼저인 종류가 있습니다. 논문을 쓰지 않고 합격할 수 없고, 일을 벌이지 않았는데 성공할 수 없는 것처럼, 기본 전제가 된 후에 논할 수 있는 문제들은 운으로 따지지 않으셨으면 합니다. 진인사대천명(盡人事待天命)이라 하듯, 기본은 해 놓고 감이 떨어지기를 바라야 한다는 것이죠.

46세(을미년) 필자는 박사과정에 들어갔지만 1학기만 다니고 휴학했습니다. 남편이 과로로 구안와사가 왔기 때문입니다. 집도 이사했습니다. 전세를 살고 있었는데 집주인이 집을 팔겠다고 하여, 근처의 신축빌라를 구매하여 들어갔습니다.

미궁은 대한 관록궁입니다. 을간으로 사화를 돌리면 천기화록이 선천 부질·대한 형노선을 움직이고, 미궁과 진궁이 2차발생궁이 됩니다. 부관·부질·자전선이 움직이니, 남편의 질액·집이사·문서변동이 생깁니다.

결과는 태음화기로 발생과 같은 궁이며, 자오궁의 형노·자전선을 2차결과화합니다. 그러니까 집안 변동으로 집을 이사하는 것입니다.

을미년은 대한과 유년 사이에 록기전도가 생긴 것이므로, 집문서의 일이 최종결과입니다.

47세(병신년) 위암이 발견되어 음력 5월과 10월 두 번 수술을 했고, 딸은 고3이었는데 수능성적이 잘 나오지 않아 여러 번 떨어지고 나서 수시로 미대에 합격했습니다.

신궁은 선천 부질선이 명궁인 유년입니다. 발생은 진궁 천동화록으로 선천화기가 있는 궁선에 떨어집니다. 이 진술궁선은 대한차원에서 인동되지 않았지만 병신년에 거울공명이 됩니다.* 선천 질액궁 유년이면서 대한 질액궁을 움직이니 질액으로 보는 것이며, 좌보와 우필이 있으니 한 번이 아니라 2~3번의 일이 생깁니다.

2차발생은 사궁 무파상 조합이 되며, 문제궁은 오궁 양량 조합이 됩니다. 사궁의 부관·재복은 남편과 직장의 일이 생긴 것이고, 문제궁이 된 오궁은 자전·형노로 입원해서 집을 떠나는 일이 생겼습니다. 상문·백호도 움직이니 좋아보이지는 않습니다.

병신년 결과는 축궁 염정화기로 명천·부관선입니다.

<u>갑오월(미궁) 1차 수술</u> 해마다 연초에 올해는 어떠할 것인가로 기록을 남기는데, 갑오월이 되면 사고가 있을 것이라고 적어놓았더군요. 이유는 간단합니다. 유년의 화기를 달에서 일으키면 사건이 일어나는 법이니까요. 유년에서 일어나는 록기전도입니다.

원래는 남편이 건강이 좋지 않아 함께 검진을 받으려고 했는데, 오히려 필자가 위내시경을 받다가 우연히 암을 발견하게 되었습니

---

* 『자미심전2』 217쪽. "거울공명은 대한 차원에서 인동이 되지 않은 궁선이 그 대한 내의 특정 유년에선 공명되어 대한 차원에서도 인동된 것으로 보는 이론이다." 심곡 선생님은 "대한 화록이 대한의 전택궁이면, 각 유년별로 유년의 전택궁은 유심히 봐야한다. 또는 선천 화기가 있는 지극히 흉한 궁 혹은 각종 길상이 운집한 지극히 길한 궁을 대한 록·기로 인동시키지 않았다고 해도, 해당 대한에서 그러한 지극히 흉하거나 길한 상은 그 대한 중에 어느 유년에는 일어나지 않을까라는 생각을 가지고 거울공명이 되는지 살펴보는 것이다."라고 보는 방법도 설명하였다.

다. 사고가 일어날 것으로 예측했는데, 질병이 발견된 것이죠.

염정화기는 피를 보는 재앙이 일어나게 된다고 하는데, 갑오월이 되면 염정화기를 염정화록으로 물고, 2차결과는 유궁이 되면서 경양·천형을 동하게 하여 수술을 하는 것입니다. 1차수술을 했지만 암세포가 남아 있었고 재수술을 권했지만 몇 달을 미뤘습니다.

기해월(해궁) 2차 수술　10월은 기해월(자궁이 유월의 명궁)로 대한과 사화가 같이 움직입니다. 자궁에는 양량·상문·백호가 있습니다. 해궁은 대한의 문곡화기가 있는데, 유년의 록·기로 그 궁선을 다시 움직입니다.

48세(정유년, 2017)　좋은 일이 많은 편이었습니다. 살던 집을 탓하기는 그렇지만 아팠던 기억이 많아 전세를 놓고 이사했습니다(임인월). 가만히 누워 있는데 집을 이사하면 몸이 좋아질 것 같다는 생각이 떠올라서요. 태백에 요양할 작은 집을 구입했고(계묘월), 주말마다 내려가서 산을 걸어 다녔습니다. 여름에는 시아버님 산소를 이장하고(정미월), 대유학당 사부실도 2배로 확장했습니다(무신월). 아들은 군대를 갔습니다.

유궁은 몸신궁·대한 천이궁입니다. 대한화권이 있고, 선천화권을 보므로 어려운 일에도 버티는 힘이 있다고 합니다. 동궁한 경양·천형은 좋게 보면 절제력과 카리스마가 있는 것입니다. 화령의 협이 탐랑에게 유사 화탐격을 만들어 줍니다.

발생은 신궁 태음화록입니다. 부질·형노이며 부동산의 별 태음이 움직이니 문서가 변동됩니다. 2차발생궁은 미궁으로 정부살의 부관·명천선으로 사무실을 확장하고, 차성하여 진궁 거동 조합 자전·

부질선을 움직입니다.

신천선이므로 유년의 12궁을 쓸 수 있는데, 이 말은 유년 12궁은 대한보다 중요하게 먼저 읽어준다는 뜻입니다. 유년 명궁에는 탐랑화권이 유년 재백궁에는 무곡화록이 있고, 유년 전택궁에 천량화과가 있습니다. 재백궁을 보니 재적으로 좀 여유가 생겼으며, 명궁에 탐랑화권으로 쉴 수 있는 상황이 되기도 했고, 자전선에 록과 과로 산소 이장과 사무실을 넓힐 수 있던 것입니다.

결과는 술궁 거문화기로 자전·부질선의 동하게 하고, 다시 천상궁을 부관·재복선도 움직입니다.

병신년과 무엇이 다른 걸까? 병신년은 진술궁이 거울공명이 된 점이 다릅니다. 진술궁이 대한 차원에서 인동되지 않았기에 그나마 이 대한에 병신년을 제외하고 잘 버텼습니다. 만약 대한에서부터 진술궁이 인동되었다면 흉상이 더 크게 발현되었을 겁니다.

49세(무술년, 2018) 별 탈 없이 외부에서 원고를 받아 책을 많이 출간했습니다. 무술년은 자전·부질선에 와 있으면서 거문·우필·영성·천월이 있습니다. 유의할 점이 있는데, 유년을 볼 때의 중심은 대한 명궁이 됩니다. 그러니까 삼방사정을 가리키는 꼭지점을 술궁에 두지 않고 대한 명궁인 묘궁에 두고 보아야 합니다.

발생은 유궁 탐랑화록으로 대한 탐랑화권을 발생시켜 줍니다. 일단 길합니다. 2차 발생은 미궁이며 명천·부관의 정부살 조합입니다. 직장에서의 일은 지연되기도 했지만, 괴월을 움직여 다양한 종류의 책을 출간했습니다.

결과는 신궁 천기화기로 오궁을 2차결과로 만드니, 형노·자전의 일이 있습니다. 차성하면 유궁도 2차결과가 됩니다.

50세(기해년, 2019) 해외여행을 3번 가고, 책도 많이 출간했습니다. 생애 최초로 부동산 두 곳에 투자했지만, 한 곳은 신축년 초에 등기를 했고, 한 곳은 손해를 보고 계약을 파기했습니다. 결과는 더 두고 보아야 하지만 실패한 투자인 것 같습니다. 직원들이 오래 있지 못하고 들락날락 했습니다. 덕분에 재테크에 관심을 가지게 되었고, 3월부터 자미두수 입문강의를 시작하고, 11월에는 『별자리로 운명읽기 1』출간, 12월부터는 자미두수로 유튜브를 시작했습니다.
구체적으로는 마음먹고 저축을 시작했고(무인월:오궁), 딸이 학교 근처로 이사를 했으며(정묘월:미궁), 재테크와 유튜브에 관심을 가지게 되고(무진월:신궁), 오피스텔 분양권을 샀고(경오월:술궁), 대산주역강의 출간으로 출간기념회를 하고(갑술월:인궁), 지방의 집을 분양 받았으며, 남편이 심근비대증으로 치료를 받았습니다(을해월:묘궁).

기묘대한 기해유년이니 사화는 당연히 같이 돌아갈 것이고, 대한의 록·기가 다 있는 궁선이니 유심히 봐야 하는 해입니다.
천상과 대한 문곡화기가 동궁하고 있습니다. 홍란과 천희는 재물·문서·책으로도 볼 수 있는데, 천상이나 문곡도 문서와 관련된 별이니 기해년은 문서적인 일이 있음을 추측할 수 있습니다. 유년명궁 문곡화기는 문서 방면은 실수나 오류가 있을 것이고요.

발생은 사궁 무곡화록이니 돈이 좀 들어옵니다. 부관·재복선이니 사업장에서 벌어들이는 재물로 봅니다. 또 부관·재복을 배우자와의 재적·정신적 문제로도 보는데, 심한 갈등은 아니었습니다.

명반은 고정되어 있고 운이 돌아가면서 들어옵니다. 운이 온다는 것은 가능성이 열려 있는 것을 말합니다. 실행하지 않으면 내 것이 되지 않는다는 의미도 포함되는 것입니다. 로또에 당첨될 운이라도 로또를 사지 않으면 당연히 당첨될 일은 없으니까요.

저는 이 유년에 부동산을 투자해 봤고, 강의도 하고, 제 이름으로 된 책을 냈고, 유튜브도 하면서 열심히 보냈습니다.

51세(경자년) 사무실을 성수동으로 이전했습니다. 결과는 좋았지만, 그 사이에 사건이 많았었죠. 17년간 있던 휘경동 대유학당 사무실은 건물주가 돌아가셔서 건물을 매각한다고 하여 나올 수밖에 없었고, 전세 살던 집은 집주인이 집을 판다고 하여 전에 살던 집으로 들어가게 되었습니다. 아시다시피 코로나 19가 아주 기승을 부리던 때였고요. 그리고 『별자리로 운명읽기 2』도 출간했습니다.

개인운을 보는데 왜 코로나를 이야기 하냐고요? 개인은 사회나 국가의 운을 떠나서 생각할 수 없습니다. 같은 생년월일이라도 선진국과 후진국에서 태어난 명은 사회복지부터 다릅니다.

경자년은 대한의 외궁이며, 형노·자전선에 유년이 와 있습니다. 대한 천량화과가 있고 선천 태양화록을 봅니다. 양량의 별리 조합에 공겁과 화성, 천동화기를 보고 있습니다. 물론 록마교치와 태음화과도 들어오고요.

경자년 발생은 오궁 태양화록입니다. 유년 천이궁에서 좋은 상황입니다. 계속 봐왔듯이 미궁·진궁이 문제궁이 됩니다. 발생에서 형노·자전, 명천·부관, 자전·부질이 움직이니 집문서, 사업장 변화를 예상할 수 있습니다. 태양이나 태음화과는 대중과 관계된 별로 계약과 관계됩니다. 진궁 자전·부질은 집문서로 만족할 수는 없지만(천동화기) 최종결과가 되어 문서가 바뀌게 됩니다. 지공·지접으로 돈이 지출되고요.

경자년 결과는 다시 자전·부질선이 되어, 발생과 결과에서 진궁을 움직입니다. 보필은 도와주는 사람들이고, 거문·천동은 감정 고충입니다. 3월 말 건물 주인이 돌아가시고부터 8월말 사무실 이전을 할 때까지 여러 마음고생이 심했습니다.

부동산을 알아보러 다니는 것도 힘든 일이고, 마음에 차는 곳은 월세가 너무 비싸고, 싼 곳은 엘리베이터가 없고 교통이 불편했습니다. 고민하던 차에 지인이 함께 알아봐 주겠다고 하며 이사 갈 곳을 찾아 주었는데, 그곳이 바로 지금의 사무실입니다. 평소 생각해보지도 못했던 지식산업센터에 들어오게 된 것입니다. 분양을 받은 것이 아니어서 웃돈을 얹어주었으며, 대출이 많이 나오기는 했어도 부족한 돈은 여러 지인들이 빌려주어 들어올 수 있었습니다. 보필이 도와준 것이 맞습니다.

52세(신축년) 위암 5년차 정기검진에서 폐암이 발견되어, 살던 집을 팔고 이사했으며, 주말마다 태백으로 가서 요양중입니다. 아들과 딸이 지방의 집을 구매했습니다. 엄마도 살던 집에서 이사했고, 셋째 동생도 이사, 넷째 동생은 집을 2달에 걸쳐 리모델링 했습니다.

저에게 '신'간은 별로 좋지 않습니다. 왜냐하면 선천 천동화기를 움직이게 하기 때문이죠. 자동차 사고가 크게 난 적이 딱 2번 있는데, 신사년(2001)과 신묘년(2011)에 있었습니다. 다행히 사고가 났어도 함께 탄 사람들의 몸은 다치지는 않았습니다.

신사년은 900~1000만원의 손실을 내는 바람에 다음 해에 같은 보험사에서는 보험도 받아주지 않았었죠. 신묘년에는 인터체인지에서 나오면서 미끄러지듯 박았는데 폐차해야 할 정도가 되어 결국 차를 바꿔야 했습니다. 신축년(2021)에는 눈길을 운행하다 약간 미끄러진 정도의 일이 있었고, 오래 많이 탄 차가 성능이 다해서 팔게 되었습니다.

왜 모두 '신'간일까요? 진궁의 천동화기를 건드리기 때문입니다. 그것도 선천 자전선이므로 자전이 의미하는 집, 차, 자녀와 관계됩니다.

신축년 명궁에는 염정과 칠살이 있습니다. 명천·부관선이니 내 자신의 일, 남편, 직장의 일에 변화가 예상됩니다.

발생은 술궁 거문화록으로 대한에서 거상연동이 된 궁선을 움직여주니 사안이 좀 큽니다. 천동화기가 있는 궁선이기고 하고요. 이곳이 1차발생이 되면 해궁을 움직이고(거상연동), 신궁 기월과 녹존이 있는 궁이 2차발생이 됩니다. 대한 부질선을 움직여 놓았는데, 선천의 부질선도 움직이니 부질의 문제를 벗어나기는 힘듭니다. 그리고 거문화록과 녹존의 협으로 인해 유궁도 문제궁이 됩니다. 몸신궁이 움직이며 경양·천형 병부가 동하니 수술하자는 이야기도 나왔습니다. 특히 유궁(몸신궁)은 신축년에 거울공명이 된 것에 유의해야 합니다. 5년 전에 위암 수술을 받았기 때문에 조금 더 신중히 결정하고 싶어서 미뤘습니다.

신궁의 녹존을 차성하면 오궁도 문제궁이 됩니다. 양량 조합의 형노·자전이 움직였는데, 집을 팔고 이사하면서 아들도 분가하였습니다.

결과는 묘궁 문창화기로 대궁과 함께 탐창악격을 만듭니다. 문창화기여서 폐암인가 생각도 해 보았습니다. 문창의 오행은 금으로 폐·대장·기관지를 의미합니다. 또 신축년 발생의 거문화록도 천동화기를 움직이는데, 거동 조합은 관(管)의 의미가 있어 기관지를 의미합니다. 거문은 어둡게 하는 것, 천월의 질병성, 염증을 의미하는 영성 등이 모여 은밀하게 진행된 듯합니다.

2차 결과는 대한 문곡화기와 함께 미궁 정부살 조합이 됩니다. 명천·부관선으로 직장의 변동이 됩니다. 문창화기와 문곡화기가 삼방에서 들어가니 선천 명궁입장에서는 괴로울 수밖에요.

폐암이 발견된 때는 음력 4월로 해궁에 해당합니다. 계사월이어서 파군화록이 되면 대한의 화기를 건드리는 셈이며, 탐랑화기는 유년의 문창화기를 건드리게 됩니다. 이렇게 사건은 사화가 물고 물리며 연결이 될 때 일어납니다.

표로 보년 다음과 같습니다.

신축년 일반적 순서	궁선	12사항궁	별	①번에서 록기전도
① 1차발생	진술궁	대한 부질 / 선천 자전	거문 천동	→ 최종결과
② 특수2차	사해궁	대한 재복 / 선천 부관	무곡 파군 천상	→ 1차결과
③ 2차발생	인신궁	대한 형노 / 선천 부질	천기 태음	→ 1차결과
④ 문제궁	유궁	대한 명천 / 선천 신·복덕	자미 탐랑	→ 1차결과
⑤ 차성문제	자오궁	대한 자전 / 선천 형노	태양 천량	→ 1차결과
① 1차결과	묘유궁	대한 명천 / 선천 재복	자미 탐랑	→ 2차발생
② 2차결과	축미궁	대한 부관 / 선천 명천	천부 염정 칠살	→ 1차발생

이렇게 놓고 보면 12궁이 다 움직였습니다. 발생과 결과의 순서

를 잡는 이유는 원인을 찾고자 하는 것이어서 어떤 문제로 인해 어떤 결과가 나왔는지 파악하고 싶어서입니다. 하지만 때로는 인간사가 복잡하여 무엇이 먼저인지 알 수 없을 때도 많습니다.

신축년은 유난히 집문서의 일이 빈번했습니다.

참고명반 『자미두수전서』 248쪽

(9)-1 신궁 천기·태음 - 넥슨 창업자 김정주

流天祿地地破武 霞巫 存劫空軍曲 廟閑廟閑閑平 博劫天　93~　58丁 士煞德【子女】病巳	天擎太 廚羊陽 　平廟 力災弔　　59戊 士煞客【夫妻】死午	金寡紅天天 輿宿鸞鉞府 　　旺廟 青天病　　60己 龍煞符【兄弟】墓未	解封天火太天 神誥貴星陰機 　　　陷平閑 　　　權忌 小指太　3-12　61庚 耗背歲【身　命】絶申
紅輩天天鈴陀文左天 艶廉壽才星羅昌輔同 　旺廟旺廟平 官華白　83~92　57丙 府蓋虎【財帛】衰辰	성명：　,陽男 陽曆　1968年 2月 22日 12:43 陰曆　戊申年 1月 24日 午時 命局：木三局, 石榴木 命主：廉貞　　　　身主：天梁		破天貪紫 碎空刑狼微 　　　平平 　　　　祿 將咸晦　13~22　62辛 軍池氣【父母】胎酉
天天天大三 福官使耗台 伏息龍　73~82　56乙 兵神德【疾厄】旺卯	《命式》　丙 壬 甲 戊 　　　　　午 戌 寅 申 (甲木司令) 《大運》　74 64 54 44 34 24 14 04 　　　　　壬 辛 庚 己 戊 丁 丙 乙 　　　　　戌 酉 申 未 午 巳 辰 卯 02-2249-5630 대유학당		天天文右巨 月哭曲弼門 　　陷廟旺 　　　　科 奏月喪　23~32　63壬 書煞門【福德】義戌
旬天年鳳恩陰天 空虚解閣光煞馬 　　　　　　旺 大歲歲　63~72　67甲 耗驛破【遷移】冠寅	月天天天天七廉 德傷喜姚魁殺貞 　　　旺廟旺 病攀小　53~62　66乙 符鞍耗【奴僕】帶丑	截台龍天 空輔池梁 　　　廟 喜將官　43~52　65甲 神星符【官祿】浴子	孤八天 辰座相 　　平 飛亡貫　33~42　64癸 廉神索【田宅】生亥

자미 유궁

기월 — 넥슨창업자 김정주

　넥슨 창업자 김정주 님의 명반입니다. 국내 게임산업 1세대를 대표하는 인물로, 1994년 넥슨을 설립하고 본격적인 기업인의 길로 들어서게 되었습니다. 2022년 안타깝게도 스스로 목숨을 끊었는데요, 어떤 사주를 가지고 있었는지 살펴보도록 하겠습니다.

　생시는 묘시, 사시, 오시, 해시 등으로 의견이 분분한데, 자미두수로는 오시가 가장 생애와 근접하므로 오시로 추론하였습니다.

생애 서울대학교 컴퓨터공학 학사를 졸업했으며, 카이스트 대학원에서 전산학과 석사 취득 후, 박사과정을 입학했지만 6개월 만에 그만두었습니다. 1994년(27세) 일본의 닌텐도 게임의 인기를 본 후, 6000만원을 가지고 게임회사 넥슨을 창업하고, 국내 최초로 그래픽 온라인 게임 '바람의 나라'를 출시했습니다.

김정주 님은 게임뿐만 아니라 인수합병에 남다른 능력을 보이며 불과 몇 년 만에 넥슨을 대표적인 게임사로 끌어 올렸습니다. 넥슨은 2000년대 초부터 엔씨소프트, 넷마블과 함께 국내 3대 게임사 중 하나로 꼽히고 있습니다.

2005년(38세) 6월 CEO로 나섰는데, 그전까지는 10여 년간 경영 일선에 나서지 않았습니다. 그리고 넥슨코리아를 2011년 일본 도쿄 증권거래서에 상장시켰습니다.

2011년(44세)부터 한국과학기술원 바이오 및 뇌공학과 겸임교수로 있었습니다.

2012년(45세) 8월에는 한국예술종합학교 협동과정 예술경영학과 과정을 수료했습니다. 스스로 디즈니를 가장 좋아하는 회사라고 했으니 컨텐츠에 관심이 많았다는 것을 알 수 있습니다. 이 분은 학창시절부터 틀에 얽매이는 것을 싫어하는 괴짜로 유명했다고 한다. 노란색, 붉은색 등의 염색을 자주 하였으며 짝을 다르게 하여 귀걸이를 자주 착용했고, 특히 자신이 하고 싶은 것에 대해 절대 고집을 꺾지 않고 몰두하였다고 합니다.

2013년(46세) 제주도에 컴퓨터 박물관을 지은 특이한 이력도 있습니다.

2016년(49세) 7월 진경준 전검사장에게 넥슨 비상장 주식을 뇌물로 준 혐의로 검찰 조사를 받았으며, 2022년 2월 27일(음력 1월 27일 : 임인월 신해일) 55세의 나이로 하와이에서 사망하였습니다.

선천명반 명궁에는 태음화권과 천기화기, 화성이 동궁합니다. 오시생이라서 명·신궁이 동궁합니다. 천기는 기계, PC, 스마트폰과 관련이 있고 화성도 있으니, 기계를 잘 다루고 관심이 많았을 것입니다. 다만 천기화기가 되니 머리를 쓴 것이 도리어 화가 될 수도 있습니다. 질액궁에서 천기화기가 되면 신경계통의 질환, 신경쇠약, 기억쇠퇴 등의 일이 있다고 하는데, 이 분은 을축대한에 신궁이 대한 질액궁이 됩니다. 아무래도 이때 우울증이 악화되었을 것으로 보입니다.

명궁에 있는 태음화권을 한번 볼까요? 태음의 성향은 여성적이며 따스하고 분위기를 중시합니다. 태음이 명궁이라면 주성으로서의 역할을 하는지 보아야 하는데, 명궁이 신궁부터 축궁 사이에 있는지, 밤시간에 태어났는지, 음력으로 1~15일 사이에 태어났는지를 살피는 것입니다. 그리고 보필이 있는지도 보는데, 신궁이니 좋지만, 낮에 태어났고, 음력 24일이니 조건에 부합되지는 않습니다. 태음이 별로 힘이 없는데다가 화성과 영성을 보니 열 가지 나쁜 일이 생긴다는 십악격을 이룹니다.

게다가 명궁에 화권과 화기가 함께 있으니 과강필절의 상황도 생깁니다. 일을 하면서 자주 의견차이로 부딪치게 되는데, 곱상해보이는 관상과는 별개로 자기주장이 강했을 것으로 보입니다. 태음이 음살, 화성, 영성, 천기화기, 천마도 보므로 정신적인 문제를 안고 있습니다. 예민하여 스트레스도 심했을 것입니다. 딱히 밖으로 표현하지 않을 뿐 속으로는 늘 힘들지 않았을까요?

부모궁 김정주 대표의 아버지는 판사 출신 변호사로 든든한 조력자이며, 김대표가 1994년 넥슨을 설립하고 본격적인 기업인의 길로 들어설 때 도움을 주었습니다. 부모궁이 유궁의 자탐 조합이면서 쌍록을 보니 부유했을 것이며, 천형은 염정과 함께 법조계와 관련됩니다.

기월 조합의 특징 중 하나는 자미와 천부가 협을 한다는 것입니다. 협궁이 좋다는 것은 좋은 집안에서 태어나 그 영향을 받았다는 것으로 부질선과 형노선이 모두 양호합니다. 어머니도 명문가 출신으로 금수저 집안이라고 합니다.

재백궁은 천동·좌보·문창이 동궁합니다. 살성으로 타라와 영성이 있는데, 살성이기는 하나 둘 다 묘왕지에 있으며, 살로서 살을 제화시켜서 격발한다고도 읽을 수 있습니다.

2021년 9월 포브스에 따르면 한국 재력 순위 1~2위를 다투며, 15조 5천억을 가지고 있다고 보고합니다.

재백궁과 복덕궁에 보필, 창곡을 마주보고 있어서 재복선이 매우 좋습니다. 이 분이 게임개발보다는 인수합병에 능했다고 하는데, 명반의 모양과 매우 부합하는 부분입니다. 복덕궁을 투자궁이라고 하는데 우필화과로 정신적인 만족을 하게 되며, 재백궁에 있는 좌보는 여러 곳에서 돈이 들어오는 것을 말합니다. 또한 재백궁은 유궁의 탐랑화록을 차성하면 쌍록의 협을 받고 있습니다. 명반이 이 정도 되어야 재벌 수준에 이르는가 봅니다.

재백궁에 천동이 있으므로 자수성가로 부를 이루며, 정신적인 만족을 이루는 분야로 돈을 버는 것이 유리합니다. 게임산업도 결국은 즐거움을 추구하는 것이죠. 천동은 누리고 즐기는 것을 좋아하며,

경쟁하는 것을 싫어하는데, 영성과 타라로 격발을 시켜 줍니다. 이 명반에서 살성을 보면서도 가장 좋은 궁선은 재복선입니다.

갑자대한과 을사대한을 살펴보겠습니다.

갑자대한(43~52세)은 천량이 명궁에 있으면서 양타·화령의 4살과 선천과 대한의 화기를 직접 봅니다. 인리산재 격국, 기량회양타 격국, 유사 양령형기격*도 됩니다. 태양과 태음이 양타를 보고, 화령과 선천 화기, 대한 화기가 모두 들어오기 때문에 아무리 태양이 묘왕지에 있다고 해도, 또 천량이 봉흉화길의 성이라고 해도 막기는 어렵습니다. 이미지 추락도 심했고요.

　대한의 발생은 축궁 염정화록으로 형노·부질선입니다. 주로 문서를 바꾸는 일이 있습니다. 또 윗사람, 대인관계의 문제가 대두됩니다.
　결과는 오궁 태양화기로 직장의 변동이 생깁니다. 같은 명천선으로 신궁의 천기화기를 공명시킵니다. 2016년 결국 이 사태로 인해 등기이사직을 사임했습니다.

　갑자대한(43~52세)에는 실질적으로 깊은 상처를 입는 사건이 많았습니다. 2016년(49세:병신년) 7월 진경준 전검사장에게 넥슨 비상장 주식을 뇌물로 준 혐의로 검찰 조사를 받았으나 무혐의 처리되었습니다. 주식을 준 것은 2015년의 일입니다. 또 불법외환거래 혐의도 받았습니다. 2015~2016년은 선천화기와 대한화기를 일으키며 상황이 좋지 않았습니다.

　2017년(50세:정유년) 국내 가상화폐 거래소 '코빗'을 인수했고, 2018년(51세:무술년) 유럽 최대 가상화폐 거래소 '비트스탬프'를 인수했습니다.
　2019년(52세:기해년) 1월 넥슨지주회사 NXC 매각계획을 언론에 발표했습니다. 2월에는 1.5조나 되는 거액의 돈을 탈세했다는 의혹

---

* 태양 영성 천형 화기를 보는 것인데, 여기서는 천형 대신 경양을 봅니다.

을 받아서 검찰 조사를 받았습니다. 합법적으로 본사가 제주로 이전하여 감면을 받은 사실이 있을 뿐이고, 탈세는 전혀 사실무근으로 확인되었습니다.

流天祿地地破武 霞巫存劫空軍曲 廟閑廟閑平 博劫天　93~　　58丁 士煞德【子女】　病巳 　　　【大官】	大天擎太 昌廚羊陽 　　平廟 力災弔　　　59戊 士煞客【夫妻】死午 　　　【大奴】	金寡紅天天 輿宿鸞鉞府 　　　旺廟 　　　　　　60己 青天病 龍煞符【兄弟】墓未 　　　【大遷】	大大解封天火太天 曲鉞神詰貴星陰機 　　　　陷平閑 　　　　權忌 　　　　　忌祿 小指太　3~12　61庚 耗背歲【身　命】絶申 　　　【大疾】
大紅蜚天天鈴陀文左天 羊艷廉壽才星羅昌輔同 旺廟旺廟平 官華白　83~92　57丙 府蓋虎【財帛】衰辰 　　　【大田】	성명：　　　陽男 陽曆 1968年 2月 22日 12:43 陰曆　戊申年 1月 24日 午時 命局：木三局，石榴木 命主：廉貞　　　身主：天梁		破天貪紫 碎空狼微 　　平平 　　　祿 　　　科 將咸晦　13~22　62辛 軍池氣【父母】胎酉 　　　【大財】
大天天天大三 祿福官使耗台 伏息龍　73~82　56乙 兵神德【疾厄】旺卯 　　　【大福】	《命式》　丙　壬　甲　戊 　　　　　午　戌　寅　申　（甲木司令） 《大運》　74 64 54 44 34 24 14 04 　　　　　壬 辛 庚 己 戊 丁 丙 乙 　　　　　戌 酉 申 未 午 巳 辰 卯 02-2249-5630 대유학당		天天文右巨 月哭曲弼門 　　陷廟旺 　　　　科 奏月喪　23~32　63壬 書煞門【福德】養戌 　　　【大子】
大旬天天鳳恩陰天 陀空虛解閣光煞馬 　　　　　　　旺 大歲歲　63~72　55甲 耗驛破【遷移】冠寅 　　　【大父】	月天天天天七廉 德傷喜姚魁殺貞 　　　　旺廟旺 病攀小　53~62　54乙 符鞍耗【奴僕】帶丑 　　　【大命】	大截台龍天 魁空輔池梁 　　　　廟 　　　　權 喜將官　43~52　53甲 神星符【官祿】浴子 　　　【大兄】	大孤八天 馬辰座相 　　　平 飛亡貫　33~42　64癸 廉神索【田宅】生亥 　　　【大夫】

을축대한(53~62세) 염정과 칠살이 동궁하면서 괴월과 쌍록을 보는 대한입니다. 대한 관록궁은 녹존과 공겁이 함께 있네요.

정부살 조합이 삼방사정에서 공겁, 천형만 보기 때문에 그다지 나빠 보이지는 않습니다. 대한 명천선에서 쌍병부를 보기는 합니다.

하지만 발생을 보면 생각이 달라집니다.

   을간으로 사화를 돌리면 천기화록이 신궁에 떨어집니다. 신궁에는 이미 선천 천기화기가 있으므로 록기전도가 되어 이 궁이 결과가 됩니다. 질병과 관련된 질액·신궁이 움직였으니 이 사안은 분명히 큰일이 됩니다. 2차는 없습니다.

   결과는 태음화기로 다시 신궁에 떨어집니다. 녹기가 모두 한 궁으로 집중되어 움직인 궁선이 적으니, 대한의 화권과 화과도 살펴보기로 하겠습니다. 화권은 자궁 천량화권으로 양량 별리 조합을 움직이는데, 대한의 외궁입니다. 화과는 유궁 자미화과로 부질·재복선을 움직입니다. 어느 대한을 갔을 때 부질선이 좋지 않아 보이는데, 계속 부질선을 건드리면 질병과 사고를 의심해 보아야 합니다.

   임인년(2022, 55세)은 대한의 록·기가 있는 궁선에 와 있습니다. 유년 명궁에는 천마만 있고요. 동궁한 음살, 천허, 순공, 대모, 세파 등은 인생을 허무하다고 느끼게 합니다.

   발생은 자궁 천량화록으로 부관·형노선을 움직입니다. 그리고 대한화록과 함께 진술궁을 움직입니다. 진술궁은 재복·자전선이면서 천월의 질병성과 상문·백호를 움직입니다.

   이미 대한에서 질액 신궁을 움직여 놓았는데, 형노·재복·상문·백호를 움직여 사망의 상관성을 다 움직였습니다.

   결과는 사궁 무곡화기로 녹존이 있는 궁선까지 깨트리니 임인년이 흉한 것입니다. 물론 이 분의 명궁이 기월의 변화 성계이면서 화성을 보아 불안한 것도 중요한 작용을 합니다.

   2022년 2월 27일(음력 1월 27일 : 임인월 신해일) 55세의 나이로 하와이에서 사망하였습니다. 음력 1월(임인월) 명궁은 신궁이며, 유년과 월의 사화가 똑같이 돌아갑니다. 27일(신해일)은 술궁 거문이 있는 궁입니다. 거문화록 발생으로 해궁을 움직이면 유년의 무곡화기를 움직입니다. 연관이 되지 않으면 사건이 벌어지지 않죠.

이 분이 사망하고 나서, 많은 분들이 놀라기도 하고 죽음에 의문을 품기도 했는데요, 과거 사건이나 방송 출연으로 꽤 얼굴도 알려졌었기 때문입니다. 게임업체를 운영하면서 직원들에게 매우 후하게 대접했고, 인품도 괜찮았다고 합니다. 이렇게 돈도 많고 가진 것이 많은데 스스로 목숨을 버리다니, 개인적인 아픔을 다 알 수 없고 대신할 수도 없으니 옳다 그르다 할 수는 없지만 안타깝습니다.

죽음을 결정하는 요소 가끔 언제 죽는가에 대한 질문을 받을 때가 있습니다. 살고 싶다는 거죠. 이렇게 스스로 멈추는 분들은 언제 죽는지 묻지 않습니다. 사실 이렇게 명반을 보고 있어도 각자의 생각을 다 읽을 수도 알 수도 없습니다. 명반에서 나오는 여러 사안들을 종합해서 그럴 것이라고 추측하는 것뿐입니다.

한날 한시에 태어났어도 다르게 사는데, 죽는 게 같을 수 있을까요? 살아온 이력이 다르니 죽는 것도 다르다는 생각이 듭니다. 크던 작던 선택의 순간이 많은데, 백번 생각해도 계속 마음이 이끌리니 그렇게 했겠지요. 자미두수에서 이야기하는 죽음의 상관궁과 성인 형노선, 재복선, 상문, 백호 외에도 그 당시 이 사람을 힘들게 했던 사건이 분명히 존재합니다. 해결되지 않은 문제거리죠.

저는 누구에게나 살면서 '오로지 내 편'을 꼭 하나 만들라고 하는데요, 내 편이 되는 사람이 없다면 종교나 학문에서라도 찾았으면 좋겠습니다.

(9)-2 신궁 천기·태음 - 드라마 작가

天孤天天祿文破武 官辰空喜存曲軍曲 廟廟閑平	輩年鳳三擎太 廉解閣台羊陽 平廟 平廟	金流天台天 輿霞月輔府 廟	龍八天太天 池座姚陰機 平閑 權
博劫晦 36~45 50癸 士煞氣【子女】 絶巳	官災喪 26~35 51甲 府煞門【夫妻】 墓午	伏天貫 16~25 52乙 兵煞索【兄弟】 死未	大指官 6~15 53丙 耗背符【命】 病申
截天陀天 空刑羅同 廟平 祿	성명: ,陽女 陽曆 1976年 2:26 陰曆 丙辰年 丑時 命局:火六局,山下火 命主:廉貞 身主:文昌		月天文貪紫 德鉞昌狼微 廟廟平平 科
力華太 46~55 49壬 士蓋歲【財帛】 胎辰			病咸小 54丁 符池耗【父母】 衰酉
天封恩火右 使詰光星弼 平陷	《命式》 癸 丙 丑 辰 (庚金司令) 《大運》 72 62 52 42 32 22 12 02 己 庚 辛 壬 癸 甲 乙 丙 丑 寅 卯 辰 巳 午 未 申 02-2249-5630 대유학당		天地巨 虛空門 陷旺
青息病 56~65 48辛 龍神符【疾厄】 養卯			喜月歲 55戊 神煞破【身福德】旺戌
紅解天天天 艷神壽哭馬 旺	破寡天七廉 碎宿傷殺貞 廟旺 忌	旬天天陰地天 空廚福才煞劫梁 陷廟	大天天紅鈴天左天 耗貴巫鸞星魁輔相 廟旺閑平
小歲弔 66~75 47庚 耗驛客【遷移】 生寅	將攀天 76~85 58辛 軍鞍德【奴僕】 浴丑	奏將白 86~95 57庚 書星虎【官祿】 帶子	飛亡龍 96~ 56己 廉神德【田宅】 冠亥

선천명반 신궁(申宮)에 천기화권과 태음이 있는 명입니다. 몸신궁은 술궁의 거문으로 복덕궁과 동궁합니다. 정신적인 이상을 추구한다는 의미입니다. 이 명은 어려서부터 그림 그리는 것 자체를 좋아했고 지금도 그린다고 합니다. 초등학교 4학년 때 시작한 서예를 대학 때까지도 했다고 합니다. 혼자 어려운 수학문제를 푸는 것을 즐겨서 통계학과에 들어가기도 했고요.

명궁의 천기는 총명함을 의미합니다. 여기에 화권이 붙었으니 계획을 실행하는데 유리하고 겸업을 하는 경우가 많습니다. 계획적인 성향을 가지고 있어서 초등학교 4학년 때 40세에는 은퇴를 해야겠다고 다짐했고 실행에 옮겼다고 합니다. 직장생활은 40까지 하고, 그 뒤에는 글을 써야겠다고 계획을 세웠답니다.

이제 함께 동궁한 태음을 볼까요? 태음은 상현에 태어나야 좋고, 밤시간, 그리고 신궁부터 축궁까지여야 길한데, 반 정도 조건을 충족했습니다. 재백궁의 천동이 화록이어서 천동·태음 조합도 좋습니다. 동월 조합은 영상, 카메라, 그림과 관련된 일을 하는 것을 잘합니다. 천요도 있고, 천재, 용지·봉각도 보니 예술적인 재능도 뛰어날 것으로 보입니다.

앞의 김정주 님 명반은 무신생으로 명궁에 태음화권과 천기화기가 있었고, 이 명은 병년생으로 명궁에 천기화권이 있습니다. 두 사람 다 조용한 성격이며, 기획력과 집중력이 뛰어납니다.

길성과 살성 6길성이 모두 외궁을 향해 있습니다. 형노선인 축미궁이 6길성을 모두 봅니다. 길성이 외궁에 있기는 하지만, 다행인 것은 괴월은 술궁 신·복덕궁을 협하고 있고, 문창과 문곡은 재백궁의 천동화록을 협하고 있습니다. 또 재복선을 창곡과 괴월이 채워주고 있습니다.

반면 명·신궁에서 양타와 공겁을 봅니다. 4살을 보니 4살 특수격이 되려면 녹존을 보아야 하는데 그렇지는 않습니다. 아무래도 직접적으로 길성을 보지 않고 살성을 많이 보기 때문에 불리한 상황이 생기기도 합니다.

사화 명궁에 천기화권, 재백궁에 천동화록이 있으니, 머리를 써서 생각하거나 감정적으로 풍요로운 일로 재물을 만들어 냅니다.

부모궁의 문창화과는 부모님이 공부를 좀 하셨거나 자탐 성계와 함께 있으니 예술적인 일을 하셨을 것으로 보입니다. 부모궁은 상모궁으로 불리는데, 이 명이 부모의 영향을 받고 살아가기 때문에 자라나는 환경이 됩니다. 작가가 된 분들 중에는 삼방에서 창곡을 보지 않더라고 부모궁에 창곡을 보는 경우가 많습니다. 부모궁을 북파에서는 독서궁으로도 불립니다. 부모궁 자체로는 화탐격이 되지만, 탐랑이 문창이나 문곡을 보는 구조이므로, 화기가 될 때는 탐창, 탐곡악격이 되기도 합니다.

화기는 노복궁에 있습니다. 축미궁의 정부살 조합이 화기를 보니 노상매시 조합이 됩니다. 대표적인 사고 조합이기는 하지만 축미궁선에서 다른 살성을 보지 않는 것은 다행입니다. 내가 부리는 사람이 힘들게 할 경향이 있으므로 사람을 많이 두고 하는 일을 피하는 것이 좋습니다.

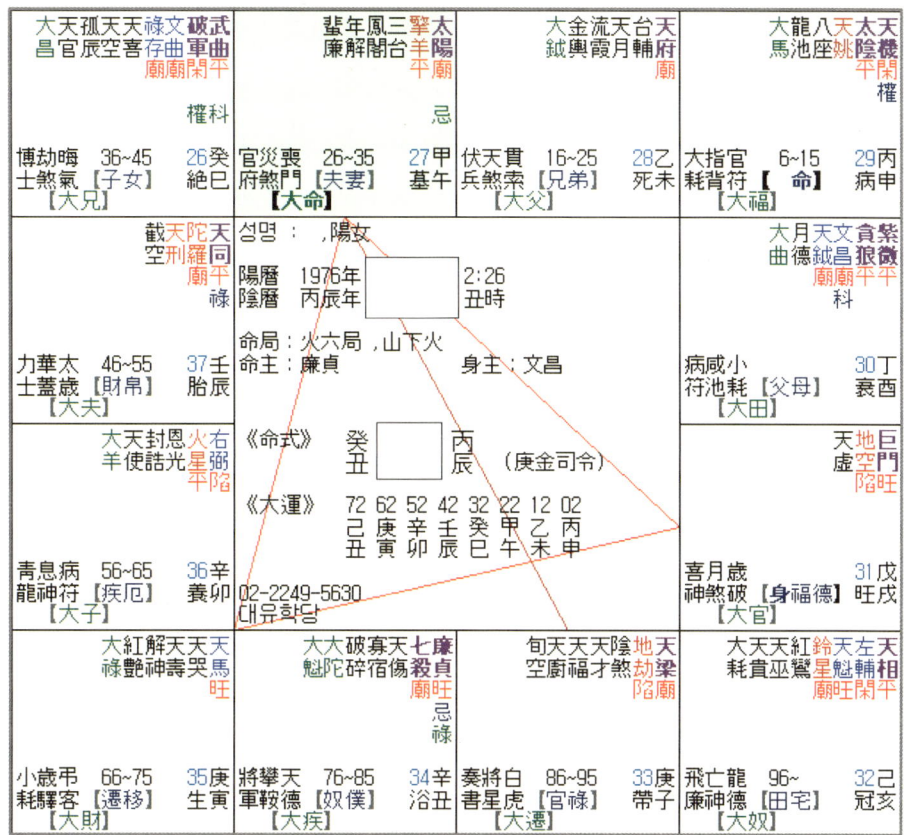

갑오대한부터 보도록 하겠습니다.

갑오대한(26~35세) 갑오대한은 태양이 묘왕지에 있으며 경양이 동궁합니다. 태양은 공직의 별이며 남성육친의 별입니다. 여성이 이 대한을 지날 때는 남성들에게 인기가 생기는 궁이기도 하고요.

갑오대한 발생은 축궁 염정화록으로 형노·부질선입니다. 정부살 조합에 화기가 있는 궁선을 움직였으니 부모님의 질액과 대인관계의 변동 등이 예상됩니다. 선천화기가 있는 궁을 발생시켰으니 록기전도가 됩니다. 사궁의 녹존과 함께 묘궁이 문제궁이 되는데, 자미·탐랑이 있으면서 자전·부질선입니다. 자전선은 도화궁선이기도 하고 도화와 관련된 별이 있으니 이성을 만날 수 있습니다.

 결과는 오궁 태양화기로 부관·명천선입니다. 직장문제, 배우자와의 일이 결과가 됩니다.

 신사년(26세, 2001) 대한 첫해에 대학원에 입학합니다. 조교활동을 하면서 생활비와 장학금을 받았고, 졸업 후 학교 연구소에 근무했습니다.

 갑신년(29세, 2004) 교수님의 추천으로 리서치 회사에 근무 중이었는데, 직장생활 중 가장 힘든 시기였다고 합니다. 갑신년은 축미궁의 형노·부질선의 선천 염정화기를 발생시키므로 대인관계도 힘들고, 천월(天月)·파쇄·천상(天傷) 등을 보므로 아프기도 했을 것입니다. 결과 태양화기는 부관·명천선에 떨어지니 직장에 들어가기는 하지만 태양·천량의 별리 조합에 경양과 지겁, 화기까지 보니 당연히 힘든 시기가 됩니다.

 을유년(30세, 2005) 공사에 근무하고 있었는데, 입사할 때 40세에 퇴사할 계획을 세웠습니다. 40부터는 글을 쓰는 직업을 갖고 싶다고 생각했습니다. 이 직장에서 40세까지 근무합니다. 2005년 후반에 연애를 시작했고, 2009년에 결혼을 했습니다. 중간에 결혼이 연기되면서 헤어지려고 했고요.

 을간 천기화록이 되면서 천기화권·태음이 있는 궁은 명천·재복·형노선이 됩니다. 유년 12궁을 쓸 수 있으므로 직장을 옮기는 것이 되어, 공사에 근무하게 됩니다. 천기화권을 일으키니 계획을 세우는 것도 해당되고요. 천기화록으로 록마교치도 되니 안정적인 수입도 생깁니다.

을유년은 유궁이 명궁인데, 자미·탐랑과 문창, 천월, 우필 등의 길성을 보고, 함지가 있으니 연애감정이 생길 수 있습니다. 대한이 앉은 자리도 부처궁 운이 되고요.

기축년(34세, 2009) 기축년에 결혼합니다. 기축년은 선천 염정화기를 대한의 록으로 일으킨 유년입니다. 이 궁선에 살성이 없는 것은 다행입니다. 기축년 발생은 사궁 자전·형노선이면서 결혼의 상관성인 홍란과 천희를 움직입니다. 결혼을 하려면 부관선, 부질선, 자전선, 홍란·천희, 화과·화권 등이 움직여야 합니다. 사궁의 무곡화록과 축궁의 염정화록이 만나 묘유궁을 2차 발생시키니, 조건이 갖추어졌습니다.

록기전도가 된 해에 결혼이 가능하냐고요? 가능합니다. 록기전도보다 결혼을 할 수 있는 상관성과 상관궁이 모두 움직였는지가 더 중요합니다. 대한에서 이미 부관선, 자전선, 부질선이 움직였고, 기축유년에 홍란·천희와 화권·화과를 움직여서 이 해에 결혼을 합니다. 상관궁과 상관성의 완성은 일이 일어날 것을 예측하는 것이고, 록기전도가 된 곳이 최종결과궁이 되기 때문에 고생스럽다는 것을 말해줍니다.

물론 이렇게 선천화기를 건드린 대한이면서 그 해에 결혼을 하는 것은 불리합니다. 결혼 후에 아무래도 편안하지 못한 일이 생길 수 있기 때문입니다. 우리가 결혼을 할 때 날을 잡지 않습니까? 택일이라고 부르는데, 기왕이면 좋은 때 시작하라는 의미도 됩니다. 그저 결혼하는 날만 가린다고 해서 무엇이 달라지겠습니까? 결혼 상대자가 바뀌는 것도 아니고 식구들이 바뀌는 것도 아닌데 말입니다. 그래도 더 나은 때를 선택하는 노력은 필요합니다. 나쁜 환경에서 시작하면 어려운 일이 더 많아질 테니까요.

예전에는 부동산을 사면 다 오른다고 생각했습니다. 하지만 지금은 그렇지 않다는 것을 압니다. 2021년 광풍처럼 부동산과 주식 바람이 불었지만, 2022년은 그 열기가 사그라 들었으니 말입니다. 부동산을 살 수 있는 운과 부동산이 오르는 운이 다른 것처럼, 결혼을 할 수 있는 운과 결혼이 행복한지는 다르게 보아야 합니다.

계사대한(36~45세) 계사대한은 무곡·파군이 있으면서 문곡·녹존을 보고, 대궁에 천상·좌보·천괴도 봅니다. 대한 내궁에서 6길성을 모두 보고, 살성은 화성과 영성만 봅니다. 무파상 조합의 파조파가 다노록 대한이면서 파군화록도 있어서 하던 일을 그만두고 새로 시작할 수 있으며, 새로운 사건도 계속해서 생길 수 있습니다.

결과는 유궁 탐랑화기로 부질·부관선이 됩니다. 유궁은 탐랑화기와 문창이 동궁하여 탐창격이 형성됩니다. 유궁입장에서 보는 탐랑과 화성 녹존은 화탐격을 이루기도 합니다.

다만 삼방에서 선천화기와 대한화기를 보고 있습니다. 선천 염정화기는 형노·재복선에 있으며, 대한의 화기는 부질·부관선입니다.

신묘년(36세, 2011) 남편과의 관계가 편하지 않았고, 이사를 하면서 집을 구매했습니다. 신묘년의 명궁인 묘궁은 부질·부관선인데 화성을 보고 천이궁에서 탐창격이 형성되어 있으므로 배우자와의 관계가 좋을 수는 없습니다.

신간 거문화록은 형노·재복선을 움직이고, 재음협인으로 천상이 있는 해궁을 움직이게 합니다. 대한의 파군화록과 녹존궁을 움직이는데 자전·명천선입니다. 집을 옮길 수 있는 요건이 갖추어졌습니다.

결과는 유궁의 문창화기로 부관·부질선이 됩니다. 2차결과는 다시 사해궁입니다. 집을 사는 것으로 드러났지만 부처와의 감정불화도 있습니다.

임진년(37세, 2012) 건강이 좋지 않아 병원에 계속 다녔으며 금전적으로 손해가 계속되었습니다. 엄마는 갑상선암 수술을 하셨고,

아버지는 병원에 장기 입원을 했고, 시어머니도 초기 암으로 간단히 수술을 했습니다. 2003년에 하다 그만둔 드라마 공부를 계속했고, 2011~2012년 장학금을 받으면서 학교를 마칩니다.

임진년은 형노·재복선 상에 왔으면서 거동의 감정고충 조합입니다. 게다가 살성이 많으니 돈도 나갈 일이 많고 고민이 많습니다.

발생은 자궁 천량화록으로 양량별리 조합의 경양과 지겁을 움직이는데, 상문·백호도 있어 사안이 큽니다. 부질선을 움직이니 엄마 아버지에게 질병이 생기고, 부관·부질이니 남편의 부모 즉 시어머니의 질병도 있습니다.

대한의 부질선은 항상 대한에서는 외궁이 됩니다. 외궁이어서 작용하지 않는 것이 아니라, 부질선을 움직일 때는 부모의 질액, 문서문제, 몸신궁과 연관되면 나 자신의 질병이 생길 수 있습니다. 어느 정도인가는 별을 보고 판단하는 것이고요.

천량화록이 발생하면 선천의 천동화록과 함께 인신궁도 움직이는데, 이 궁은 기월 조합이면서 천마가 있고 명천·자전선이므로 집안의 변동이라고 볼 수 있습니다. 천마는 유행병 혹은 질병이 있어도 잘 찾아내지 못하는 것인데, 대한에 태음화과여서 질병이 잘 밝혀진 것으로 보입니다.

드라마 공부를 마쳤다고 했는데, 그것도 부질선과 태음화과의 영향입니다.

을미년(40세, 2015) 퇴사를 하고, 동시에 드라마 보조 작가를 시작해서 2018년까지 계속했습니다. 말 못할 정도로 심하게 아픈 시기가 있었는데, 1995년(을해), 2005년(을유), 2015년(을미)입니다.

회사에 10년 다닐 것을 계획했는데 계획대로 퇴사를 했습니다. 명궁이 천기화권이라 계획을 잘 수립하고, 교제 능력, 관리력이 좋아지지만 고생은 많은 대한입니다.

을간이 오면 심하게 아프다고 했는데 살펴보도록 하겠습니다. 을년에는 천기화록이니 항상 오궁의 선천부관선을 움직이며, 차성하면 선천부질선을 움직입니다. 그리고 태음화기가 되므로 작은 사고 아니면 신경계통이나 팔·다리가 아플 수 있습니다. 대궁에서 보는 천마는 상태를 더 악화시키고요.

병신년(41세, 2016) 시나리오 공모전 2곳에서 당선되었습니다. 병신년은 선천 명궁이며 천기화권과 태음화과가 있어서 길흉이 드러나기 쉽습니다. 병년이어서 선천 사화와 똑같이 돌아갑니다. 발생은 진궁 천동화록으로 창곡이 협을 하고 있어 글과 문장에 있어 길합니다. 결과는 축궁 염정화기로 대한의 탐랑화기와 함께 대한의 명궁 무파상 조합을 결과화합니다. 무파상 조합과 좌보는 2번 이상을 뜻합니다.

이렇게 선천과 대한의 사화가 같을 경우, 선전과 유년의 사화가 같을 경우 길함과 흉함이 명확하게 보여집니다.

그럼 선천 염정화기에 유년 화기가 떨어진 것은 어떻게 볼까요? 대한의 내궁에 떨어진 진기이기는 하지만, 유년 발생선이 같은 형노·재복선으로 록에 따른 결과로 읽어주는 것이 좋습니다. 축궁을 움직인 것으로 보아 체력적으로나 재적으로 그다지 유쾌하지는 않았을 것입니다.

무술년(43세, 2018) 글쓰기를 포기할 것인지 고민하던 가장 힘든 시기였는데, 남편도 직장에서 힘들었다고 합니다.

　무술년 발생은 유궁의 대한 탐랑화기를 일으킵니다. 문창과 탐랑화기는 '작사전도'라 해서 일을 그만두고 싶은 생각이 듭니다. 유궁은 대한의 부관선, 신궁은 유년의 부관선이므로 배우자도 힘들어 하고요. 또한 2차 발생으로 축미궁의 정부살 조합도 움직이게 합니다. 이렇게 선천과 대한의 화기를 움직이는 때는 힘든 시기입니다.

　기해년(44세, 2019) 소설로 공모전에 당선되었고, 문창과로 편입하여 장학금을 받고 다녔습니다. 팔다리가 심히 아팠습니다.

　기해년은 대한 천이궁이면서 대한의 파군화록이 있는 궁을 무곡화록으로 움직이게 하니 길합니다. 해궁은 창곡을 다 보고, 괴월과 보필을 모두 보므로 기회도 생기고 학교도 더 다닐 수 있는 것입니다. 장학금은 용덕(龍德)이라는 별과 관련됩니다. 용덕은 장학금, 배상금의 의미가 있는데 괴월, 창곡, 은광·천귀를 보니 학교를 다니는 데 유리하게 작용합니다.

　팔다리가 아픈 것은 더 심한 달이 있기는 하겠지만, 지나치게 정신을 소모하느라, 육체를 보호해주는 일에는 소홀해서인 것 같습니다.

　경자년(2020, 45세)　소설로 등단했고, 움직이지 못할 정도로 아팠으며, 아버지는 패혈증으로 장기 입원했습니다.

　경자년 발생은 오궁의 태양화록으로 부관·부질선을 움직입니다. 또 부모의 질액이 문제가 되며, 천동화록과 함께 사궁 파군화록을 움직이는 것은 길합니다.

大天孤天天祿文 破武 鉞官辰空喜存曲 軍曲 　　　　　廟廟閑平 　　　　　　　忌 博劫晦　36~45　　50癸 士煞氣【子女】　　絕巳	輩年鳳三擎太 廉解閣台羊陽 　　　　平廟 官災喪　26~35　51甲 府煞門【夫妻】　基午	金流天台天 輿霞月輔府 　　　　　廟 伏天貫　16~25　52乙 兵煞索【兄弟】　死未	龍八天太 池座姚陰機 　　　平閑 　　　　　權 大指官　6~15　53丙 耗背符【　命　】病申 　　　　【大官】
截天陀天 空刑羅同 廟平平 　　　祿 力華太　46~55　49壬 士蓋歲【財帛】　胎辰 【大命】	성명 :　　,陽女 陽曆　1976年　　　2:26 陰曆　丙辰年　　　丑時 命局 : 火六局 , 山下火 命主 : 廉貞　　身主 : 文昌		月天文貪紫 德鉞昌狼微 　廟廟平平 　　　　科 　　　　權 病咸小　　　　　54丁 符池耗【父母】　衰酉 　　　【大奴】
大天封恩　火右 魁使詰光　星弼 　　　　　平陷 青息病　56~65　48辛 龍神符【疾厄】　養卯 【大兄】	《命式》　癸　丙 　　　　　丑　辰　（庚金司令） 《大運》　72 62 52 42 32 22 12 02 　　　　　己 庚 辛 壬 癸 甲 乙 丙 　　　　　丑 寅 卯 辰 巳 午 未 申 02-2249-5630 대유학당		大天　地巨 陀虛　空門 　　　陷旺 喜月歲　　　　　55戊 神煞破【身福德】旺戌 　　　【大遷】
大大紅解天天天 馬昌艷神壽哭馬 　　　　廟　旺 小歲弔　66~75　47庚 耗驛客【遷移】　生寅 【大夫】	破寡天七廉 碎宿傷殺貞 　　廟旺廟 　　　　忌 將攀天　76~85　46辛 軍鞍德【奴僕】　浴丑 【大子】	大大旬天天陰地天 曲羊空廚福才煞劫梁 　　　　　　　陷廟 　　　　　　　　祿 奏將白　86~95　57庚 書星虎【官祿】　帶子 　　　【大財】	大大天天紅鈴天左天 祿耗貴巫鸞星魁輔相 　　　　　廟旺閑平 　　　　　　　　科 飛亡龍　96~　　56己 廉神德【田宅】　冠亥 　　　【大疾】

임진대한(46~55세)

임진대한은 선천 재백궁 대한이며, 천동화록이 있고, 대한 관록궁에 천기화권으로 힘이 있습니다. 동궁한 타라는 묘왕지이므로 지속성을 의미합니다. 유궁을 차성하면 문창화과와 문곡이 협을 하여 상황이 좋아집니다.

이 대한에서 보는 공겁은 재적인 손실이기도 하지만, 창의성은 극대화될 것으로 보입니다.

임간 발생은 자궁의 천량화록으로 부관·재복선입니다. 재적으로는 의외의 재물이 들어오겠지만 배우자와는 떨어져 지내는 시간도 좀 있습니다. 2차발생은 신궁으로 명천·부관선으로 하는 일에 변화가 생깁니다.

신축년(46세, 2021) 제작자 영화사 미팅만 많고 성사되지는 않았으며, 아버지는 암수술, 친정과 시가 모두 집 이사를 했는데 한 번에 계약이 되지 않고 문제가 있은 후 하게 되었습니다.

신축년 명궁은 선천 염정화기가 있습니다. 사람마다 정도의 차이가 있지만 선천화기가 있는 궁선을 지날 때는 어려움이 있습니다. 발생 거문화록은 재복·명천선으로 돈이 드나드는 문제에 있어 감정적인 피로가 있고, 거상연동으로 사해궁을 움직이는데 자전·부질선이니 집문서와 관련된 일입니다. 결과는 문창화기는 부질·형노선에 있으니 문서 변동의 일인데 계약문제가 생기는 것입니다. 부모의 질액과 관련된 일도 발생하고요.

미팅만 많고 실제로 성사되지 않은 것은 유년 문창화기가 대한 무곡화기와 함께 축궁 선천화기를 2차결과화 하기 때문입니다. 명반을 볼 때 선천과 대한의 화기를 움직이는지 꼭 보아야 합니다.

임인년(47세, 2022) 각색 계약을 했고, 소설도 계약하여 단편을 발표했습니다. 아파트 리모델링 이슈로 시끄러웠습니다.

임인년은 대한과 사화가 같이 돌아가는데 상황이 나쁘지는 않습니다. 부관·재복선을 직장의 재적인 문제로 보면 의외의 계약이 될 수 있습니다.

결과 무곡화기는 자전·부질선이므로 집과 관련된 돈문제로 시끄럽습니다.

명반의 12궁을 보다보면 온전히 좋고 혹은 온전히 나쁜 곳은 없습니다. 누군가는 빼앗아가고 누군가는 채워주는 구조이기 때문입니다. 그렇기는 해도 '조금 더 나은' 혹은 '조금 더 나쁜' 것은 찾아낼 수 있습니다. 그래도 화록이 있는 대한이므로 상황적으로는 더 나아질 것으로 보입니다. 사실 결과를 완벽하게 예측할 수는 없습니다. 이 분이 작가로서 지속적인 성장을 원하셨는데, 아마도 이 대한에 어느 정도 이룰 것으로 보입니다.

(10) 유궁 자미·탐랑 - 아인슈타인

天月蜚廉 破碎 平	孤辰 閑	天馬 廟	地劫 平	地空 閑	陀羅 陷	左輔 平	破軍 閑	武曲 平祿	流霞	天貴	天喜	祿存 廟	太陽 旺廟		年解	鳳閣 廟	龍池 廟	擎羊 廟	天府 廟		金輿	月德	解神	天廚	大耗	封詰	天巫	天鉞 廟	太陰 平閑	天機 平閑
力士 歳驛 喪門 【財帛】		44~53						14己 生巳	博士 息神 貫索 【子女】		34~43				14庚 養午	官府 華蓋 官符 【夫妻】		24~33			14辛 胎未	伏兵 劫煞 小耗 【兄弟】		14~23					15壬 絶申

紅艷	天使	天空	鈴星 旺	文昌 旺	天同 平								旬空	截空	天官	天虛	右弼 陷	貪狼 平	紫微 平權

성명 : 아인슈타인, 陰男
陽曆 1879年 3月 14日 12:39
陰曆 己卯年 2月 22日 午時
命局：金四局, 劍鋒金
命主：文曲 身主：天同

青龍 攀鞍 晦氣 【疾厄】	54~63	14戊 浴辰					大耗 災煞 歳破 【身 命】	4~13	15癸 基酉

《命式》 甲 丙 丁 己
        午 申 卯 卯 (甲木司令)

《大運》 73 63 53 43 33 23 13 03
        己 庚 辛 壬 癸 甲 乙 丙
        未 申 酉 戌 亥 子 丑 寅

02-2249-5630
대유학당

天哭	火星 旺		天刑	文曲 陷旺忌	巨門

小耗 將星 太歳 【遷移】	64~73	14丁 帶卯					病符 天煞 龍德 【父母】		15甲 死戌

天福	天傷	三台	天姚		寡宿	七殺 廟	廉貞 旺	天壽	天才	台輔	恩光	八座	陰煞	紅鸞	天魁 旺	天梁 廟科						天相 平

將軍 亡神 病符 【奴僕】	74~83	14丙 冠寅	奏書 月煞 弔客 【官祿】	84~93	15丁 旺丑	飛廉 咸池 天德 【田宅】	94~	15丙 衰子	喜神 指背 白虎 【福德】		15乙 病亥

알베르트 아인슈타인의 명반입니다. 생년월일시는 나무위키에 나온 "1879년 3월 14일 오전 11시 30분 독일 울름의 유대인 가정에서 태어났다."를 참조했습니다. 독일 태생의 유대계 이론물리학자입니다. 특수상대성이론을 연구하여 1905년 발표하였으며, 1916년 일반상대성이론을 발표하였습니다. 물리학자로서 20세기 물리학의 토대를 마련하고 우주의 필수 구조를 제공한 분이죠. 천재 과학자로

알려졌으며, 광전 효과 법칙의 발견으로 1921년 노벨상을 수상했습니다.

선천명반 유궁의 자미·탐랑명입니다. 삼방에는 정성이 2개씩 들어 있으면서 살파랑 조합을 끼고 있으니 개창력·창조력이 뛰어납니다. 자미는 보필을 보아야 하는데 보필은 보고 있으며, 재백궁에 록마교치도 되어 있어 돈을 벌기도 합니다.

탐랑 입장에서는 화성이나 영성을 보면 격발한다고 하는데 명천선에서 화탐격이 되고 화록도 보니 자미나 탐랑이나 세력을 얻은 셈입니다. 게다가 명궁에는 절공과 순공을 보고, 재백궁에서는 공겁을 보아 '자탐공망탈속승'의 격국이 되어 탈속적인 성향도 가집니다. 자탐과 공겁의 조합은 창조력의 극치여서 무형의 것을 다루는데 유리합니다.

재백궁 선천 명궁이 탈속승이 된다고 했지만, 무곡화록과 천마가 있어 록마교치는 되니 행동으로 돈을 버는 것에 유리합니다. 하지만 공망나·절족나도 되니 ㄱ 재물을 유지하기는 어려운 구조입니다. 탈속한 것처럼 돈을 추구하지 않아야 풍파가 적다는 의미도 됩니다.

어린 시절 아래의 글로 대신하겠습니다. 타고난 자질을 어떤 교육으로 살려주었나를 보실 수 있는 내용입니다.

조선일보의 기고*에서 전 세종대 교수인 홍익희 씨는 아인슈타인을 깨운 3가지를 '나침반·바이올린·토론'으로 잡았습니다.

---

* 조선일보 오피니언 2022.08.23일자

"아인슈타인은 말 배우는 것이 늦어 세 살까지 한마디도 못했다. 학교에 입학해서도 독일어가 어눌하고 약간의 자폐 증상이 있어 왕따가 되었다. 다섯 살 무렵 입원한 일이 있었다. 아버지는 무료해하는 아들에게 '나침반'을 사주었다. 아인슈타인은 나침반 바늘이 항상 북쪽을 가리키는 움직임을 관찰하며 바늘을 끌어당기는 우주의 힘이 숨어 있음을 어렴풋이 느꼈다. 그는 우주의 힘이 어떻게 자기한테까지 오는지 궁금했다.

피아니스트인 어머니는 아인슈타인에게 여섯 살부터 피아노와 바이올린을 가르쳤다. 처음에는 배우기 싫어해 1년쯤 배우다 그만두었다. 이때 어머니는 강요하지 않았다. 몇 년 뒤 아인슈타인은 모차르트 음악을 연주하고 싶어 다시 바이올린을 배우기 시작했다. 그는 어느 날 모차르트 음악이 수학적 구조로 되어 있음을 깨달았다. 미처 깨닫지 못한 것에 진리가 숨어 있었다. 아인슈타인은 혼자서 깨닫는 것이야말로 중요하다는 생각을 하게 된다.

독서를 즐기는 아버지 덕에 아인슈타인도 책 읽기를 좋아했다. 유대인들은 안식일에 가난한 신학생을 대접하며 자녀를 돌봐주게 하는 대신 학비를 지원하는 아름다운 전통이 있었다. 아인슈타인이 열 살 때 부모는 막스 탈무드라는 의대생을 목요일마다 초대했다. 막스는 아인슈타인이 '자연의 움직임'에 호기심이 많다는 것을 알아차리고 각종 과학책을 가져다주었다. 이것이 아인슈타인이 21권짜리 자연과학 시리즈에 빠져드는 계기가 되었다.

막스는 아인슈타인이 12세가 되자 유클리드 기하학으로 이끌어 함께 읽고 질문을 던져 스스로 원리를 깨우치도록 했다. 이때 아인슈타인은 기하학의 규칙성과 논리에 빠져들었다. 유대인 교육에 있어 이처럼 '호기심' 자극과 '답을 스스로 찾는 해결법'은 가장 중요한 학습 방법이다. 이후 막스는 아인슈타인의 관심을 철학으로 넓혀주어, 뉴턴, 스피노자, 데카르트의 책들을 섭렵하게 했다. 13세 때 칸트의 '순수 이성 비판'을 한 구절, 한 구절 같이 읽으며 몇 시간씩 토론했다. 이때 아인슈타인은 토론의 즐거움에 빠져들면서 토론의 중요성을 절감하게 된다."

이러한 교육방식은 아인슈타인을 이론물리학자로 성장하게 만든 원동력인 것 같습니다. 아인슈타인은 연구실에서 하는 실험으로 연구결과를 내지 않았습니다. 어쩌면 이런 성과를 낸 분들의 명반을 보는 것이 무슨 의미가 있을까도 생각해봅니다. 노력한다고 따라할 수 있는 것이 아니니까요. 물론 결혼과 이혼 자녀에 관해서는 보통 사람들과 비슷했다고 보여집니다.

처음 사주를 보았을 때 목화 오행이 대부분이어서 문과에 가깝지 않을까 생각했습니다. 이 명에서는 어떤 사안에 대해 깊이 사유하고 분석하고 토론하는 데에서 의문을 품고 결과를 도출해낸 것이 생각하는 힘에서 나왔으니 문과적인 측면이라고 할 수 있겠네요.

사비두수로 보사년, 화남격의 갑자기 확 떠오르는 생각, 재백궁에서 보는 공겁, 지속을 뜻하는 타라, 깨고 부수는 능력의 파쇄, 어디든 돌아다니는(우주까지도) 천마의 역할로 설명할 수 있겠네요.

계유대한(4~13세) 첫대한에 화탐격이 되는데, 명궁 탐랑에 화기가 되면서 '탈奪'의 의미대로 말을 배우는 것이 늦고 자폐증상이 있었습니다. 게다가 어린 시절은 부모궁의 영향을 많이 받는데 행동·말재주를 뜻하는 문곡이 화기가 되어 발달장애를 보이고, 거문·병부·사(死)지의 어두운 별들로 자신만의 세계에서 살아간 것 같습니

天破孤 天地陀左破武 月碎辰 馬劫空羅輔軍曲 陷 平閑廟陷平閑平 大 祿 廉馬 力歳喪 44~53 27己 士驛門【財帛】生巳 【大夫】	大流天天祿太 鉞霞貴喜存陽 旺廟 權 博息貫 34~43 28庚 士神索【子女】養午 【大兄】	年鳳龍擎天 解閣池羊府 廟廟 官華官 24~33 29辛 府蓋符【夫妻】胎未 【大命】	金月解天大封天太天 輿德神廚耗詰巫鉞陰機 大 廟平閑 陀 伏劫小 14~23 30壬 兵煞耗【兄弟】絶申 【大父】
紅天天鈴文天 艶使空星昌同 旺旺平 忌 青攀晦 54~63 26戊 龍鞍氣【疾厄】浴辰 【大子】	성명 : 아인슈타인 ,陰男 陽曆 1879年 3月 14日 12:39 陰曆 己卯年 2月 22日 午時 命局 : 金四局 ,劍鋒金 命主 : 文曲 身主 : 天同		大旬截天天右貪紫 祿空空官虛弼狼微 陷平平 權 大災歳 4~13 31癸 耗煞破【身 命】基酉 【大福】
天哭 火星 平 小將太 64~73 25丁 耗星歳【遷移】帶卯 【大財】	《命式》 甲丙丁己 　　　　午申卯卯 (甲木司令) 《大運》 73 63 53 43 33 23 13 03 　　　　己庚辛壬癸甲乙丙 　　　　未申酉戌亥子丑寅 02-2249-5630 대유학당		大天文巨 羊刑曲門 陷旺 忌 科祿 病天龍 32甲 符煞德【父母】死戌 【大田】
大大天天三天 曲魁福傷台姚 將亡病 74~83 24丙 軍神符【奴僕】冠寅 【大疾】	寡七廉 宿殺貞 廟旺 奏月弔 84~93 35丁 書煞客【官祿】旺丑 【大遷】	大天天台恩八陰紅天天 昌壽才輔光座煞鸞魁梁 旺廟 科 飛咸天 94~ 34丙 廉池德【田宅】衰子 【大奴】	天相 平 喜指白 33乙 神背虎【福德】病亥 【大官】

　　신미대한(24~33세) [거일곡창]   천부와 경양이 동궁한 대한입니다. 용지·봉각의 재예의 성과 화개(華蓋)로 종교적이고 초탈한 사상을 펼치고, 2개의 관부로 관재나 시비도 생길 수 있습니다. 대한 명궁으로 일월이 협하여 대중적으로도 알려집니다.

　　천이궁으로 군중을 의미하는 삼태와 팔좌가 협하고, 괴월도 협을 하며, 보필과 녹마교치도 봅니다.

보필을 보는 자탐이 정부살 대한으로 왔으니 크고 작은 사고는 있을 수 있으나, 권세를 잡고 부를 쌓을 수 있습니다.

신미대한 발생은 술궁 거문화록으로 선천 문곡화기를 일으킵니다. 록기전도가 부질·자전선에서 일어나고 거동 조합이면서 화기가 일어난 것이니, 주요 일은 문서나 집안의 일입니다. 거상연동으로 사해궁의 무곡화록을 일으키는데, 무파상 조합(반복적)이며 재복·부관선으로 배우자나 직장문제도 생깁니다. 오궁의 녹존과 함께 인신궁 기월 조합의 형노·부질선도 움직입니다.

신미대한 결과는 진궁의 문창화기로 발생에서 움직인 선을 결과화 합니다. 종합하면 결혼, 직장에 들어가는 일, 집안일이 일어날 것입니다.

신미대한 거문화록 록·기를 떠나서 부질선의 거문화록에 대해 생각해 보아야 합니다. 거문은 미지의 세계이고, 그것을 밝히는 것이 화록입니다. 삼방의 오궁에는 밝은 태양이 있죠. 거문의 대궁에는 은은한 빛인 영성도 있고요. 거문화록은 토론이 되고, 천형은 질서가 되고, 창곡에 모두 화기가 된 것은 몸과 마음을 모두 집중한 것을 뜻합니다.

아인슈타인은 인터뷰에서 "상상력은 지식보다 중요하다. 지식에는 한계가 있지만 상상력은 세상을 감싼다."라고 말했고, 그는 "나는 말로 생각을 한 적이 거의 없다. 생각이 먼저 떠오르고, 그런 다음 말로 표현하려고 애쓴다."고 말했습니다.

실제 일어난 사건

1902년(임인, 24세) 학교를 졸업하고 교사가 되고자 하였지만 성적이 좋지 않아 되지 못했고, 친구 아버지의 도움으로 1902년 스위스 특허청에 취직합니다. 베른 특허국의 관리 자리를 얻어 5년간 근무하면서 발명품을 검사하지 않을 때에는 항상 물리학을 연구했습니다. 1902년 딸 리제틀이 태어났고, 이 해에 의지가 되었던 아버지가 사망했습니다.

1903년(계묘, 25세) 대학 동창이자 공동연구자였던 밀레바 마릭과 결혼합니다. 딸을 먼저 낳고 결혼식은 다음 해에 했습니다.

1905년(을사, 27세) 독일 물리학 연보에 연속으로 논문을 냈습니다. 3월에 '광전 효과', 5월에 '브라운 운동', 6월에 '특수 상대성 이론', 7월에 '분자 차원의 새로운 결정', 8월에 '질량과 에너지의 등가설'($E=mc^2$)을 게재했습니다. 뒤에 그는 '광전 효과'로 1921년 노벨물리학상을 수상합니다.

1908년(무신, 30세)에는 세 논문으로 아인슈타인은 유명해져 베른 대학에서 강의를 맡게 됩니다.

1902년(임인, 24세) 임인년은 대한 부질선입니다. 발생이 자궁의 천량화록으로 자전·형노면서 녹존이 동궁한 별리 조합입니다. 2차는 거문화록과 함께 해궁의 재복·부관선이면서 상문·백호를 움직입니다. 이 대한의 자전·부질선의 가장 큰 일은 아버지의 사망으로 드러납니다.

자전·부질은 직장의 상사로 볼 수 있습니다. 아인슈타인은 특허청의 직장 상사로부터 아리스토텔레스 '논리학'에 근거한 사고 훈련을 받았으며, 퇴근 후 토론에 열중했습니다. 이때 의견들이 부딪치면서 불꽃 튀는 창의성이 발현되었으며, 토론으로 단련된 그의 논리성에 창의적인 연구와 상상력이 더해졌고, 실제 실험이 아닌 오로지 머릿속 실험으로 우주의 진리에 다가갔습니다.

부관·재복은 직장에 취업한 일, 또 애인과의 사이에 아이를 낳은 것으로 볼 수 있습니다. 다만 부관·재복선에는 파군, 고신(孤辰), 천월(天月), 공겁, 비렴 등이 있어서 사이가 좋을 것으로 보이지는 않습니다.

1903년(계묘, 25세) 부처궁 대한이면서 사궁의 부관·재복선을 움직이니 결혼이 가능합니다. 물론 대한에서 움직인 궁선도 포함해야 합니다. 홍란·천희가 있는 자오궁은 월에서 움직였을 것입니다.

1905년(을사, 27세) 과학사에 길이 남을 업적을 만든 해입니다. 논문 세 편을 쓰는데 걸린 시간이 8주 정도밖에 안 되었다고 하죠. 을사년은 재복·부관선이면서 무곡·파군의 개창을 뜻하는 별에 공겁을 보아 우주에 대한 호기심과 상상력이 남달랐던 때입니다.

아인슈타인은 10대 시절부터 '우주는 어떻게 작동하나'와 같은 추상적 의문에 매달렸고, 열여섯 살 어느 여름날, 공상에 잠겨 길을 걸으며 '인간이 빛의 속도로 날아가면 무슨 일이 생길까'라고 상상한 것이 상대성원리 발견의 계기가 되었다고 합니다.

을사년 발생과 결과는 신궁의 천기화록과 태음화기인데, 형노·부질선으로 대한의 록·기가 있는 진술궁을 공명합니다. 일반적으로 진술궁을 건드리면 집안의 문서나 질액적으로 문제가 있을 것 같은데, 아인슈타인에게는 연구업적에 있어 결정적인 해가 되었습니다. 이

궁선에는 청룡과 용덕도 있는데, 1921년(신유년) 노벨물리학상을 수상할 때도 이 궁선을 움직입니다. 청룡은 희경사와 명예, 용덕은 장학금과 배상금의 의미가 있습니다.

축미궁의 부관·명천선이 문제궁이 되는데 '직장에서의 변동'도 이슈가 됩니다.

天破孤 天地地陀左 破武 月碎辰 馬劫空羅輔 軍曲 輩 廉 平閑廟陷平 閑平 祿 權 力歲喪 44~53 39己 士驛門【財帛】 生巳 【大兄】	流天天祿太 霞貴喜存陽 旺廟 祿 博息貫 34~43 40庚 士神索【子女】 養午 【大命】	大大年鳳龍擎天 鉞陀解閣池羊府 廟廟 大大 祿馬 官華官 24~33 41辛 府蓋符【夫妻】 胎未 【大父】	金月解天大封天天太天 輿德神廚耗詰巫鉞陰機 大大 廟平閑 科 伏劫小 14~23 42壬 兵煞耗【兄弟】 絕申 【大福】
紅天天鈴文天 艷使空星昌同 旺旺平 忌 青攀晦 54~63 38戊 龍鞍氣【疾厄】 浴辰 【大夫】	성명 : 아인슈타인 ,陰男 陽曆 1879年 3月 14日 12:39 陰曆 己卯年 2月 22日 午時 命局 : 金四局 ,劍鋒金 命主 : 文曲　　身主 : 天同		大旬截天天右貪紫 羊空空官虛弼狼微 陷平平 權 大災歲 4~13 43癸 耗煞破【身　命】基酉 【大田】
大天火天 曲哭星同 平 小將太 64~73 37丁 耗星歲【遷移】 帶卯 【大子】	《命式》 甲 丙 丁 己 午 申 卯 卯 　(甲木司令) 《大運》 73 63 53 43 33 23 13 03 己 庚 辛 壬 癸 甲 乙 丙 未 申 酉 戌 亥 子 丑 寅 02-2249-5630 대유학당		天文巨 刑曲門 陷旺 忌 病天龍 44甲 符煞德【父母】 死戌 【大官】
天天三天 福傷台姚 將亡病 74~83 36丙 軍神符【奴僕】 冠寅 【大財】	大寡七廉 魁宿殺貞 廟旺 奏月弔 84~93 35丁 書煞客【官祿】 旺丑 【大疾】	天天台恩八陰紅天天 壽才輔光座煞鸞鉞梁 旺廟 科 飛咸天 94~ 34丙 廉池德【田宅】 衰子 【大遷】	大天 昌相 平 喜指白 45乙 神背虎【福德】 病亥 【大奴】

경오대한(34~43세) 오궁의 태양운입니다. 묘왕지의 밝은 태양이 발산만 하면 결과가 없을 텐데 녹존이 적절히 잡아줍니다. 태양은

명예가 먼저 올라간 후에 재물을 얻을 수 있는데, 홍란·천희와 괴월을 보고 있어 명성이 생기는 최고의 대한이라고 할 수 있습니다. 대한 천이궁에서 천량화과, 대한 관록궁에서 문곡화기도 보니 악사위 천리도 됩니다.

경오대한 발생은 대한명궁에 태양화록이니 자전·명천으로 집안의 변동이 생기는 양량 조합이면서 별리의 일입니다.

결과는 천동화기로 부관·부질선입니다. 자전·부관·부질이니 집안의 변동, 배우자와의 문서문제, 직장변동이 있습니다. 발생과 결과가 공명이나 록기전도 없이 아주 깔끔합니다.

오궁에 태양화록이면 진궁 대한 부처궁에는 천동화기가 됩니다. 자신은 너무 바쁘고 유명해지니 가정에 소홀해지거나 배우자가 마음에 안 든다고 할 수 있습니다. 자신의 명궁은 쌍록, 부관선은 쌍기이니 이런 생각을 하게 되는 것이죠.

일어난 사건   1912년(임자, 34세) 스위스 취리히 연방공과대학 교수가 되고, 나음해 독일 베를린대학 교수가 되었습니다.

1916년(병진, 38세) 일반상대성이론을 발표한 시기로, "강한 중력장 속에서 빛은 구부러진다"고 주장했습니다.

1919년(기미, 41세) 밀레바와 이혼한 후 같은 해 사촌누나인 엘자와 결혼했습니다.

1921년(신유, 43세) 노벨물리학상을 수상합니다. 시상식은 22년입니다.

록·기의 발생 결과로 대체적인 사건을 짐작할 수 있을 것입니다.

여기서는 일반 상대성 이론을 발표한 1916년과 1921년만 살펴보겠습니다.

1916년(병진, 38세) 병진년은 대한화기가 떨어진 궁선이고, 선천화기도 있습니다. 대한 내궁이면서 쌍기 대한에 해당하는데 이렇게 되면 일반적으로 좋은 일은 없습니다. 하지만 이 분은 이론물리학자였고, 연구해낸 분야는 우주에 관한 것으로 조금 다르게 읽을 수 있습니다.

발생은 진궁 천동화록이며, 오궁의 대한 태양화록과 함께 사궁을 움직입니다. 사궁에는 상상력에 있어서는 최고라고 할 수 있는 별인 무곡·파군과 공겁이 있죠. 결과는 축궁 염정화기이며 부관·부질선입니다.

가정적으로는 이때 이미 부인과의 사이가 틀어졌을 것입니다.

1921년(신유, 43세) 노벨물리학상을 수상한 이 해도 역시 거문이 있는 진술궁을 움직입니다. 술궁은 유년으로도 부질선이 되며, 용덕과 청룡 등으로 상을 타기에 좋고, 거문화록 발생은 인신궁의 형노·재복선을 움직이는데다 같은 궁선인 사해궁을 공명시키니 쌍화기였어도 이런 일이 가능했던 것입니다.

이때 탄 상금은 모두 첫 번째 부인의 위자료로 주어야 했다고 합니다.

天破孤 天地地陀左 破武 月碎辰 馬空羅輔 軍曲 蜚大大 平閑廟廟陷平 閑平 廉陀曲 　　　　　　　　　祿 　　　　　　　　　祿 力歲喪　44~53　　51己 士驛門【財帛】　　　生巳 　　　【大命】	大 流天天祿 太 祿 霞貴喜存 陽 　　　　　　　旺廟 博息貫　34~43　　52庚 士神索【子女】　　養午 　　　【大父】	大 年鳳龍擎 天 羊 解閣池羊 府 　　　　　　廟廟 官華官　24~33　　53辛 府蓋符【夫妻】　　胎未 　　　【大福】	金月解天大封天 太 輿德神廚耗詰巫鉞 陰機 　　　　　　　　廟平閑 　　　　　　　　廟平閑 伏劫小　14~23　　54壬 兵煞耗【兄弟】　　絕申 　　　【大田】
紅天天鈴 文 艷使空星 昌 　　　旺 旺平 青攀晦　54~63　　50戊 龍鞍氣【疾厄】　　浴辰 　　　【大兄】	성명 : 아인슈타인 , 陰男 陽曆　1879年　3月 14日 12:39 陰曆　己卯年　2月 22日　午時 命局 : 金四局 , 劍鋒金 命主 : 文曲　　　　　身主 : 天同		大旬截天天右 貪紫 昌空空官虛弼 狼微 　　　　　　陷 平平 　　　　　　　　權 　　　　　　　　權 大災歲　4~13　　　55癸 耗煞破【身　命】　基酉 　　　【大官】
	天 火 哭 星 　　平 小將太　64~73　　49丁 耗星歲【遷移】　　帶卯 　　　【大夫】	《命式》　甲 丙 丁 己 　　　　　午 申 卯 卯　 (甲木司令) 《大運》　73 63 53 43 33 23 13 03 　　　　　己 庚 辛 壬 癸 甲 乙 丙 　　　　　未 申 酉 戌 亥 子 丑 寅 02-2249-5630 대유학당		天 文 巨 刑 曲 門 　　陷旺 　　忌忌 病天龍　　　　　　44甲 符煞德【父母】　　死戌
天天三 天 福傷台 姚 將亡病　74~83　　48丙 軍神符【奴僕】　　冠寅 　　　【大子】	寡 七廉 宿 殺貞 　　廟旺 奏月弔　84~93　　47丁 書煞客【官祿】　　旺丑 　　　【大財】	大天天台八陰紅 天 魁壽才輔光座煞鸞 梁 　　　　　　　　旺廟 　　　　　　　　科 　　　　　　　　科 飛咸天　94~　　　46丙 廉池德【田宅】　　衰子 　　　【大疾】	大 天 馬 相 　　平 喜指白　　　　　　45乙 神背虎【福德】　　病亥 　　　【大遷】

자미 유궁

자탐 — 아인슈타인

　　기사대한(44~53세)　명궁에 무곡화록과 파군이 있고, 살성을 많이 가지고 있는 대한입니다. 이 대한에도 물론 연구를 계속했겠지만 20~30대만큼 파급력이 높은 성과를 보여준 것 같지는 않습니다.

　　기묘년생인데 기사대한이므로 선천과 사화가 똑같이 돌아갑니다.

　　일어난 사건　1931년(신미, 53세) 영국 옥스퍼드대학교 교환교수가 되었습니다. 1933년(계유, 55세) 유대인을 탄압하는 나치 독일 정권을 피해 미국으로 피신하여 망명길에 오르게 되며, 미국 프린스턴

고등연구소 교수가 됩니다.

계유년에 미국으로 망명하는데, 그가 유대인이었기 때문입니다. 파군화록(재복·명천)이 천마를 동하게 하고, 탐랑화기(명천·부관)가 나라를 옮기고 직장도 옮기게 됩니다.

아인슈타인은 독일의 유대인 가정에서 태어났지만, 독일의 주입식 교육이 맞지 않아 스위스에서 고등학교와 대학을 다녔으며 직장도 스위스의 베른 특허국에서 일을 합니다. 53세에는 영국에서 교수로 55세에는 미국으로 망명도 했으니, 여러 나라에서 생활을 했다고 할 수 있습니다. 특히 천마가 있는 대한은 외국으로 가든, 지역을 옮기는 일이 많습니다. 그것도 아니라면 여행을 자주 가거나요.

天破孤 天地地陀左 破武 月碎辰 馬劫空羅輔 軍曲 輦大 平閑廟陷平閑平 廉祿　　　　　　　祿 力歲喪　44~53　75己 士驛門【財帛】　　生巳 　　　　　　　　【大田】	大大流天天祿 太 曲羊霞貴喜存 陽 　　　　　　　旺廟 博息貫　34~43　76庚 士神索【子女】　　養午 　　　　　　　　【大官】	年鳳龍擎 天 解閣池羊 府 　　　廟 廟 官華官　24~33　77辛 府蓋符【夫妻】　　胎未 　　　　　　　　【大奴】	金月解天大封天 天 太 輿德神廚耗詰巫鉞 陰機 大大　　　　　廟平閑 昌馬　　　　　　　　權 伏劫小　14~23　78壬 兵煞耗【兄弟】　　絶申 　　　　　　　　【大遷】
大紅天天鈴 文天 陀艶使空星 昌同 　　　　　旺旺平 　　　　　科祿 青攀晦　54~63　74戊 龍鞍氣【疾厄】　　浴辰 　　　　　　　　【大福】	성명 : 아인슈타인 ,陰男 陽曆 1879年 3月 14日 12:39 陰曆 己卯年 2月 22日 午時 命局: 金四局 ,劍鋒金 命主: 文曲　　　身主: 天同		大旬截天天右 貪紫 鉞空空官虛弼 狼微 　　　　　陷平平 　　　　　　　權 大災歲　4~13　　79癸 耗煞破【身 命】　　基酉 　　　　　　　　【大疾】
	天　火 哭　星 　　平	《命式》　甲 丙 丁 己 　　　　　午 申 卯 卯　(甲木司令) 《大運》　73 63 53 43 33 23 13 03 　　　　　己 庚 辛 壬 癸 甲 乙 丙 　　　　　未 申 酉 戌 亥 子 丑 寅	天文 巨 刑曲 門 　陷旺 　忌
小將太　64~73　85丁 耗星歲【遷移】　　帶卯 　　　　　　　　【大父】	02-2249-5630 대유학당	病天龍 符煞德【父母】 　　　　【大財】	80甲 死戌
天天三 天 福傷台 姚 將亡病　74~83　84丙 軍神符【奴僕】　　冠寅 【大命】	寡七廉 宿殺貞 　廟旺 　　忌 奏月弔　84~93　83丁 書煞客【官祿】　　旺丑 　　　　　　　　【大兄】	天天台恩八陰紅 天天 壽才輔光座煞鸞 魁梁 　　　　　　　旺廟 　　　　　　　　　科 飛咸天　94~　　82丙 廉池德【田宅】　　衰子 　　　　　　　　【大夫】	大天 魁相 　平 喜指白 神背虎【福德】　　81乙 　　　　【大子】　　病亥

병인대한(74~83세) 병인대한은 정성이 없으며, 대궁에서 기월을 차성합니다. 선천 문곡화기만 보며 삼방에서 나쁜 살을 보지는 않습니다.

발생은 진궁 천동화록으로 선천화기를 직접 인동합니다. 아인슈타인은 진술궁을 움직일 때마다 늘 큰 사건이 있었죠. 세상을 놀라게할 연구결과를 게재한다든가 노벨상을 받는 사건 등 말입니다. 이번에는 선천 부질·대한 재복선이 되는데, 노년기이므로 질액궁과 복덕궁의 선천화기를 움직이는 것은 대부분 질액과 관련이 됩니다. 문제궁은 사궁의 재복·자전선이고요. 이 궁선에 상문·백호가 있습니다.

결과는 축궁의 염정화기로 부관·형노입니다. 정부살 노상매시 조합이 형노선에 형성된 것을 주안점으로 보아야 합니다.

1955년(갑오, 76세) 4월 18일에 아인슈타인이 사망합니다. 공식적인 사인은 복부 대동맥류 파열로 인한 내출혈입니다. 이스라엘 건국 7주년 기념행사의 연설을 준비하다가 쓰러졌는데, 병원으로 실려갔을 당시 "나는 내가 떠나고 싶을 때 떠나고 싶소. 인간의 기술로 삶을 늘리는 건 천박한 짓인 거 같소. 내 사명은 이제 끝냈으니, 우아하게 갈 때라오."라며 다음날 아침까지 연구를 계속하다가 결국 사망했습니다.

갑오년의 염정화록은 대한 염정화기를 직접 움직입니다. 결과 태양화기는 자오궁선의 녹존과 홍란·천희를 동하게 하는데, 녹존은 목숨과 관련되며, 홍란·천희는 피·수술, 유하는 피가 흐르는 모습을 의미합니다.

음력으로는 3월 19일이 되며, 무진월(축궁) 경자일입니다. 무진월은 축궁으로 대한 화기가 떨어진 궁이며, 19일은 미궁으로 대한 화기가 떨어진 궁선으로 화기가 집중됩니다. 이렇게 반복적으로 같은 궁선을 움직일 때 큰 사건으로 읽으면 됩니다.

죽음에 '만약'이라는 것을 적용할 수 없다는 것을 알지만, 현대였다면, 혹은 아인슈타인 병원에 가서 적극적인 치료를 했다면 사망시기는 달라졌을 것입니다. 하지만 자미두수로 보나 홍국기문으로 보나 종명운은 확실합니다.

현대를 사는 우리는 사고나 질병에 대해서는 의료에 의해 분명히 더 연장된 삶을 삽니다. 그것이 더 행복한 건지는 생각해 보아야 하지만, 누군가에게는 절실한 삶이니 더 소중하게 살아야 할 것 같습니다.

참고명반 『자미두수전서』 956쪽.

(11) 술궁 거문 - 알뜰살뜰 부동산 부자

선천명반 술궁의 거문명으로 재백궁에서 태양과 녹존을 보고 있어 거문의 어두움을 해소해주고 있습니다. 그렇다고 거문의 성향이 없어지는 것은 아니어서 시비와 구설을 초래합니다. 이 명은 젊어서 남편이 벌어온 돈을 극도로 아끼고 절약해서 조금씩 부동산을 구매하셨고, 지금은 원룸이 많은 건물을 소유하고 자녀들도 건물을 한 채씩 가질 수 있도록 도와주었습니다. 연세가 있으신 데도 기억력이 좋고 계산이 빨라 원룸 관리도 직접 하십니다.

특수격 길성은 몸신궁에서 괴월만 보고 있으며, 공겁과 화성·천형을 보아 기년생 특수격으로 볼 수 있습니다.* 특수격은 사회적으로 잘 나가거나 열악한 삶을 사는 2가지로 나뉠 수 있는데, 이 분은 현재는 경제적으로는 어려움이 없지만, 결혼하여 아이를 키우는 동안 고생이 많았다고 합니다. 어려서 육친과 사별하는 등의 특수격의 육친형극은 없었으나 딸 2명과는 가까이에 살아도 보지 않는 사이라고 합니다. 전택궁으로 괴월이 협을 하여 기회를 잡을 수 있었나 봅니다. 보통 돈을 벌어(재백궁) 가장 크게 돈이 나가는 곳은 집을 사는 데 쓰니까요(전택궁).

사화 무곡화록은 질액궁에 있고, 탐랑화권은 형제궁에 있으면서 몸신궁을 협하고 있습니다. 무곡화록은 바른 결정으로 돈 버는 능력이 증가되는 것이고, 탐랑화권은 교제와 접대, 연구나 운용에 좋은 것인데 협이 되어 있어 이 명이 투자하는 데 유리하게 해 줍니다.
천량화과는 복덕궁에 있어서 관찰력이 승대됩니다. 집안 살림 외에는 별로 밖에 다니지 않았다고 하는데, 부동산은 보는 눈이 있으셨나 봅니다.
문곡화기는 자녀궁에 있는데, 행동을 대표하는 문곡이라 경양·영성도 보고 있어서 자녀와의 관계는 좋지 않을 수 있습니다. 자전선이 정부살 조합에 화기를 본 것이어서 노상매시 격국이 됩니다. 자녀가 다치거나 아픈 것이 아니라 딸들과 가까이 사는데도 보지 않

---

* 『자미심전 2』, 66쪽 참고.

는 것이니 다행입니다. 자녀궁으로는 육길성이 모두 들어오고 있으니 길흉이 혼재한다고 볼 수 있습니다.

자녀궁 자녀는 아들 둘, 딸 둘인데 창곡을 보아 공부도 했고 보필도 있으며, 용지·봉각, 은광·천귀, 천재를 가지고 있어 나름 각자의 역할을 하며 살고 있습니다. 대궁 전택궁으로 괴월이 협도 합니다.

大蜚破孤天封天陀破武 祿廉碎辰使誥羅軍曲 　平陷閑平 　　　　　　　　祿 官歲喪　76~85　27己 府驛門【疾厄】冠巳 　　【大奴】	大大流解天祿太 曲羊霞神喜存陽 　　　　　　旺廟 　　　　　　　　科 博息貫　86~95　28庚 士神索【財帛】旺午 　　【大遷】	天年鳳龍擎文文天 壽解閣池羊昌曲府 　　　廟旺平廟 　　　　　忌　科 力華官　96~　29辛 士蓋符【子女】衰未 　　【大疾】	大金月天大天地天太天 昌輿德廚耗刑空鉞陰機 　廟廟平閑廟廟平閑 　　　　　　　　　權 青劫小　　　　30壬 龍煞耗【夫妻】病申 　　【大財】
大紅天八陰天 陀艷空座煞同 　　　　　平 　　　　　祿 伏攀晦　66~75　26戊 兵鞍氣【身遷移】帶辰 　　【大官】	성명：　，陰女 陽曆　1940年 1月 28日 6:30 陰曆　己卯年 12月 20日 卯時 命局：火六局，山頭火 命主：祿存　　　　身主：天同		大旬截天天台貪紫 鉞空空官虛輔狼微 　　　　　　平平 　　　　　　　　權 小災歲　　　　31癸 耗煞破【兄弟】死酉 　　【大子】
天天左 傷哭輔 　　陷 大將太　56~65　37丁 耗星歲【奴僕】浴卯 　　【大田】	《命式》　己庚丁己 　　　　卯午丑卯　（己土司令） 《大運》　73 63 53 43 33 23 13 03 　　　　　乙 甲 癸 壬 辛 庚 己 戊 　　　　　酉 申 未 午 巳 辰 卯 寅 02-2249-5630 대유학당		三巨 台門 　旺 將天龍　　6~15　32甲 軍煞德【　命　】基戌 　　【大夫】
大天天地 馬月福劫 　　　平 病亡病　46~55　36丙 符神符【官祿】生寅 　　【大福】	寡天天恩鈴七廉 宿才貴光星殺貞 　　　　陷廟旺 　　　　　　　忌 喜月弔　36~45　35丁 神煞客【田宅】養丑 　　【大父】	紅天火天天 鸞姚星魁梁 　平旺廟 　　　　　科 飛咸天　26~35　34丙 廉池德【福德】胎子 　　【大命】	大天右天 魁巫弼相 　　閑平 奏指白　16~25　33乙 書背虎【父母】絕亥 　　【大兄】

병자대한(26~35세, 1964~1973년) 결혼(24세, 임인)해서 아이 둘을

낳은 대한입니다. 묘왕지의 천량이 묘왕지 태양과 녹존을 보고 있습니다. 화성이 있기는 하지만 괴월도 보므로 열심히 돈을 모았을 것입니다. 화성과 양량 조합은 별리와 관계 있는데, 남편은 해군 문관이어서 직업상 떨어져 있을 일이 많았고, 4~5년 동안 아이가 생기지 않아 마음고생이 심했다고 합니다. 친정은 꽤 잘 사는 편이었는데, 결혼하고 나니 상대적으로 가난하게 느껴져서 남편이 가져다주는 월급을 최대한 아끼고 아껴서 내 집을 꼭 가져야겠다고 생각했다고 합니다.

병자대한 발생이 진궁 천동화록으로 명천·부관선입니다. 문제궁은 오궁의 녹존과 함께 사궁 무파상 조합의 형노·부질선입니다.
결과는 축궁의 염정화기로 자전·부질선이며 선천화기를 결과화합니다. 이사를 자주 다니면서 부동산에 관심을 가지게 됩니다.

1966년(병오, 28세)에 장남을 낳고, 다음 해 인천으로 이사하면서 시댁에서 분가를 했다가, 1971년(신해, 33세) 군산으로 이사하고 둘째를 낳습니다. 장남을 낳은 병오년은 대한과 유년의 사화가 같습니다. 부관선, 몸신궁선, 형노, 재복, 홍란·천희, 화과가 걸려 아이를 출산했습니다.

1967년(정미, 29세)의 앉아 있는 궁선은 정부살 조합이면서 쌍화기를 보고 있으므로 문서의 변동이 그다지 좋다고는 할 수 없습니다. 태음화록 발생으로 미궁(자전·부질 쌍화기)을 다시 움직이고, 오궁의 재복·명천의 별리 조합과 진술궁의 신·명천·부관선도 움직이니 분가하는 일이 생깁니다.

결과 거문화기는 명천·부관선에 있으면서 대한 천동화록을 결과화하여 남편이 대기업에 입사하였습니다.

1971년(신해, 33세) 군산으로 이사하고 둘째 아이를 낳았는데, 거문화록은 명천·몸신궁·부관을 움직이고, 거상연동으로 해궁(부질·형노)을, 오궁의 녹존과 함께 신궁의 부관·재복선을 움직입니다. 결과는 문창화기로 축미궁을 결과화합니다. 명반으로 볼 때 이사를 하는 것은 가능하며, 출산은 홍란·천희가 걸려야 하는데 월에서 움직였을 것으로 보입니다.

정축대한(36~45세, 1974~1983년) 정부살 조합이면서 화기가 있는 운이므로 노상매시의 일이 생길 수 있습니다. 하지만 괴월이 협을 하고, 삼방에서 선천 화록과 화권도 들어오므로, 어느 정도는 회복이 가능합니다. 대한 명궁이 칠살이면서 살성인 영성과 양타를 보므로 변화가 심한 대한도 됩니다. 아이들이 어리고 학교에 다닐 시기이니 돈을 모으기 힘듭니다. 아이들에게 좋은 교육을 제공하기 위해 지방에서 서울로 이사를 왔지만, 투자를 잘못해서 쪼들리고 버텨내느라 고생합니다.

정축대한 발생은 신궁의 태음화록이며, 오궁의 녹존과 함께 미궁의 자전·명천이 문제궁이 되면서 록기전도가 됩니다. 태음화록을 차성하면 진술궁의 거동 조합(자전·명천)도 움직입니다.

결과는 술궁 거문화기(감정고충)로 발생에서도 움직인 궁선입니다. 자전·명천이면서 거상연동으로 해궁의 부질·부관선의 무곡화록을 발생시킵니다.

발생과 결과가 사선·녕천선을 계속 움직이고 있으므로, 상황이 좋다면 집을 바꿈으로 인해서 복이 됩니다. 또한 부관·부질선을 발생과 결과로 움직입니다. 부관·부질선은 직장의 문서, 직장의 상사, 부처와의 문서 문제 등으로 볼 수 있습니다. 부부 사이가 나빴다면 이혼을 했겠지만, 서로의 이상이 잘 맞았다고 합니다. 이 명은 부처궁이 천기·태음인데, 실제로 오궁 천기명인 남편을 만났고, 남편은 이 명이 밖에 나가는 것을 싫어해서 살면서 외식도 거의 하지 않았다고 합니다.

1974년(갑인, 36세) 막내아들까지 낳고 나서 처음으로 대지 28평짜리 집을 사고 방 하나도 세를 주기 시작하였습니다.

갑인년은 대한의 태음화록이 떨어진 궁선이며, 공겁을 보고 있습니다. 집(태음)을 사느라고 돈이 나가는(지공·지겁) 형상입니다.

갑인년 발생은 염정화록으로 대한의 문제궁인 자전·명천선을 움직이고, 사궁의 무곡화록과 함께 유궁의 형노·재복선의 자탐 조합도 움직입니다.

갑인년 결과는 태양화기로 다시 형노·재복선입니다. 술궁 대한 거문화기와 함께 인궁을 결과화합니다. 태양은 계약 성계로 부동산 매매와 관련된 자전선·부질선·형노선·재복선과 창곡·거문·태양·주서 등이 움직여졌습니다. 대한 외궁이 명궁이지만, 선천 문곡화기 외에는 길상을 움직이고 있습니다.

1979년(기미, 41세) 장남이 중학교 1학년 들어갈 무렵, 너무나도 공부를 잘하는 아들을 위하여 서울의 방학동으로 이사를 합니다. 서울의 집을 구매해서 이사를 왔고 동시에 시부모님을 다시 모시게 됩니다. 좋은 집을 고르는 안목이 있었는지, 2번의 이사로 당시 2천만원 정도의 이익이 발생되었습니다.

기미년은 대한 천이궁으로 왔으며 선천과 사화가 같습니다. 발생 무곡화록은 부질·부관선에 있는데 대한 거문화기로 특수 2차결과가 된 궁선입니다. 록마교치가 된 궁선을 움직이니 길하지만, 절족마도 되어 있어 고생스럽기도 합니다.

결과는 미궁 문곡화기로 자전·명천선이니 이사를 하였습니다. 이렇게 선천화록이 내궁에 있으면서, 그 궁을 발생시키면 길한 일이 많이 일어납니다.

1981년(신유, 43세) 공부 잘하는 장남을 서울대에 보내고 싶어 서울대 근처인 봉천동으로 이사하여 자리를 잡습니다. 신유년 사화의 발생과 결과가 자전·명천선을 계속 찍으면서 가므로 이사를 하는 것입니다. 자전·명천이면서 몸신궁도 동궁하는데 이곳을 움직이는 때는 이사하게 되는 일이 많습니다.

1982년(임술)~1983년(계해) 임술년은 대한의 화기가 떨어진 궁선이며, 계해년은 거상연동으로 피해를 입는 궁입니다. 이 임술년은 록기전도가 되어 발생이 된다고 했었죠. 이 궁을 움직이게 되면 미궁의 선천문곡화기가 자전·명천으로 공명을 합니다. 이것이 가장 큰 문제입니다.

임술년 발생은 자궁 천량화록으로 신궁의 대한 태음화록과 함께 진술궁의 거문화기를 곧바로 움직입니다. 결과는 무곡화기로 선천 문곡화기와 함께 자오궁의 형노·재복선에 있는 녹존을 쌍화기로 깨뜨립니다. 이 해에 사기를 당하여 투자했다가 잘못되어 다음 해까지 인생에서 가장 힘든 시기였습니다. 대한 외궁의 천요·비렴 등은 자신이 속는 형상이 됩니다.

대한 자녀궁 거문화기 이 대한의 가장 큰 문제라면 선천 자녀궁에 화기가 있는데, 다시 대한 자녀궁이 화기가 된 것입니다. 문곡은 행동·말에 관한 화기이며, 거문은 어두워지는 성향이 나타납니다. 반면 부처궁은 선천과 대한이 모두 화록이 붙습니다.

록기전도가 되었으니 선천화기가 있는 미궁은 최종 결과, 술궁 대한화기는 발생에 해당합니다.

　이렇게 자녀궁이 화기가 되면 자녀가 공부를 안 하고 속을 썩인다든지 일을 저지르고 다니는 일이 생깁니다. 게다가 이 명은 사랑을 주어 키우기보다는 아픈 아이를 혼내고, 학교에서 내라는 등록금을 늦게 내주는 등 주눅들게 하여 자식들은 나이가 들어서 잘 살게 되었을 때도 한편으로는 결핍을 느끼고 있다고 합니다.

　또한 자전선은 이 사람이 살아온 성장 배경이라고도 읽습니다. 이 명은 외국을 다니면서 돈을 버는 경제력 있는 부모님 밑에서 자랐지만 아버지는 바람을 많이 피웠고, 어머니는 그 스트레스를 장녀인 이 명에게 풀었다고 합니다. 그래서인지 이 명은 남편의 말은 정말 잘 따랐지만, 자녀들을 살뜰히 챙기는 마음의 여유는 가지지 못했습니다.

　이 대한은 자녀·집문제가 이슈였으며, 잘 되어 서울에 안착했지만 대한 말에 다시 고난이 시작되었습니다. 아이들은 줄줄이 있고, 그간 벌어놓은 것을 잃었으니 다시 시작을 해야 하는 문제에 직면한 것입니다.

병인대한(46~55세, 1984~1993년) 대한 명궁에 지겁과 천월·쌍병부가 있으니 돈이 나가는 일, 질병과 관련된 일이 있습니다. 지난 대한의 타격이 커서 돈을 모으는데 좀 오래 걸렸습니다. 그래도 다시 딛고 일어나기 위해 가진 것을 아껴가며 다시 시작합니다.

이 명은 음녀이기 때문에 대운이 순행하므로 갑→을→병→정→병→정으로 병대한과 정대한이 2번 옵니다. 대한의 사화는 같지만 대한의 명궁과 삼방사정이 다릅니다. 병자대한은 양양 조합이면서 녹존·화성을 보고 있어 이별·계약의 일이 주로 있는 것이고, 병인대한은 기월 조합이면서 공겁과 천월을 보니 계획을 많이 세우고 변화가 많은 대한이 됩니다.

　병인대한 발생은 진궁 천동화록(명천·재복선)이며, 거문이 있는 궁선이므로 사해궁의 선천 무곡화록도 움직입니다. 천동화록은 오궁의 녹존과 함께 사궁을 문제궁으로 만듭니다. 사궁에는 상문·백호가 있습니다.
　병인대한 결과는 축궁 염정화기로 선천 문곡화기를 결과화합니다.

　1990년(경오, 52세) 신림동에 반지하가 있는 2층집을 지었습니다. 오궁에는 태양과 녹존, 홍란·천희가 있습니다. 발생은 태양화록이며, 사궁을 문제궁화합니다. 자전·부질이니 집문서가 바뀌고, 화과가 화록을 보아 확대된 것입니다. 결과는 진궁 천동화기로 대한화록을 결과화합니다.

　1991년(신미, 53세) 시어머님이 음력 4월(계사월) 돌아가셨습니다. 미궁은 자전·형노선이면서 쌍기가 있는 궁선입니다. 발생은 거문화록(재복)이며, 거상연동으로 해궁의 부질·자전과 상문·백호가 움직입니다. 결과는 문창화기로 시어머님이 사망합니다. 음력 4월은 인궁이 유월의 명궁이 되며 천월과 쌍병부까지 움직입니다.

大陀廉破孤天封**天陀破武** 大大 曲馬 平陷閑平 祿	大流解天祿**太** 祿霞神喜存**陽** 旺廟	大天年鳳龍擎文文天 羊壽解閣池羊曲昌府 廟旺平廟 忌	金月天大天地天**太** 輿德廚耗刑空鉞**陰機** 廟廟平閑 祿科
官歲喪 76~85　63己 府驛門【疾厄】 冠巳 　　　【大福】	博息貫 86~95　64庚 士神索【財帛】 旺午 　　　【大田】	力華官 96~　65辛 士蓋符【子女】 衰未 　　　【大官】	青劫小 　　66壬 龍煞耗【夫妻】 病申 　　　【大奴】
紅天八陰煞**天同** 艷空座　　　平 　　　　　　權	성명 :　　 ,陰女 陽曆　1940년 1월 28일 6:30 陰曆　己卯年 12月 20日 卯時		大大旬截天天台**貪紫** 昌鉞空空官虛輔**狼微** 平平 權
伏攀晦 66~75　62戊 兵鞍氣【身遷移】 帶辰 　　　【大父】	命局：火六局, 山頭火 命主：祿存　　　身主：天同		小災歲 　　67癸 耗煞破【兄弟】 死酉 　　　【大遷】
天天左 傷哭輔 　　陷	《命式》　己庚丁己 　　　　卯午丑卯　（己土司令） 《大運》　73 63 53 43 33 23 13 03 　　　　乙 甲 癸 壬 辛 庚 己 戊 　　　　酉 申 未 午 巳 辰 卯 寅		三巨 台門 　旺 　忌
大將太 56~65　61丁 耗星歲【奴僕】 浴卯 【大命】	02-2249-5630 대유학당		將天龍 6~15　56甲 軍煞德【命】 墓戌 　　　【大疾】
天天地劫 月福　平	寡天天恩鈴七廉 宿才貴光星殺貞 　　　　陷廟旺	紅天火天天 鸞姚星魁梁 　　平旺廟 　　　　　科	大天右天 魁巫弼相 　　閑平
病亡病 46~55　60丙 符神符【官祿】 生寅 　　　【大兄】	喜月弔 36~45　59丁 神煞客【田宅】 養丑 　　　【大夫】	飛咸天 26~35　58丙 廉池德【福德】 胎子 　　　【大子】	奏指白 16~25　57乙 書背虎【父母】 絶亥 　　　【大財】

　　정묘대한(56~65세, 1994~2003년)　정축대한과 사화는 같습니다. 화록은 신궁 부관·형노선에 떨어지면서, 미궁의 선천화기를 움직입니다. 결과는 술궁 거문화기로 명천·부질선이 됩니다. 거상연동으로 사해궁의 부질·재복선과 상문·백호가 움직이고요.
　　이 대한은 대한의 록·권·과가 대한명궁을 협하고 있습니다.

　　1997년(정축, 59세) 시아버님이 음력 8월(기유월) 돌아가셨고, 그해에 남편이 평생 다니던 직장에서 퇴직합니다. 정축년 궁선은 대한의 문제궁이며 자전·부관선으로 왔습니다. 대한과 유년이 사화가 같이 돌아가니, 이 해에 대한의 암시가 현상으로 드러나겠죠. 기유월은 자궁이 유월의 명궁이며, 무곡화록(남편의 부모님 질액)이 발생하고 문곡화기(사망, 자전·부관)로 결과화됩니다.

남편이 퇴직을 한 것은 퇴직할 나이가 된 것이니 큰 문제가 되지는 않습니다.

무진대한(66~75세, 2004~2013년) 천동이 대한 명궁에 있으며, 삼방에서 괴월을 봅니다. 유궁의 탐랑화권을 차성하면 대한명궁으로 선천화록과 화권이 협도 해 줍니다. 녹존도 내궁에 있으니 좋고요.

발생은 유궁 탐랑화록이며, 선천 무곡화록과 함께 축궁의 자전선을 2차 발생시켜 록기전도가 됩니다. 또 탐랑화록을 차성하면 진궁도 2차발생이 되고요. 이 탐랑화록은 쌍록마교치가 대한 명궁으로 들어오게 해줍니다.

결과는 신궁의 천기화기입니다. 선천과 대한의 부관선인데, 천월, 쌍병부, 병(病)지이며, 천기화기이니 신경성질환 등의 질병에 취약해 보입니다. 이 궁선은 부관선으로 남편이 대한 말에 아팠습니다.

2005년(을유, 67세) 그토록 소망했던 8층 건물을 2005년에 준공합니다. 자신의 건물을 짓는 것이 평생의 로망이었다고 하는데 모두 세를 주고 자신은 8층에 살고 계십니다. 그리고 2007년(정해), 2008년(무자), 2009(기축)년 둘째 딸과 셋째 딸에게 집 근처의 땅을 사주어 건물 지을 수 있도록 마련해 주고, 막내아들도 건물을 짓게 해 주었습니다.

2005년은 유궁이 명궁이며 선천 탐랑화권과 탐랑화록이 있습니다. 축궁에서 영성을 보니 격발하는 영탐격도 되고요. 대한 발생선에 와 있는데, 대한에서 록기전도가 되었으니 결과궁이 됩니다.
을유년 발생 천기화록은 신궁에 떨어지는데, 대한 천기화기는 록이 됩니다. 미궁의 자전선과 진술궁의 명천선도 움직입니다. 을유년 결과도 태음화기로 신궁에 떨어집니다.

    이 대한이 재물적으로는 최고의 대한이 됩니다. 자녀들도 모두 결혼해서 가정을 이루었고, 고생한 자녀들에게 재산도 주었으니 할 도리를 다한 셈입니다. 하지만 이 대한 말에는 남편이 병치레로 오랫동안 고생을 했습니다.

기사대한(76~85세, 2014~2023년) 무곡화록·파군, 절족마가 있는 대한입니다. 명궁에 록마교치가 되어 있으니 멀리 나가지 않고 가만히 있어도 재물은 불어납니다. 삼방에서 보는 영성과 타라는 영타격발로 보기도 하지만 함지여서, 오히려 가족과 헤어짐으로 나타났습니다.

기묘생인데 기사대한을 만났으니 선천과 대한의 사화가 같이 돌아갑니다. 발생 무곡화록은 재정적·문서적으로는 길하지만, 절족마의 일도 생기므로 좋게만 볼 수는 없습니다. 질액궁이면서 상문·백호는 집안의 상망과 관련됩니다. 고신은 외로움, 파쇄는 부서짐, 비렴은 소인의 음해입니다. 또한 미궁의 문곡 쌍화기는 진기로 작용을 합니다.

갑오년(76세, 2014년) 음력 4월(기사)에 남편이 병으로 사망합니다. 갑오년은 재복·부질선이면서 양량 조합으로 별리의 뜻을 가집니다. 갑간 염정화록은 축궁에 떨어지면서 미궁의 문곡 쌍화기를 일으킵니다. 자전·재복선이니 대한과 함께 볼 때 이 해는 누군가의 사망이 예상됩니다. 2차발생은 사궁의 무곡화록과 함께 유궁 자탐 조합이 되며 형노·부관이니 배우자의 변동이 됩니다.

결과는 태양화기로 오궁에 떨어지며 녹존도 움직입니다.

기사월은 축궁이 유월의 명궁이 되며 선천·대한과 사화가 같습니다. 전대한 말부터 건강이 좋지 않았던 남편이 사망하였는데, 생일이 12월로 매우 늦기 때문에 전대한으로 보아도 될 것 같다는 생각도 듭니다.

남편이 가고 나서는 감정적인 동요가 심해졌는데, 문곡쌍화기가 있는 궁이 대한 복덕궁이어서 그렇습니다.

  경오대한(86~95세, 2024~2033년)   선천 재백궁운이면서 태양화록·녹존을 보니 경제적으로는 풍족할 것입니다. 대한 부질선이 선천화기이며, 대한 천동화기가 몸신궁에 있으니 건강만 조심하면 별 문제는 없어 보입니다. 가족뿐만 아니라 도울 수 있는 것을 찾아서 베풀어 주는 삶을 살아가시면 행복한 마무리가 될 것 같습니다.

  참고명반『자미두수전서』1000쪽

(12) 해궁 천상 – 부인과 의류사업

20대에 결혼한 후 아내가 시작한 의류사업을 도와주었고, 사업이 번창하여 건물과 부동산이 많이 있었지만 지금은 상황이 복잡해져서 그다지 여유롭지는 않다고 합니다.

선천명반 명궁은 해궁의 천상이며, 용지·봉각, 태보·봉고의 귀인성을 봅니다. 천상은 주견이 없다고 하는데, 거문에 의해 좌우되기 때문입니다. 거문궁에는 보필과 홍란·천희가 있고 천상이 의록의 신이며, 재예의 성을 보므로 주도적인 것은 아니지만 의류사업을 했는가 봅니다. 법학과를 졸업했지만 전공을 살리지 못했습니다.

몸신궁은 천이궁과 동궁하며, 무곡화록과 천마가 있어 록마교치를 이룹니다. 물론 타라도 있으니 절족마도 되고요.

천상은 봉상간부의 원칙에 따라 천부를 보아야 합니다. 재복선에는 정부살 조합과 문곡화기·경양·영성이 있어 투자를 하거나 재적으로는 불리합니다. 천부가 공겁을 보지 않는 것은 다행이지만 상문·백호도 있어 이 궁선을 움직일 때는 다치거나 죽는 사건이 생길 수 있습니다. 명궁 입장에서 직접 보는 6길성은 없고, 양타와 영성을 보아 불리합니다. 그래도 복덕궁은 창곡을 가지고 있고 협으로 괴월이 들어오므로 공부를 놓지 않으려고 하지 않았을까 생각합니다.

다시 명궁 입장에서 보면 부처궁 탐랑화권을 차성하면 영탐격을 이룹니다. 영탐과 화탐은 격발하여 한때 크게 성공하지만 양타와 문곡화기로 오래 유지할 수는 없습니다.

사화 무곡화록이 천이궁에 있으니 밖에서 기회가 생깁니다.

탐랑화권은 부처궁에 있는데, 야심차게 사업을 하려는 마음을 가지고 실행에 옮깁니다. 탐랑이 교제의 성이므로 예술, 오락, 소비재라면 잘 맞고, 화록을 만나게 되니 성과를 거두게 됩니다.

천량화과는 부모궁에 있습니다. 천량화과는 부모의 음덕을 받는다고 하는데 그러지는 못했고, 이 명은 14살에 어머니가 돌아가시고 17살에 아버지가 재혼하셔서 새어머니와 살았다고 합니다. 아버지의 아내궁인 술궁(형제궁)에 보필이 있으니 그렇게 볼 수도 있습니다. 아버지는 괴월과 보필, 녹존을 보니 주변에서 도와주는 분이 있었을 것이지만, 천량과 천공으로 성격은 깐깐하고 욕심이 없는 분이셨을 것입니다.

문곡화기는 복덕궁에 있습니다. 문곡이 복덕궁에 있으면 옥수첨향(아름다운 소매에 향기가 난다고 함)이라 하여, 총명해서 공부를 잘할 수 있습니다. 하지만 화기가 되는 바람에 공부는 했어도 그 길로 성공하기에는 무리가 따릅니다. 거문과 있었다면 끝까지 의지를 관철했겠지만, 명궁이 천상이어서 고시를 포기했나 봅니다. 관록궁에 천형이 있는데, 이 별도 총명함을 뜻합니다.

이사를 많이 다님 어려서부터 이사를 많이 다녔다고 하고, 이민도 갔었으니 이사가 잦다고 할 수 있습니다. 물론 자전선도 움직여야 하지만, 선천 명반만 가지고 보면 몸신궁이 천이궁에 있으면서 록마교치와 절족마를 가지고 있어서 그런 것 같습니다.

을해내한(1~15세) 14살(임사년)에 어머니가 갑삭스러운 뇌출혈로 사망합니다. 을해대한을 질병에만 초점을 두고 본다면 천월의 질병성이 있고, 양타와 영성 문곡화기를 보고 있으니 좋지 못합니다. 발생과 결과는 모두 자전선에 있는데, 변화가 많은 기월과 공겁, 음살, 해신 등이 보입니다. 축미궁의 정부살 노상매시 조합이 문제궁이 되는데, 재복선과 선천화기 상문·백호를 한번에 움직입니다. 그리고 그 대상은 차성문제궁인 형노(어머니)가 됩니다. 마음고생을 하는 거동 조합과 질병을 의미하는 쌍병부, 홍란·천희가 있습니다.

임자년 발생 천량화록은 부질선이며 별리를 뜻하는 양량 조합을 움직이고, 술궁의 형제궁을 2차발생시킵니다. 천기화록을 차성하면 축궁의 재복선도 움직이고요. 결과는 사궁의 무곡화기로 질액·신궁을 모두 건드립니다.

대한에서 움직여 놓은 집안일, 재적인 일, 정신적인 일이 임자년에 어머니의 질병이라는 것을 알 수 있습니다. 결과적으로 자신에게까지 영향을 미친 것이고요.

보통 부질선과 재복선, 형노선이 모두 움직이는 경우 부모의 질액이 아버지일지 어머니일지 명확하지 않을 때가 있습니다. 임자년으로 보면 해궁은 형노선이니 어머니의 질액으로 보지만 아버지가 돌아가시는 경우도 있기 때문입니다. 이런 경우에는 부모님의 명반으로 보는 것이 정확합니다.

이 대한에 어머니도 돌아가셨지만, 이 명도 태어났을 때 일찍 죽을 것 같아 부모님이 돌보지 않고 그냥 방치해 놓았다고 합니다. 그래서 백일사진, 돌사진도 없고요. 다행히 살아나긴 했지만요. 명궁에 천월과 몸신궁에 절지의 천마(죽은 말, 생기부족)도 있고, 연해, 지배, 천허, 순공, 세파 등도 좋지는 않고요.

2세(경자년)에도 태양화록이 발생하면 신궁의 대한 천기화록과 함께 축미궁의 노상매시 조합을 움직이므로 목숨이 왔다갔다 했을 것입니다.

大旬天三天陀破武 鉞空虚台馬羅軍曲 　　　　平陷閒平 　　　　　　　祿 　　　　　　　祿 力歲歲　66~75　31己 士驛破【身遷移】絕巳 　　　【大財】	流天祿火太 霞使存星陽 　　　旺廟廟 博息龍　56~65　32庚 士神德【疾厄】墓午 　　　【大子】	天天恩天鈴擎天 哭貴光姚星羊府 　　　　旺廟廟 官華白　46~55　33辛 府蓋虎【財帛】死未 　　　【大夫】	金天地天太天 興廚劫鉞陰機 　　廟廟平閒 　　　　　科 伏劫天　36~45　34壬 兵煞德【子女】病申 　　　【大兄】
月紅天天大紅右天 德艷傷壽耗鸞弼同 　　　　　　廟平 青攀小　76~85　30戊 龍鞍耗【奴僕】胎辰 　　　【大疾】	성명 :　　, 陰男 陽曆　1959年 8月　　18:32 陰曆　己亥年 7月　　酉時 命局 : 火六局 , 山頭火 命主 : 巨門　　　身主 : 天機		截天破八貪紫 空官碎座狼微 　　　　平平 　　　　　權 　　　　　忌 大災弔　26~35　35癸 耗煞客【夫妻】衰酉 　　　【大命】
大大台龍天 昌魁輔池刑 小將官　86~95　29丁 耗星符【官祿】養卯 　　　【大遷】	《命式》　己　壬　己 　　　　酉　申　亥　(庚金司令) 《大運》　75 65 55 45 35 25 15 05 　　　　甲 乙 丙 丁 戊 己 庚 辛 　　　　子 丑 寅 卯 辰 巳 午 未 02-2249-5630 대유학당		寡天天左巨 宿才喜輔門 　　　　廟旺 　　　　　權 病天病　16~25　36甲 符煞符【兄弟】旺戌 　　　【大父】
解天孤陰天地空 神福辰煞巫　陷 將亡貫　96~　28丙 軍神索【田宅】生寅 　　　【大奴】	大擎文文七廉 羊廉曲昌殺貞 　　廟廟廟旺 　　　　　忌 奏月喪　　　27丁 書煞門【福德】浴丑 　　　【大官】	大天天天 祿空魁梁 　　　旺廟 　　　　科 飛咸晦　　　26丙 廉池氣【父母】帶子 　　　【大田】	大大大天年封鳳天 馬曲陀月解誥閣相 　　　　　　　平 喜指太　6~15　37乙 神背歲【　命】冠亥 　　　【大福】

계유대한(26~35세) [파거음탐]　자미·탐랑의 부처궁운이며, 삼방에서 재백궁에서 록마교치를 이루고 관록궁에서는 탐곡악격이 됩니다.

발생은 대한 재백궁의 파군화록입니다. 선천 무곡화록을 일으켰으니 이 대한 내내 바쁘게 움직입니다. 결과는 탐랑화기로 대한 명궁에 떨어지며, 선천화기와 함께 사해궁을 2차결과화 합니다. 자신이 추구하는 바대로 되지는 않지만 돈은 잘 벌게 됩니다.

일어난 사건 84년(갑자, 26세) 결혼하고, 85년(을축, 27세) 딸 출생, 90년(경오, 32세)에 아들이 태어납니다. 결혼 후 아이가 태어난 후 아내가 의류 사업을 하기 시작했으므로, 고시공부를 그만 두고 도와주면서 많은 부를 쌓을 수 있었습니다. 대한 말에는 서울에 건물과 아파트 땅도 구매했습니다.

84년(갑자, 26세) 결혼은 선천화기를 직접 건드리고 가므로 꼭 좋다고만 할 수는 없지만, 부처궁 대운이고 화과가 있으면서 유년 염정화록으로 축미궁인 부관·재복선 발생으로 연애 감정이 생기는 것이고, 유년 태양화기는 자오궁 자전·부질이니 상관궁선이 움직입니다. 홍란·천희는 유월에서 움직이고요.

이 명은 군대를 다녀와서 늦게 대학에 들어갔고 대학교 2학년에 한 살 아래인 아내와 결혼을 했습니다.

부인과 잘 맞는 편인지 여쭈었더니, 그렇지는 않다고 합니다. 부인은 사업적인 수완이 뛰어나고 매우 씩씩하고 의리가 있는 편이지만, 자신은 그다지 드러내지 않고 주장도 하지 않는 편이라고요. 성격은 다르지만 이 정도면 잘 맞는다고 할 수 있지 않을까요?

의류사업 이때 의류사업을 주도한 것은 배우자이니 배우자의 명을 보는 것이 더 맞을 것 같습니다(뒤에 나오는 명반 참조). 그리고 이 분의 명으로는 사업을 그렇게까지 주도적으로 할 수 있지는 않습니다.

大大大月破天右天
馬曲陀德碎才弼梁
               平陷
                科
 	
小劫小　　4~13　　30辛
耗煞耗【　命 】　　生巳
　　　【大福】
	大截天天天天七
	祿空福虚哭姚殺
	             陷旺
	                忌
	青災歲　　　　　31壬
	龍煞破【父母】　養午
	　　　【大田】
		大大天陀天
		羊耗貴羅鉞
		         廟旺
		
		力天龍　　　　　32癸
		士煞德【福德】　胎未
		　　　【大官】
			大蜚台天祿文廉
			鉞廉輔巫存昌貞
			           廟旺廟
			
			博指白　94~　　33甲
			士背虎【田宅】　絶申
			　　　【大奴】

流旬封龍陰火天紫
霞空誥池煞星相微
             閑旺陷
 	
將華官　14~23　29庚
軍蓋符【兄弟】　浴辰
　　　【大父】
	성명 :　,陽女
	陽曆 [　] 8月 7日 4:30
	陰曆 [　] 潤6月 15日 寅時
	命局 : 金四局 ,白랍金
	命主 : 武曲　　身主 : 火星
			大天恩天地擎左
			昌壽光喜空羊輔
			             廟陷陷
			
			官咸天　84~93　34乙
			府池德【身官祿】基酉
			　　　【大遷】

天八紅巨天
月座鸞門機
        廟旺
 	
奏息貫　24~33　28己
書神索【夫妻】　帶卯
　【大命】
	《命式》　壬 丁 癸 [　]
	　　　　 寅 卯 未 [　]　(己土司令)
	《大運》　80 70 60 50 40 30 20 10
	　　　　 乙 丙 丁 戊 己 庚 辛 壬
	　　　　 亥 子 丑 寅 卯 辰 巳 午
	02-2249-5630
	대유학당
			金紅寡天年鳳破
			輿艷宿傷解閣軍
			              旺
			
			伏月弔　74~83　35丙
			兵煞客【奴僕】　死戌
			　　　【大疾】

天孤天天貪
廚辰刑馬狼
         旺平
           權
飛歲喪　34~43　27戊
廉驛門【子女】　冠寅
　　　【大兄】
	天地天太太
	空劫魁陰陽
	  陷旺廟陷
	        科祿
	喜攀晦　44~53　26己
	神鞍氣【財帛】　旺丑
	　　　【大夫】
		大解天鈴天武
		魁神使星府曲
		         陷廟旺
		             權
		             祿
		病將太　54~63　25戊
		符星歲【疾厄】　衰子
		　　　【大子】
			天三天
			官台同
			　　廟
			　　忌
			大亡病　64~73　24丁
			耗神符【遷移】　病亥
			　　　【大財】

　배우자는 사궁의 천량명으로 보필을 보고, 재복선에 태양화록과 태음화과, 괴월이 있습니다. 물론 양타와 공겁을 보니 인리산재, 조유형극만견고도 되니 영구하게 부를 보존하기는 어렵습니다. 기묘대한(24~33세)에 사업을 시작해서 큰 성과를 냈습니다. 25세인 을축년(25세), 병인년, 정묘년, 무진년, 기사년, 경오년, 신미년이 모두 축미궁의 재복선을 움직입니다. 홍란·천희가 있는 대한으로 재적으로 큰 변화가 있고 시류를 잘 탄 것도 있을 것입니다.

大旬天三天陀破武 鉞空虛台馬羅軍曲 平陷閑平 祿 忌	流天祿火太 霞使存星陽 旺廟廟	天天恩天鈴擎天 哭貴光姚星羊府 旺廟廟	金天地天太天 興廚劫鉞陰機 廟廟平閑
力歲歲 66~75　43己 士驛破【身遷移】絕巳 　　　【大子】	博息龍 56~65　44庚 士神德【疾厄】墓午 　　　【大夫】	官華白 46~55　45辛 府蓋虎【財帛】死未 　　　【大兄】	伏劫天 36~45　46壬 兵煞德【子女】病申 　　　【大命】
月紅天天大紅右天 德艷傷壽耗鸞弼同 廟平 廟	성명 : 　,陰男 陽曆　1959年 8月 □ 18:32 陰曆　己亥年 7月 □ 酉時		截天破八貪紫 空官碎座狼微 平旺 權 權
青攀小 76~85　42戊 龍鞍耗【奴僕】胎辰 　　　【大財】	命局 : 火六局 , 山頭火 命主 ; 巨門　　　身主 ; 天機		大災弔 26~35　47癸 耗煞客【夫妻】衰酉 　　　【大父】
大台龍天 魁輔池刑	《命式》　己　壬　己 　　　　酉　□　申　亥　（庚金司令）		大寡天天左巨 陀宿才喜輔門 廟旺 科
小將官 86~95　41丁 耗星符【官祿】養卯 　　　【大疾】	《大運》 75 65 55 45 35 25 15 05 　　　　甲 乙 丙 丁 戊 己 庚 辛 　　　　子 丑 寅 卯 辰 巳 午 未 02-2249-5630 대유학당		病天病 16~25　36甲 符煞符【兄弟】旺戌 　　　【大福】
大大解天孤陰天地 馬昌神空辰煞巫空 陷	蜚文文七廉 廉曲昌殺貞 廟廟廟旺 忌	大大天天天 曲羊空魁梁 旺廟 科 祿	大天年封鳳天 祿月解誥閣相 平
將亡貫 96~　40丙 軍神索【田宅】生寅 　　　【大遷】	奏月喪　　　39丁 書煞門【福德】浴丑 　　　【大奴】	飛咸晦　　　38丙 廉池氣【父母】帶子 　　　【大官】	喜指太 6~15　37乙 神背歲【　命　】冠亥 　　　【大田】

임신대한(36~45세) [량자보무] 다시 이 명을 보도록 하겠습니다. 임신대한은 천기·태음이 공겁을 마주보는 운입니다. 자전·명천선이니 집안의 변화도 많고요. 괴월과 보필을 보니 기회도 많고 도와주는 사람도 있습니다.

발생은 자궁의 천량화록으로 부질·부관선입니다. 결과는 사궁의 무곡화기로 자전·신·명천입니다. 무파상 조합은 자주 집을 옮기는 상입니다. 자오궁은 양량 조합으로 별리를 주하므로 부모나 직장, 배우자와 좀 떨어져 지내게 됩니다.

일어난 사건 이 대한 초반에 아이들과 미국으로 가서 체류했지만 아버지가 아프시고 2001년 미국에서 9.11 테러가 생기면서 비자도 강화되는 문제도 겹쳐서 돌아와야 했습니다. 아버지가 돌아가시고는 장모님이 아프셔서 다시 미국으로 가지 못했고요. 그냥 막연히 이민을 가고 싶었다고 합니다. 이 분이나 배우자나 장남 장녀가 아니었는데도 부모님을 모두 모셔야 하는 일이 생겼습니다.

97년(정축년, 39세) 아버지가 돌아가셨습니다. 축궁은 선천화기가 있는 데다가 형노·재복, 상문·백호까지 있으니 사망에 있어서는 가장 유력한 궁이 됩니다. 태음화록 발생이 축미궁을 문제궁으로 만들고, 거문화기는 천상궁을 움직여 대한 무곡화기도 건드립니다. 유년이 선천화기와 대한화기를 모두 움직이게 하니 아버지의 사망이 있었던 것입니다. 이 분의 아버지는 아내를 매우 사랑했었는데, 아내가 죽고 나서는 재혼도 했지만 별로 이룬 것도 없고 의욕을 잃고 살아가셨다고 합니다.

이 대한도 역시 배우자의 사업이 잘 되어 외국에 자수 나갈 수 있었고, 이민도 생각하게 되었습니다.

이 후로 아이들과 미국에서 정착하여 딸과 아들은 미국 영주권을 땄습니다. 현재는 아들만 미국에서 요리사를 하고 있으며, 딸과 부부는 한국으로 돌아와서 살고 있습니다. 신미대한과 경오대한에 외국을 왔다갔다 하면서 재물이 줄기 시작했습니다.

경오대한 들어와서 친구의 권유로 역학 관련 공부를 시작했고, 박사과정을 밟았으나 마치지 않았습니다.

[부록] 명반의 생년월일시 찾는 방법

 수업 중에도 계속 설명 드리지만 가장 많이 질문 주시는 부분입니다. 명반의 생년월일시를 지운 채로 띄우는 이유는 당연히 개인정보 보호가 필요해서입니다. 자신의 생년월일이 모두 공개되는 걸 좋아하는 분은 없거든요. 하지만 공부를 위해서 필요하니 생년월일을 찾는 법은 알아두는 게 좋습니다.
 그럼, 지금부터 자미두수 명반의 생년월일을 찾아보도록 할게요. 자미두수는 절기력을 쓰지 않고 음력으로 보니, 음력 1월 1일이면 새해가 시작됩니다.

1. 생년

 생년은 대운을 보면 대체로 몇 살인지 알 수 있습니다. 갑년생인지 을년생인지는 사화를 보시면 되고요. 염정화록이면 갑년생이구나 생각하세요.
 다음 쪽에 도표를 두었으니 적용시켜 보세요.

 양력 기유년(1969) 2월 6일 미시이고
 음력 무신년(1968) 12월 20일 미시이면
 사주명리로는 입춘이 지났으므로
 기유년 병인월 임자월 정시미가 되지만
 자미두수로는 무신년 12월이므로 '무'간으로 사화를 봅니다.

천간화록	천간	년도 끝자리	예	예	예
염정화록	갑	4	1984	1994	2004
천기화록	을	5	1985	1995	2005
천동화록	병	6	1986	1996	2006
태음화록	정	7	1987	1997	2007
탐랑화록	무	8	1988	1998	2008
무곡화록	기	9	1989	1999	2009
태양화록	경	0	1990	2000	2010
거문화록	신	1	1991	2001	2011
천량화록	임	2	1992	2002	2012
파군화록	계	3	1993	2003	2013

선천명반에 탐랑화록이 있다면 무년생이고, 생년 끝자리가 '8'이 됩니다. 선천명반에 파군화록이 있다면 계년생이며, 생년 끝자리가 '3'이 됩니다.

2. 생월

진궁에서 1월을 시작해서 시계 방향으로 좌보(左輔)가 있는 달을 생월로 찾습니다. 만약 오궁에 좌보가 있으면 음력 3월생입니다.

좌보	진	사	오	미	신	유	술	해	자	축	인	묘
월	1	2	3	4	5	6	7	8	9	10	11	12

좌보가 축궁에 있다면 음력 10월생입니다.

3. 생일

생일은 좌보(左輔)에서 1일을 시작해서 삼태(三台)가 있는 자리입니다. 1일부터 시계방향으로 하루씩 순행합니다.

아래 그림처럼 좌보가 오궁에 있다면 오궁이 1일이 됩니다. 삼태가 술궁에 있다면 5일, 17일, 29일생 중의 하나입니다.

사	천상 △ 12, 24	오	좌천보량 ◎ 1, 13, 25	미	칠염살정 ○○ 2, 14, 26	신	3, 15, 27
진	거문 xx 11, 23		자미가 묘궁에 있을 때			유	4, 16, 28
묘	탐자랑미 △○ 10, 22					술	삼천태동 △ 5, 17, 29
인	태천음기 X○ 9, 21	축	천부 ◎ 8, 20	자	태양 xx 7, 19	해	파무군곡 △△ 6, 18, 30

중요한 것은 좌보부터 삼태까지라는 것입니다.

만약 좌보가 묘궁에 있다면, 묘궁부터 삼태가 있는 자리까지 세어가야 합니다.

4. 생시

생시는 진궁에서 자시를 일으켜 문곡이 있는 자리가 생시입니다. 만약 문곡이 신궁에 있다면 진시생이 됩니다.

문곡	진	사	오	미	신	유	술	해	자	축	인	묘
시	자시	축시	인시	묘시	진시	사시	오시	미시	신시	유시	술시	해시

5. 기억할 것

생월은 진궁 시작 좌보

생일은 좌보에서 삼태까지

생시는 진궁 시작 문곡

6. 연습문제

아래 명반의 생년월일시는?

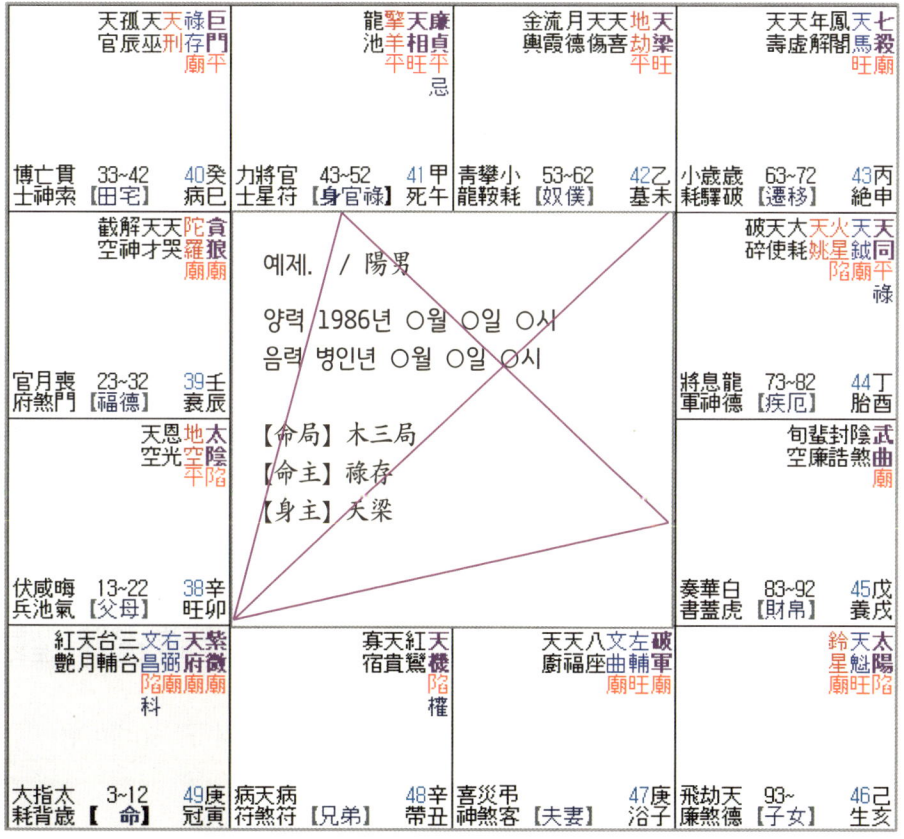

프로그램을 켜 놓고 명반을 찾는 연습을 해 보세요.

생월 좌보가 자궁에 있으니 9월, 생일 자궁(좌보)부터 삼태까지 3

일이니 3일, 15일, 27일 중의 하나입니다.

생시 문곡이 자궁이니 진궁부터 시를 매겨 가면 신시입니다.

아래 명반의 생년월일시는?

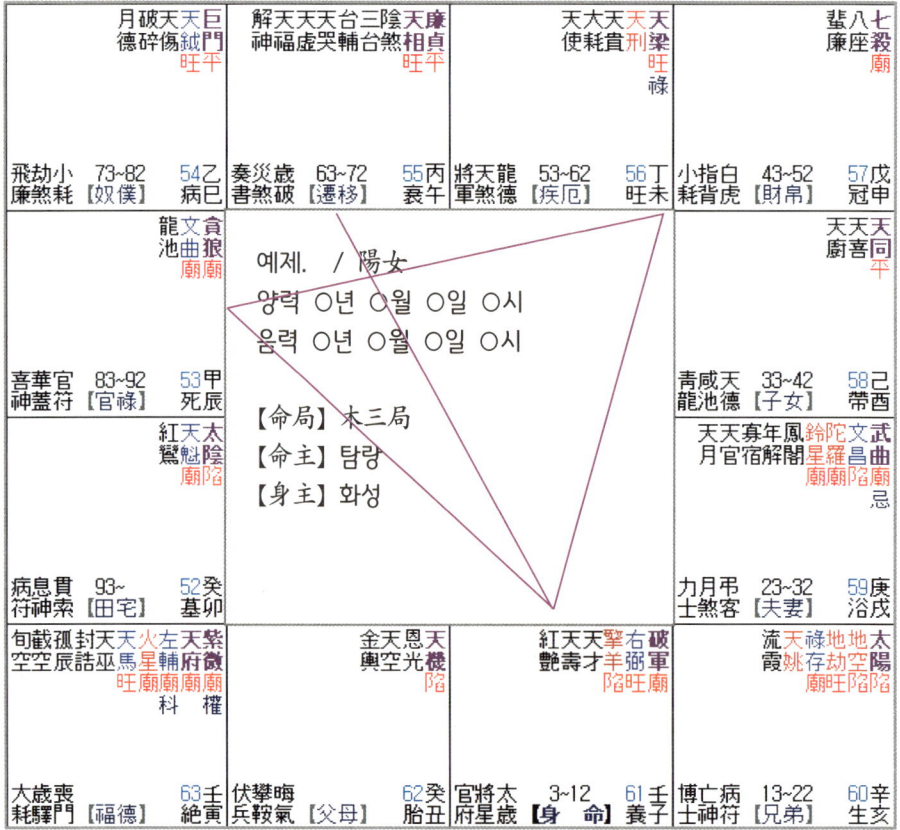

생년 계묘년이 52세이며, 천량화록이니 임년생입니다. 50대이면서 임년생은 임자생 1972년입니다.

생월 좌보는 인궁에 있으니, 진궁부터 세면 11월입니다.

생일 좌보부터 삼태까지는 5일이니 5, 17, 29일 중 하나입니다.

생시 문곡이 진궁에 있으니 자시생입니다.

숫자는 『운명읽기』 2~5권에 설명한 명반 페이지입니다.

2권 - 자미가 인궁에 있을 때

사 거문△	오 천염상정○△	미 천량○	신 칠살◎
진 탐랑◎			유 천동△
묘 태음xx			술 무곡◎
인 천자부미◎○ **79**	축 천기xx	자 파군◎	해 태양xx

2권 - 자미가 신궁에 있을 때

사 태양○	오 파군◎	미 천기xx	신 천자부미△○
진 무곡◎			유 태음○
묘 천동◎			술 탐랑◎
인 칠살◎	축 천량○	자 천염상정◎△	해 거문○

2권 - 자미가 자궁에 있을 때

사 태음xx **265**	오 탐랑○ **270**	미 거문천동◎△ xxxx **282**	신 천무상곡◎△ **289**
진 천염부정◎○ **247**			유 천태량양△X **294**
묘 **244**			술 칠살◎ **301**
인 파군xx **241**	축 **231**	자 자미△ **225**	해 천기△ **305**

2권 - 자미가 오궁에 있을 때

사 천기△ **366**	오 자미 **310**	미 **315**	신 파군xx **325**
진 칠살○ **363**			유 **330**
묘 천태량양◎◎ **359**			술 천염부정◎ **333**
인 천무상곡◎X **355**	축 거천문동○xx **350**	자 탐랑○ **344**	해 태음◎ **338**

14정성이 배치되는 12가지 유형과 그에 따른 성의 묘◎ 왕○ 평△ 한X 함xx을 자미를 기준하여 정리한 표이다.

4권 - 자미가 진궁에 있을 때

사 천량xx **85**	오 칠살○ **105**	미 **115**	신 염정◎ **126**
진 천자상미○xx **70**			유 **138**
묘 거천문동◎○ **61**			술 파군○ **148**
인 탐랑△ **51**	축 태태음양◎xx **30**	자 천무부곡△△ **23**	해 천동◎ **159**

4권 - 자미가 술궁에 있을 때

사 천동◎ **226**	오 천무부곡○○ **232**	미 태태음양△△ **259**	신 탐랑◎ **276**
진 파군○ **221**			유 거천문동◎○ **281**
묘 **215**			술 천자상미Xxx **286**
인 염정◎ **200**	축 **191 195 198**	자 칠살○ **183**	해 천량xx **303**